(증보판)

스마트
국제무역실무

(증보판)

스마트
국제무역실무

강민효 지음

일러두기

---

1. 이 책의 서식은 대한상사중재원, 한국무역협회, 현대해상보험, 관세청 등의 자료를
   바탕으로 한 것이다.

2. 별첨 '대외무역법'은 2021년 2월 5월 시행된 법률로, [법률 제16929호, 2020. 2.
   4., 타법 개정]에 의한 것이다.

감사의 글

글로벌경제는 지역별 블록화의 가열, 미·중 무역 분쟁, 러시아-우크라이나 전쟁 및 COVID-19의 팬데믹[1]으로 인해 깊은 나락으로 떨어지게 되었고 많은 기업들의 무역 실적은 최악의 결과를 보인 가운데 2022년 세계 경제성장률은 기존 전망보다 1.1% 정도 하락한 수치로 2021년 대비 3.5% 정도 성장할 것으로 전망된다(대외경제정책연구원, 2022년 5월 자료). 그러한 가운데에서도 OECD 회원국 중 한국은 2021년에 경제성장률이 최상위급에 속할 정도로 4%의 경제성장을 이루었다(한국은행 자료 참조). 한국에게 있어 무역은 한국 경제의 대들보이며 좁은 시장에서 벗어나 넓은 세계 시장에 진출하는 든든한 버팀목이라고 해도 과언이 아니다.

기업들의 핵심적인 역량 중 하나는 국제 시장에 진출하는 능력과 수출, 수입 통관 절차, FTA 원산지증명서 및 무역지원제도 등을 조직 구성원들이 정확하게 인식하는 지식을 보유하는 것과 조직의 학습화와 시스템화가 선행되어야 한다. 이러한 점에서 무역현장에서 약 20여 년간의 실무 경험

---

1) Pandemic: 세계적 질병 대유행을 의미하며 WHO(세계보건기구)는 위험 등급을 6단계로 구분하는데, 팬데믹(Pandemic)은 최고 등급을 의미한다.

과 학문적인 내용을 담아 책을 내는 깃은 초보 무역인 또는 실무 경영자들에게 유익한 정보를 줄 수 있기에 보람된 일이라고 생각한다.

이 책은 저자著者가 회사를 다니며 퇴근 후 틈틈이 쓰면서부터 시작하여 대학에서 강의한 내용을 바탕으로 심도 있는 내용을 추가하였으며, 오랜 시간 저술활동을 통하여 세상에 빛을 보게 되었다. 그렇게 시작한 책이 개정증보판(2판)으로 태어나게 되어 저자로서 참으로 감사할 따름이다.

책을 쓰면서 무역에 대한 더욱 심도深到 있고 전문적專門的 지식知識을 더 배우게 되었고 현장에서 진행했던 업무를 글로 정리하는 과정에서 미처 깨닫지 못했던 많은 부분을 새롭게 연구하여 더욱 논리적으로 재배열할 수 있었다.

이 책은 국제무역사, 관세사, 관세공무원 등에게 실무적인 부분에서 알아야 하는 지식을 전해주는 것으로 의미가 있다고 할 것이다. 또한 학문적 관점에서 볼 때 관세법, 대외무역법, 무역 거래계약 및 국제무역금융 등에 대한 정리를 함으로써 학문적學問的 공헌貢獻도 동시에 할 것으로 예상된다.

경제 침체와 출판업계의 어려움에도 불구하고 본 원고를 흔쾌히 승낙해 주신 경진출판 양정섭梁正燮 사장님께 진심으로 감사 인사드리오며 세심하게 원고 개정 및 편집을 해 주신 편집부 직원분들께도 진심으로 감사의 인사를 드립니다.

마지막으로 지금까지 모든 인생 역정人生 驛程 가운데 선한 길로 인도해 주신 하나님께 감사합니다. 또한 기도와 사랑으로 응원해 주신 모든 믿음의 동역자들에게 다시 한 번 감사의 인사를 드립니다. 세상 풍파風波를 넘어 항상 함께 하는 사랑하는 아내와 사랑하는 딸 지윤智潤, 은비恩備에게도 감사를 전합니다. 또한 사랑하는 어머니와 형님, 모든 친척 분들께도 감사의 말씀을 올립니다.

2022년 06월 17일

著者識

국제사회에서 무역은 광범위하게 다양한 국가와 연계되고 사회 저변에 확대되었으며, 우리의 삶과 밀접하게 연계되어 있다. 2020년부터 시작된 세계적 질병의 내유행Pandemic 상황은 다수의 글로벌공급사슬Global supply chains의 붕괴를 가져왔다. 급속한 확진자의 발생으로 해외 현지 공장의 폐쇄로 인해 제품 공급이 불가하여 다른 나라의 제품 생산에도 치명적인 문제를 일으켰다. 이처럼 한 국가의 무역에 차질이 발생하면 세계적으로 연계되어 있는 한국 경제에 직접 또는 간접적으로 영향을 미치게 된다. 또한 이러한 세계적으로 네트워크화된 상황은 각 개인의 삶과 경제에도 엄청난 영향을 미친다. 그만큼 글로벌무역은 우리와 밀접하게 관련되어 있다. 무역에 대한 지식을 넓히는 것은 글로벌한 세상에 대한 이해도를 높이고 급변하는 글로벌경제에서 비즈니스 역량을 확보하는 중요한 직관과 혜안을 가지게 한다.

국제통상에 대한 정확하고 명료한 지식을 가지고 국제물류와 정치를 제대로 이해하는 것은 글로벌화된 현대 사회에서 개인이 사회에서 살아갈 방법을 확보하는 것이다. 또한 이러한 지식을 바탕으로 무역회사에 취업하거나 개인사업을 할 수 있다. 이러한 이유에서 지금까지 무역 현장에서의 실선 경험을 정리하여 책을 마침내 발간하게 되었다. 필자筆者는 국제통상國際通商 분야 박사博士로서 다국적 외국계 기업(독일, 이태리)에서 해외무역 업무를 20여 년 가량 글로벌 시장에서 얻은 노하우와 실전 경험을 본本 저서著書에 담았다.

이 책이 다른 책과의 차별성은 다음과 같다. 실전에서 배운 무역 지식과 학문적 이론을 바탕으로 서술한 책은 시중에서 찾기가 어렵다. 더불어 각 나라의 문화적文化的 특징特徵과 진출 전략도 추가하였다. 또한 최근 글로벌 통상이슈에 대한 내용을 이번 증보판(2판)에 포함시켰다. 그러한 점에서 이 책은 무역업을 창업하고자 하는 개인이나 기업의 실무진에게 도움이 되면 좋겠다는 바람으로 책을 저술하게 되었다. 또한 국제무역사, 관세사 시험 등 각종 고시考試를 위해 준비하고 있는 수험생에게도 도움이 되는 지침서指針書가 될 것으로 기대한다. 또한 각 부별 토론 문제와 요약 정리를 통해 학습자에게 도움을 줄 것으로 예상한다. 이 책에서는 무역에 대해 현학적衒學的 용어로만 서술한다면 자칫 이해하기 어렵고 지루해질 수도 있어 최대한 쉬운 용어와 용어해설을 추가하여 이해를 돕고자 노력하였다.

이 책의 구성은 1부에서 국제무역상무로서 국제무역계약을 설명하고, 2부는 국제무역운송을 해상, 항공, 복합운송, 선하증권 및 해상보험으로 구분하여 서술하였다. 3부에서는 국제무역 절차를 실무적인 관점에서 쉽게 설명하였으며, 4~5부에서는 무역지원제도, 원산지증명서를 자세하게 제시하였고 6부는 무역 거래에서 발생하는 클레임과 상사 중재를 저술하였으며, 7부는 국제무역 거래에서 중요한 이슈인 국제무역금융에 대해 설명하였다. 마지막으로 8부는 최근 글로벌통상이슈에 대해 자세하게 서술하였다.

이 책에서 서술한 내용을 학습함으로써 열려진 세상에서 무역을 총괄적으로 이해하고 자신만의 아이디어를 창출하여 1인 오퍼상 또는 온라인 상점을 통해 세계를 무대로 한 창업자가 나와 한국의 국제무역 지도를 확장하기를 기원한다.

　글로벌시대에 시장은 열려 있고 도전하는 자에게 기회는 주어지는 것이라고 생각한다. 사실 제품의 경쟁력이 충분히 있음에도 국내 시장만 가지고 있는 국내 기업들에게는 국제적으로 시장을 확장하여 국제무역으로 수출을 통해 추가적인 수익 창출이 가능하다. 또한 개인적인 도전으로서 글로벌 시장을 대상으로 1인 오퍼상 또는 온라인 무역기업을 운영하기 위한 무역업 창업이 가능하다.

　이러한 점에서 이 책은 무역을 시작하려는 초보 무역인에게 도움이 되기 위해 최대한 쉽게 서술한 책이며, 아직 국제 시장에 진출하지 못하고 있거나 글로벌 시장 확대를 추구하고 있는 대기업 및 중소기업의 경영자들을 위해 서술하였다. 이 책이 무역 발전과 새로운 사업 진출에 조금이나마 도움이 되기를 바라는 바이며, 독자讀者들의 성공成功과 한국 경제의 더 큰 도약跳躍을 응원하는 마음으로 이 글을 쓴다.

부산 금정산 기슭에서

저자 강민효

차 례

제1부 국제무역상무

차 례

제2부 국제운송

차 례

차 례

제3부 국제무역 절차

제1장 무역업 창업 ___ 143

차 례

제5부 원산지 증명

차 례

제6부 무역 클레임, 상사 중재

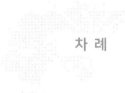

차 례

제7부 국제무역금융

차 례

제8부 최근 글로벌통상이슈

차 례

[부록]

제1부
국제무역상무

제1장

무역의 개념

1. 무역의 의의

'무역'은 나라와 나라 사이 또는 어느 지역과 지역에서 다른 물건을 팔고
사거나 교환하는 모든 일을 말한다. 여기에서 '수출'은 영어로 export라고
하며 '수입'은 import라고 한다. 즉, 한국의 제품을 다른 나라에 물품을
해상이나 항공으로 운송해서 판매하는 것을 수출이라고 한다. 반대로 다
른 국가의 제품을 한국으로 각종 운송 수단을 이용해서 가져오는 경우에
는 수입이라고 한다.

'무역'이라는 용어는 최근에 '국제통상'이라는 용어로 많이 쓰이고 있
다. 쉽게 이야기하면 국제사회에서 상거래를 자유롭게 하는 것이라고 생
각하면 된다.

한 국가는 완벽하게 자급자족하지 못한다.[2] 예를 들면 한국에는 석유가
나지 않는다. 그래서 한국은 외국으로부터 석유를 수입해야 하는 것이다.

또한 과거에 고려 및 조선시대로부터 한국의 인삼은 특산품으로서 상대적으로 인삼이 잘 나지 않는 주변 국가인 인도, 중국, 중동의 아라비아 반도, 유럽 등에 수출이 가능한 품목이기도 했다. 이것을 볼 때 한 국가는 다른 국가로부터 수입하지 못한다면 큰 불편을 가질 수밖에 없다. 반대로 다른 국가에 비해 상대적으로 경쟁 우위를 갖고 있는 제품을 수출하지 못한다면 부유한 국가가 되기 어렵다.

이러한 부분은 우리 모두가 어쩌면 자연스럽게 알고 있는 기본적인 내용일 것이다. 이론적으로 볼 때 데이비드 리카르도David Ricardo3)는 무역의 발생 원인을 비교우위론Theory of comparative advantage으로 설명했다. 이는 한 국가가 상대적으로 다른 국가에 비해 압도적 우위를 가지고 있는 제품을 생산해서 수출하기 때문에 수입자의 입장에서도 수입하는 것이 더 유리하다. 그래서 한 국가는 다른 국가와의 무역에서 상대적으로 우위를 점하고 있는 제품을 수출하게 되고, 반대로 상대적으로 열위에 있는 제품은 다른 국가로부터 수입하게 된다고 설명하는 것이 비교우위론이다. 비록 영국의 경제학자인 데이비드 리카르도의 비교우위론은 노동력의 잣대로만 상대적 우위를 설명하는 한계가 있다고 하더라도 국제무역이 생겨나게 하는 이유를 설명하는데 일반적 이론으로 충분히 존재 가치가 있다.

무역은 이렇게 한 국가가 다른 국가와의 이해 관계가 있고 서로 간 필요가 있는 경우에는 반드시 발생하게 되고 개인의 삶에도 지대한 영향을 미치게 된다. 예컨대 독일의 수입차는 상대적으로 안정성, 성능, 브랜드 파워brand power가 있는 것이 사실이다. 이러한 비교 우위가 있는 제품들은

---

2) William J. Bernstein(2008)의 저서 『Splendid Exchange』에서 인류의 물물 교환은 필연적이었으며 배고픔 때문이라고 언급하였다. 필요한 물품을 해상 운송을 이용하여 교역을 활발히 진행하기 시작했으며 그 규모와 범위는 날로 확대되었다고 하였다. 이는 여러 문헌과 고증을 통해 확인할 수 있으며 인류는 서로 교역 활동을 확대함으로써 문명의 발전을 이루었다고 할 것이다.

3) David Ricardo(1772~1823): 영국의 고전경제학자.

한국 시장에서 특정한 소비자의 욕구를 충족시키기도 한다. 그래서 이러한 시장의 니즈needs를 바탕으로 소비자에게 판매할 목적으로 한국 수입업자들은 상대적으로 비교 우위를 확보하고 있는 독일차를 국내로 수입해서 유통하여 이익을 창출한다.

국가 간에 물품을 교류하는데 서로의 필요성이 확인되고 공급자의 품질 및 성능이 보장된다면 국제사회에서 무역을 하지 않을 이유가 없는 것이다. 또한 자국의 생산보다 수입한 제품이 더 큰 이익을 안겨준다면, 수입업자는 수입을 해서 시장에 판매하게 되며, 소비자는 자신의 욕구 충족을 위해 소비를 하는 것이다. 반대로 한국의 제품이 다른 국가의 제품보다 가격 경쟁력이 있고 품질, 브랜드 인지도로 인해 비교 우위가 있는 경우 수출이 가능하게 된다.

한 마디로 이야기하면 서로 돈이 된다면 국가 간 무역은 행해진다고 할 것이다. 돈이 되지 않으면 국가 간 무역은 일어나지 않는다.

무역에 대한 정의는 사실 너무 광범위하지만 간략하게 설명해 보았다. 무역은 한국의 경우 오래 전 삼국시대부터 주변 국가와의 활발한 무역 교류가 있어 왔다. 가야는 철기를 일본에 수출하기도 하였고, 신라는 당나라에 신라방을 만들어 직접 무역을 하였으며, 백제는 당·일본과도 대대적으로 실시하였다는 것은 역사서를 통해 확인이 된다. 고구려도 주변 국가인 수·당·일본, 그리고 제주도까지 무역을 해상 네트워크를 강력하게 구축했다는 사실은 우리가 익히 잘 알지 못했던 놀라운 일이 아닐 수 없다.[4]

이처럼 한국은 해상무역국가로서 많은 나라와 아주 오래 전부터 교류해 왔다.[5] 바다를 끼고 있어 가능한 것이 아니었을까? 고려시대에는 인도,

---

4) 김신(2006), 「대외 진출 경로의 역사적 패턴에 관한 연구」 참조.
5) 권오영(2019), 「해상 실크로드와 동아시아 고대국가」 참조. 해상 교역이 발전하기 시작한 이후 약 3세기 이후 한반도(고구려, 백제, 신라, 가야)는 동남아시아 국가와 인도 및 중국 전역에 걸쳐 해상으로 활발한 활동을 전개하였다.

아라비아인들과도 무역을 해서 지금의 코리아(Corea, 꼬레아)가 서방에 알려지게 된 것이 이때부터라고 하니까, 우리 선조先祖 때부터 한국인들은 글로벌시장의 한 부분을 차지하고 있다. 중국의 비단길을 이용한 무역이 행해졌다는 것은 중앙아시아의 여러 흔적들에서 확인이 가능하다. 이미 한국인들은 세계의 고객과 무역을 통해 소통하고 있었고, 우리의 대륙에서의 활약상은 여러 고문서古文書에 기록되어 있다.[6] 또한 중국의 역대 국가인 당·원·명·청나라에 걸쳐 행해진 물물교환과 해상교역이 이루어진 것은 국가 간 물품의 운송과 교환의 행위 자체는 적어도 한국 상인들의 국경을 넘어서는 국제무역 활동의 일부분을 보여주는 것이다.[7]

한국인들은 국제적 시장을 대상으로 하는 글로벌 DNA를 가지고 있는 자유로운 상인의 피를 가지고 있는 것이 틀림이 없다.[8] 이러한 부분에 대한 공부를 통해 우리는 이미 오래 전부터 글로벌시장에서 활발한 활동을 한 국제사회 일원이었음에 깊은 자부심을 가져본다.

2. 무역의 형태

1) 가공무역

가공무역은 무역 거래에서 수익 발생을 목적으로 원자재를 외국에서 수입하여 이를 가공한 후 다시 다른 나라로 수출하는 무역의 형태를 일컫는다.

---

6) 『朝鮮王朝實錄』에서 한국과 동남아 국가와의 교류를 확인할 수 있으며 이현종(1964; 1984)와 소수의 일본학자들은 연구를 통해 밝혔으며, 『高麗史』에서 공양왕시대의 기록으로 한국 – 태국, 한국 – 자바 간의 활발한 교류를 나타내는 기록을 다수 발견이 된다.
7) 이진한(2017), 「한국 해양사의 재인식과 새로운 유형의 해양역사인물 찾기」 참조.
8) 정필수(2012), 「장보고 해상무역 정신을 통해 본 한국무역의 글로벌 전략」 참조.

가공무역은 다시 수탁가공무역과 위탁가공무역으로 구분된다.

첫째, 수탁가공무역은 무역 거래에서 수익을 얻기 위해 일부 또는 전부의 원자재를 거래 상대방의 위탁으로 다른 나라로부터 수입하여 이를 가공한 뒤 위탁자 또는 거래 상대방이 지정하는 업체에 수출하는 것이다. 여기에서 원재료 조달 방법에 따라 무환수탁가공무역과 유환수탁가공무역으로 나누어진다.

무환수탁가공무역에서 수탁가공업자는 원재료를 무상無償으로 수입한 뒤 가공하여, 가공비만 받고 위탁자 또는 거래 상대방이 지정하는 업체에 수출하는 형태이다. 유환수탁가공무역에서 수탁가공업자는 원재료를 유상有償으로 수입하여 가공한 뒤 완제품을 위탁자 또는 거래 상대방이 지정하는 업체에 수출하는 형태인데, 원재료인 수입품의 값을 지급하고 완제품 수출 대금이 직접 수취된다.

둘째, 위탁가공무역委託加工貿易은 한 국가에 속한 기업이 다른 국가에 있는 기업에게 원재료를 공급하고 생산을 위임委任하여 생산된 제품을 다시 수입하거나 제3국에 수출하는 무역형태를 말한다. 일반적으로 인건비와 기타 경비 등이 높은 국가에서 상대적으로 낮은 국가의 기업에게 위탁하며, 이를 임가공賃加工이라도 일컫는다.

2) 제3국 무역

(1) 중계무역

중계무역intermediate trade은 수출자가 무역 거래에 있어 외국으로부터 물품을 수입하여 가공하지 않고 바로 제3국에 수출하는 형태이다. 중계무역은 수입액과 수출액의 차이를 수익으로 삼는 무역의 형태이며, 주로 두바이·싱가포르 등과 같이 해상 운송이 발전한 곳에서 많이 행해진다. 일반적으로 중계무역항은 관세가 부과되지 않아 자유항自由港, free port으로 불리어지며 해상 상업과 지리적 여건이 유리한 장소가 대부분이다. 예를 들어 한국 무역회사가 일본 자동차 부품을 수입하고 말레이시아 수입상에게 가공 없이 바로 수출하여 수출액과 수입액의 차이로서 수익을 얻는 형태가 중계무역이 되는 것이다.

(2) 중개무역

중개무역merchandising trade은 무역 거래에 있어 제3국의 무역중개업자가 자국에 물품 수입 없이 수출자와 수입자의 사이에서 거래를 주선周旋하고 중개수수료commission를 받는 무역 형태를 말한다. 예컨대 한국 무역회사가 베어링 제품을 수입하지 않고 자신의 무역 정보를 이용하여 파키스탄 딜러(수입자)와 중국 제품업체(수출자)의 중간에서 거래를 주선하여 중개수수료를 받는 형태가 중개무역이라고 한다.

(3) 스위치무역

스위치무역Switch trade은 수출자와 수입자가 무역 거래 매매계약을 체결하고 물품도 수입국에 도착하지만 대금의 입금은 제3국의 무역업체에 전달되는 형태이다. 제3국의 무역업체는 스윗쳐switcher이며 제3국 무역업체가 받는 수수료는 스윗쳐 커미션switcher commission이라고 한다. 보통 중간 무역업자가 수출자와 수출금액을 수입자에게 되도록이면 노출시키지 않고 무역을 진행하기 위해 스위치무역을 채택하는 것이다.

(4) 통과무역

통과무역transit trade은 물품이 수출국에서 출발하여 제3국을 통과하여 수입국으로 가는 형태이다. 예를 들어 한국 전자제품이 러시아 대륙횡단열차를 통과하여 최종 오스트리아로 수출되는 경우 러시아를 통과하는 동안 운송료·보험료·대리수수료 등을 지불해야 한다. 러시아로서는 통과무역이 되는 것이며 각종 수수료와 수익을 얻게 되는 것이다. 이러한 형태의 무역은 각국에서 선호되는 방식이며 여러 가지 차원에서 권장된다.

3) 연계무역

연계무역counter trade은 양국 간의 수출입 균형을 달성하기 위해 수출과 수입을 연계시킨 거래를 연계무역이라고 한다. 대외무역관리 규정 제2조의 10에 의하면 연계무역은 수출과 수입이 연계된 무역으로서 물물교환, 구상무역, 대응구매, 제품환매의 형태에 의해 이뤄지는 수출입으로 규정한다.

(1) 물물교환

물물교환barter trade은 당사자 간 외환 거래 없이 물품만으로 서로 교환하는 무역 거래를 말한다. 통상적으로 하나의 매매계약서로 수출입이 행해지고 상품의 양과 질에 의해 쌍방 간 지급의무가 상계 처리되는 방식이다. 이 방식은 가장 초보적이고 양국 간 수출, 수입 가능한 물품이 적절한 경우에만 활용 가능하다.

(2) 대응구매

대응구매는 연계무역 중 가장 일반적이고 보편적인 형태이다. 수출금액의 일정 비율만큼을 구매하려는 별도의 계약서를 약정함으로써 수출하는 거래 방식이다. 대응구매는 수출계약서와 대응구매계약서의 두 가지 계약서를 동시에 체결하면서 거래가 이뤄진다. 대응구매는 수출 계약과 형식상 별도의 분리된 거래로서 대응 수입 의무를 제3국으로 전가轉嫁도 가능하다는 것이 특징이다.

대응구매와 상반되는 거래는 선구매advance purchase 방식으로 수출자가 수출하기에 앞서 수입자로부터 물품 구매를 우선적으로 하고 일정 기간이 지난 후에 수입자는 수출자의 물품을 수입하도록 약정하는 거래 형태이다.

(3) 구상무역

구상무역compensation trade은 무역에 있어 수출입 대금을 그에 상응하는 수입 또는 수출로 상쇄하는 무역 거래의 형태이다. 다시 말해서 수입한 금액만큼 수출하고 수출한 만큼 수입하는 방식을 행함으로써 수출과 수입을 서로 상쇄하는 방식인 셈이다.

물물교환과 같이 하나의 계약서로 무역 거래가 이뤄지지만 환거래가 발생하고 상호 합의된 통화currency로 대금 결제가 된다. 추가적으로 이와 다른 무역 형태로서 수입 의무를 제3국에 전가 가능한데 이러한 형태를 삼각구상무역triangular compensation trade이라 칭한다.

(4) 제품환매

제품환매buy back는 수출자가 자본재로서 장비·기술·플랜트 등을 수출하고 이에 대해 동 플랜트 또는 기술을 가지고 생산한 제품을 다시 수입함으로써 구매하는 것을 의미한다.

3. 전자무역

세계경제는 더욱 글로벌화되고 있으며, 컴퓨터 정보통신의 급속한 발전으로 인해 전자무역의 형태는 날로 확장되고 있는 추세이다.

무역 서식은 이제 전자식 표준문서가 개발되어 인터넷을 통한 전송과 수신이 가능한 방식으로 변모하고 있다. 이는 EDI Electronic Document Interchange 방식으로 무역 업무는 활용되어 정착해 가고 있다. 기존 방식의 종이 서류로 관리하던 것이 전자적인 방법으로 관리되어 더욱 발전적으로 변화하고 있는 것이다.

표준화되고 보편화된 자동화시스템을 갖춘 EDI 방식에 의한 무역 업무는 무역자동화시스템에 의해 수출입 업체와 유관 기관과 유기적인 연결로서 무역 업무가 더욱 신속하게 진행되어 효율적으로 관리되는 것이다.

수출입 기업들은 전자식 업무 방식으로의 전환으로 인해 많은 이점을 누리게 되었는데, 첫째, 전자무역을 통해 실시간 전 세계시장으로부터 정보를 얻을 수 있게 되었다. 둘째, 전자무역은 전 세계시장을 대상으로 하게 되었다는 점이다. 셋째, 전자무역을 통해 제품의 단가는 저렴하게 구입이 가능해졌으며, 서비스 관리 비용도 저렴하게 되어 더 경쟁력을 갖추게 된다는 점이다. 넷째, 무역 거래 비용이 낮아졌다는 점이다. 전통적인 방식으로 하는 경우 서류를 우편으로 직접 보내야 하기 때문에 시간과 비용이 크게 소모되었으며 서류 보관 등의 추가 공간과 관리 인원을 더 고용하는 경비가 든다. 이에 비해 전자무역은 이러한 비용을 줄일 수 있어 관리 비용을 절감이 가능하다.

안전하고 원활한 전자무역의 진행을 위해 관련 법규가 제정되어 운영되고 있는데 아래의 법규를 통해 통제되고 관리가 된다.

① **전자서명법**: 국내법으로서 법률 제5792호이며, 1999년 7월 1일부터 시행되고 있는 법이다. 공인인증기관에 발급된 인증서가 포함되어 전자서명 인증키로 생성된 전자서명은 법령에 의해 정당한 날인 또는 서명으로 간주된다는 것이다.

② **전자무역 촉진에 관한 법률**: 국내법이며 법률 제13155호로서 한국 전자무역의 기초가 되는 법이다. 2006년 6월 24일부터 시행되고 있으며 전자무역 촉진 추진 체계, 전자무역 기반 사업자 및 전자무역 기반 시설 등과 연관된 사항을 규정하는 법이다.

③ 전자문서 및 전자거래기본법: 전자문서 및 전자거래기본법은 국내법으로 법률 제5834호이며 전자상거래를 규정하고 있는 기본법이다. 전자상거래에 대한 민간 주도에 의한 추진, 국제 협력 강화 및 정부 규제의 최소화를 기본적인 원칙으로 삼고 있다. 이 법에서는 전자상거래상 원천적으로 필요한 전자문서 및 전자서명에 관하여 법적인 효력을 인정한다.

④ UNCITRAL의 전자상거래모델법Model Law on Electronic Commerce:
국제무역관계법을 통일시키기 위해 활동하고 있는 유엔 산하 국제무역법위원 회이며, 'UNCITRAL'은 'United Nations Commission on International Trade Law'의 영어 약칭이다. 이 법은 전자상거래모델법으로 정보가 데이터 메시지 형태라는 이유만으로 법적인 유효성, 집행력 및 효력을 부인하면 안 된다는 것을 규정하고 있다.

⑤ UNCITRAL의 표준전자서명법Model Law on Electronic Signature: 국제 전자상거래의 핵심 요소인 전자서명 및 인증기관에 대한 문제를 규정하기 위해 2000년에 유엔에서 제정한 표준규범이다. 이 법은 전자무역의 법적 안전성을 위해 전자 서명, 외국 전자서명 및 인증기관 등에 대한 규정이 포함되어 있다.

⑥ 국제상업회의소 가이드: 국제상업회의소International Chamber of Commerce, ICC가 급속하게 변화하고 발전하는 인터넷 국제 상거래를 표준화하기 위해 금융 분야, 서비스 및 운송 분야 등에서 이용되는 활용 기준을 내놓은 것이다.

제2장

무역계약

1. 무역계약의 의의

정상적이고 안전한 무역 거래를 위해 무역 거래의 당사자인 수출자, 수입
자 및 중개사는 반드시 명확한 내용을 공식적인 문서로 상호 날인한 계약
서를 작성해야 향후 발생 가능한 많은 일들에 대해 미연에 방지할 수 있
다. 또한 장기적인 비즈니스 관계를 위해 상호 계약 관계를 확실히 설정해
둠으로써 클레임 발생 또는 계약 조건 변경 등의 활동에서 법적인 보호를
받게 된다.

2. 국제무역계약의 특징

1) 불특정의 선물계약

국제무역에서 이루어지는 계약의 그 대상물은 계약을 체결한 후 조달 또는 생산되는 불특정不特定, unascertained한 선물先物, future goods이 된다. 다시 말하자면 국가 간 양 당사자인 수출자와 수입자는 무역 거래에 대해 상호합의 하에 계약을 체결하게 되는데 계약의 대상물은 아직 특정되어 있지 않고 수출자가 생산하거나 조달을 받아서 수입자에게 제공하게 되므로 미래의 불특정한 물품이 되는 것이다.

2) 무역 거래의 위험성

무역 거래는 높은 위험성을 내재하고 있다. 왜냐하면 물품 수출을 하고 나서 대금회수가 되지 않는 형태의 경제적인 위험성이 있기 때문이다. 또한 국가 간 이동을 전제로 하는 것이 무역이므로 운송 중 사고나 천재지변에 의해 물품 파손 등의 위험성이 항상 도사리고 있다. 당사국의 경제적·정치적인 측면에서 급격한 변화도 무역 거래에 잠재적인 위험으로 고려되어야 한다.

3. 국제무역계약의 법적 성격

1) 불요식계약(不要式契約, Informal contract)

국제무역에서 계약을 체결하기 위해 계약서를 작성하게 되는데, 계약서는 일정한 형식이나 절차를 필요로 하지 않는다. 이러한 점에서 양 당사자들은 자유롭게 계약서를 작성하며 작성된 계약서는 상호 합의에 의해 형성되었으므로 사적 자치의 원칙이 기본적으로 적용되었다고 본다. 그러므로 국제무역계약은 절차나 일정한 양식을 요하는 요식계약과는 다르다.

2) 낙성계약(諾成契約, Consensual contract)

국제무역계약은 양 당사자들의 합의와 동시에 계약이 성립되기 때문에 낙성계약의 특성을 갖고 있다. 이는 계약자들의 합의뿐만 아니라 물품의 인도, 소유권 이전 등기 등의 행위가 수반되는 경우에 계약이 성립되는 요물계약要物契約과는 확연히 구분된다.

3) 쌍무계약(雙務契約, Bilateral contract)

국제무역 양 당사자 간 계약을 하는 것은 상대방에게 채무債務를 부담하게 하는 쌍무계약雙務契約의 성격을 가진다. 이러한 관점에서 계약 당사자 중에서 일방의 계약자만 채무를 부담하는 편무계약片務契約과는 다르다.

4) 유상계약(有償契約, Remunerative contract)

국제무역계약은 양 당사자가 상호 대가적 의미를 내포하는 재산적 가치를 지닌 급부를 제공하는 것이 목적이므로 유상계약의 특성을 띄고 있다. 만약 무상으로 물품을 제공하는 경우에는 국제무역계약과는 다르게 봐야 한다.

4. 무역계약의 준거법

1) 준거법의 정의

계약 당사자 간 적용될 법률을 준거법準據法, Governing law이라고 하며, 양 당사자들은 법체계와 상관습이 상이한 소재지에 있으므로 계약서상 적용할 법률에 대해 기재되어 있지 않다면 향후 분쟁 여지를 남기게 된다. 그러므로 장래에 발생할 수도 있는 분쟁을 방지하기 위해 무역계약서 작성 시 반드시 준거법을 명시해야 한다.

2) 무역계약의 근거법원(根據法源)

(1) 강행 규정

무역계약법에 있어 국내법國內法에 의해 강제적으로 적용되는 강행 규정을 의미하는데, 대표적으로 대외무역법, 외환관리법, 관세법 등이 될 것이다. 이는 무역계약에 있어서 반드시 지켜야 하는 최우선 법률조항이 되는 것이다.

(2) 국제물품매매계약에 적용되는 협약

국제물품매매계약에서 통용되는 협약協約, Convention 사항은 뉴욕협약New York Convention, 헤이그-비스비 규칙Hague-Visby Rules 및 CISG9)(Vienna convention) 등이 있다. 첫 번째, 뉴욕협약은 1980년에 체결된 협약으로서 한국은 2004년에 가입하였으며, 외국에서 확정된 중재 판정을 승인과 집행이 가능하도록 제정된 UN국제협약이다. 두 번째, 헤이그-비스비 규칙은 1964년에 국제적으로 발효되었으며 협약은 주로 유럽국가에 한정되어 국제무역을 모두 영향을 미치는 것은 한계가 있었지만, 그 토대는 무역계약의 법원으로 여겨진다. 세 번째, CISG는 헤이그-비스비 규칙을 대체하기 위해 1980년 비엔나에서 협약을 완성하였고 1988년에 발효되기에 이르렀다. CISG는 UN협약으로 청약, 승낙, 매수인과 매도인의 의무, 계약 위반에 대한 구제 등 무역 거래계약에 대한 국세적으로 동일된 법석 근거를 제공한다.

(3) 무역 규칙과 관습법

무역 규칙은 무역 거래에서 상호 합의된 사항으로 국제적으로 표준화되어 오늘까지 이르게 되었다. 그 중에서 Incoterms®2020은 정형 거래 조건定刑去來條件으로서 국제상업회의소International Chamber of Commerce, ICC가 제정한 규칙이며 일반적으로 매도인이 매수인에게 물품을 인도하는 것에 있어 포함되는 업무 내용, 비용 부담 범위, 위험의 감수 범위 등을 포괄적으로 담고 있다. 이 규칙은 적용을 명시적으로 의도한 경우에만 적용된다.

---

9) CISG: 'The United Nations Convention on Contract for the International Sales of Good'의 줄임말로서 국제물품매매계약에 적용되는 대표적인 협약 중 하나이다. 한국은 2005년 3월 1일 CISG를 정식 발효하였다(2004년 2월 17일에 가입서를 기탁하였음).

관습법은 오랜 세월 동안 무역 거래를 통해 형성된 상인들의 상관습으로 굳어져 오늘날 국제상관습법으로 발전하기에 이른다. 국제상관습법은 19세기 이후 영국에서 어음법·물품매매법이 제정되었고, 미국에서는 통일매매법 등이 성문법成文法으로 법전화法典化가 되기 시작하였다.

(4) 조리

조리條理는 법전에 나와 있지는 않지만 일반 상식선에서 보편타당하게 무역 거래에서 적용 가능한 판단 기준을 일컫는다. 구체적 사안이 혼하지 않게 발생하고 예상치 못하게 일어난 사안에 대해 합리적으로 판단하는 것을 의미한다.

3) 준거법 적용 순서

무역 거래에 있어 적용되어야 할 준거법의 순서는 상당히 중요한 의미를 가지고 있으며 아래의 순巡으로 적용해야 한다.

강행 규정 ⇨ 당사자 간 합의 ⇨ 임의 규정 ⇨ 상관습법 ⇨ 조리

계약서상 약정에 따라 당사자들은 일방 당사자가 속한 국가의 국내법이 계약의 준거법이 되기도 한다.

5. 무역계약의 성립

무역계약의 성립 과정은 아래의 순서로 일반적으로 이루어진다.

① 해외 시장조사 및 거래처 개발

② 거래의 제의Proposal of business

③ 조회Trade Inquiry와 회신Response

④ 신용 조회Credit Inquiry

⑤ 청약Offer과 승낙Acceptance

⑥ 계약의 완성

1) 해외 시장조사 및 거래처 개발

해외 시장조사는 무역 거래를 진행함에 있어 최초 단계로서 해외 시장의 환경과 소비자를 이해하고 특정 물품에 대하여 해외 시장의 연관성이 높은 정보를 조사하고 수집하는 것을 의미한다. 즉, 해외 시장조사는 일반적으로 매도인(수출자)은 특정 제품에 대해 진출하고자 하는 해외 시장에서 사업성과 판매 가능성을 확인하고 매수자(수입자)는 그 제품의 시장 적합성과 구매 타당성을 검토하여 해당되는 중요한 정보를 수집하고 분석하는 것이다.

해외 시장조사를 위해 고려해야 하는 부분은 다음과 같다. 첫 번째, 진출하고자 하는 해외 시장의 국내외 정책환경, 정부정책, 거시경제지표 및 국내외 경쟁사를 파악해야 한다. 두 번째, 무역계약 조항별 거래 당사자의 일반적인 관행과 계약 불이행에 따른 대처 방안도 선제적으로 조사해야 한다. 세 번째, 한국무역협회, 대외경제정책연구원 등의 진출 국가에 대한 지역조사 자료를 참고하여 조사하는 것이 필요하다.

거래처를 개발하기 위해서는 일반적으로 기업들은 자체적으로 홍보물을 제작하여 진출 국가의 기업들에게 배포한다. 또한 해외 광고를 통해 연관된 기업들에게 자신의 제품을 홍보하는 절차를 거친다. 각국의 상공 인명부를 활용하여 거래처를 발굴하기도 하며 한국의 코트라 또는 무역협회에서 파견된 지사에 의뢰하여 신규 고객의 정보를 수집하여 자체 제작한 홍보물을 전달하는 방식을 사용하기도 한다. 마지막으로 자신이 진출하고자 하는 제품에 대한 해외 전시회는 세계 여러 곳에서 매년 개최되는 경우가 많은데, 이러한 전시회에 참여하여 기업 홍보 및 제품 소개 등을 병행함으로써 신규 고객을 유치할 수 있다.

2) 거래 제의

무역 거래에 있어 거래 제의는 매도자(수출자)가 거래 상대방에게 거래를 개시할 목적으로 의사표시를 전달하는 것이다. 다시 말해서, 거래 제의는 수출자가 기본적으로 거래 물품에 대한 소개와 상대방 정보 획득 경위, 자사 정보(영업 상태, 진출 국가, 사업 영역 등), 거래 조건 등의 포괄적이며 구체적인 내용을 담아 상대국의 매수자(수입자)에 전달하는 것을 의미한다. 일반적으로 거래 제의는 영어로 'business proposal'로 불려진다.

3) 조회와 회신

조회는 거래 제안을 받은 매수자가 기본적으로 제안 받은 제품에 대한 거래 의사가 있는 경우에 가격과 거래 조건에 대한 구체적인 사항에 대해 문의하는 것을 말한다. 일반적으로 조회의 내용은 물품의 거래 가격, 최소 주문 수량, 선적 가능 시기, 가능한 포장 형태, 결제 조건 및 기타 추가 제공 서비스에 대한 것이다. 여기에서 회신response은 매수자로부터 조회

Trade Inquiry에 대하여 응답하는 것을 의미한다. 조회에서 요구된 사항에 대해 상세한 내용을 담아 응답하여 상호 합의 가능한 조건을 제시하는 것이 중요하다.

4) 신용 조회

신용 조회Credit Inquiry는 거래 제의에 따른 계약 성립 전 거래 상대방 업체에 대해 여러 공적 또는 사적 기관을 통해 신용 상태를 파악해 보는 것이다. 만약 이러한 신용 조회를 하지 않고 계약을 체결하는 경우에는 미래에 심각한 문제가 발생할 가능성도 배제하지 못하므로 계약 체결 전에 반드시 신용 조회는 반드시 필요한 절차이다.

신용 조회의 내용은 상대방 업체의 능력capacity·자본capital·성격character을 기본으로 파악한 뒤, 담보collateral·동화currency·조건condition·국가country 중 2가지를 추가하는 것이 일반적이다. 그래서 이러한 항목수로 인해 신용 조회의 5요소로 통용通用된다.

신용 조회 방법은 여러 가지가 있으나, 통상적으로 한국무역보험공사K-SURE, 대한무역투자진흥공사KOTRA, 신용보증기금KODIT 등의 국내 공식적 기관을 통하는 것은 신뢰성이 높다. 또한 은행·동업자·상업흥신소 등을 통해 신용 조회도 가능하다. 하지만 은행 및 동업자는 이해 관계에 의하여 신용 조회의 신뢰성과 객관성이 낮고, 상업흥신소를 이용하는 경우에는 신용 조회 비용이 높아 비용 부담이 크다.

5) 청약과 승낙

무역 거래에 있어 중요한 단계인 청약Offer 단계는 계약을 최종적으로 성사시키기 위해 매도자는 매수자에게 일방적·확정적 구속력 있는 의사를 전달하는 단계이다. 승낙Acceptance은 청약의 거래 상대방이 청약에 응답하여 계약을 체결하는 목적으로 청약자에게 동의의 의사표시를 전달하는 것이다. 통상적으로 청약자의 청약이 제시되면 매수자는 가격, 선적 조건, 선적 시기 등의 조정을 요구하는 반대청약Counter offer이 이뤄지며 매도자가 제시된 조건에 대해 수정을 수용하고 승낙하는 경우 계약이 최종적으로 성립된다.

6) 계약의 성립

최종적으로 계약은 청약에 대한 승낙과 동시에 바로 계약이 성립되는 것이다. 기본적으로 무역계약은 낙성 및 불요식계약이기에 서면으로 체결하지 않더라도 계약이 성립되기는 하지만 향후 분쟁 발생에 대비하여 계약서에는 구체적인 내용을 상세하게 작성하여 상호 서명 날인하여 작성하는 것이 정석이다.

무역계약 작성 시 아래의 구체적인 사항이 상호 명확하게 확인되고 서명 날인되어야 거래의 안전성과 장기적인 비즈니스 관계가 지속적으로 유지될 것이다. 그러므로 실무적으로 아래의 내용에 대해 계약서상 언급이 되는지 검토해야 하고, 만약 빠진 부분이 있다면 해당 내용이 추가되도록 조치해야 한다. 계약서 주요 내용은 제품의 상세 내용, 가격, 결제 조건, 보증 조건, 유통독점권, 브랜드 사용(지적 재산권), FTA 관세 혜택 여부 및 기타 조건을 검토해야 하고 구체적인 내용은 아래의 표로 설명하고자 한다.

〈표 1-1〉 무역계약시 고려 사항

구분	내용	고려 요소	비고
제품 상세	• 제품 상세 내역 • Application number • OEM/AS품 해당 여부	• 제품 도면 • 제품 특별 특성 • 품질 요구 사항	• 시장 제품과 비교 • Application 모델 확인 • 주요 브랜드 확인
가격	• 제조사 제공 제조원가에 무역 소요 비용 추가하여 계산 필요함	• 관세 • 운송 비용 • 기타 추가 비용(금융, 서비스 등등)	무역은 FOB, CIF, C&F 등 거래 조건에 따른 명확한 명시 필요
결제 조건	• 무역 시작 초기는 L/C 조건이나 선적 전 송금 우선 적용 要 • 신뢰가 쌓인 후 송금결제 방식으로 전환 검토	D/P, D/A, L/C 다양한 방법으로 고객의 편의성과 거래의 안전성을 바탕으로 진행이 필요함	
제품 하자 보증 조건	• 품질 문제 발생 시 보증 기간과 운영 시간을 명시하는 것은 필수임 • 보수 비용, 보상 비용에 대한 서류 적시 要	• 제조사 품질 수준 이해 • 품질 관리 이력 • 업계 평판 파악 • 과거 품질 대응 이력	계약서 작성 시 관련 내용 합의 하에 작성
운송 조건	포장, 특별 요청 사항	• 컨테이너 적재 • 컨테이너 종류 • 포장 자재, 회수 포장재 여부	계약서 작성 시 상호 합의 하에 작성
브랜드	브랜드 사용 가능 여부	독점권 존재 여부	고객 필요 브랜드 존재 여부 확인
유통 독점권	신규 시장 도입 시 유통 독점권 확보 가능성 여부	브랜드의 시장 충돌 여부 사전 파악 필요	브랜드 경쟁력과 타사 경쟁 회사의 브랜드 인지도 파악 필수
FTA 적용 여부	• 자유무역협정에 따른 원산지증명서 발급 여부 • 원산지 증명으로 현지 세번 부호로 관세 면제율 사전 파악 필요	가격 산정 시 해당 원산지 증명에 따른 관세 면제율 고려 필요	관세사나 관세청을 통해 세번 부호가 수출 지역에 원산지 혜택이 유효한지 파악 필요
기타	• 제품 규제 물품 확인 • 환경 문제 저촉 여부 • 고객의 신뢰성을 전문기관을 통해 사전 확인	• 관련 법령 공부는 필수 • 신뢰 있는 관세사를 통해 관련 내용 확인 필요 • 고객 신용도 평가기관을 찾아 의뢰해야 함	해당 제품에 대하여 해외 시장 진출 전에 반드시 면밀한 확인 필요

국제무역은 무역계약에서부터 시작한다고 해도 과언이 아니다. 무역계약에서 계약 내용을 철저히 검증하는 것은 무역 거래의 시작이라고 할 것이다. 간혹 제품의 상세한 내용의 부분을 간과하고 두리뭉실하게 계약을 해서 차후에 선적하고 나서 물품수령 후에 제품의 상세한 부분은 약간 상이하여 고객의 클레임을 받는 경우가 비일비재하다.

제품의 하자보증 조건에 대한 명확한 사전 합의는 비즈니스에 상당히 중요한 일이다. 사업의 규모에 따라서는 사업의 명운을 가를 정도로 핵심적인 무역계약 체결 항목이라고 할 것이다.

또한 기본적으로 가격, 운송 조건, 유통독점권 및 브랜드의 법적 사항 등을 자세하게 검토할 필요가 있는 것이다. 최근에 더욱 중요성이 더해지고 있는 원산지 증명과 관련하여 매매체약 체결 전에 확인하는 것은 매우 중요하다. 한국산으로 인정이 되어 원산지 증명의 혜택에 따른 우호적 관세 혜택을 받는 경우에는 가격 경쟁력을 향상시키는 것을 의미하기 때문에 기업의 생존과 성과에 직결되는 사항이므로 사전에 원산지 증명과 관련하여 확인하는 것은 핵심적인 검토 사항이다.

매매계약 체결 전에 해당 내용들을 빠짐없이 검토하는 것은 사후에 상호 분쟁이 발생하지 않도록 예방하는 것이며 이러한 경영자의 무역관리능력은 기업에게 있어 핵심 경쟁력이다.

국제무역계약 사기 사례

아래와 같이 신규 거래처를 개척하고 무역 거래계약을 통해 매출 신장을 위해 노력하는 중에 무역 거래계약 사기를 받을 수 있었지만 적절한 대처로 사기를 면할 수 있었던 사례에 대해 소개하고자 한다.

　2019년 2월경 한국에 소재한 LED 조명 제조업체(L社)에 아프리카 가나의 한 관급에이전트라고 소개하면서 A와 B사로부터 관급 납품 제안의 이메일을 받게 된다.
　이에 해당 한국 제조업체인 L社는 A와 B社에 견적 송장Proforma invoice과 계약서 및 기타 관련 서류를 보내게 된다. 사실 L사로서는 아프리카 시장에 대한 정보는 거의 없는 상태였으며 진출 국가에 대한 영업망은 전무한 상황이었다. 또한 가나 업체인 A와 B社가 제안한 영업 방식은 L社에게는 전혀 새로운 방식이었으며 수출 경험도 없는 업체였다.
　한국 중소기업인 L社는 신규 프로젝트로서 시장에 대한 정보가 없어서 한국의 공기업인 대한무역투자진흥공사KOTRA, Korea Trade-Investment Promotion Agency에 해당 업체인 A와 B社에 대한 해외진출상담센터에 지원 요청하였다.
　문의한 결과 해당 업체의 담당자라고 주장한 사람은 A와 B社와 전혀 상관없는 사람이었으며 아프리카 14개국의 회사를 사칭하여 무역 사기를 하는 사람임이 밝혀졌다. 또한 해당 업체가 가나 정부기관에 납품한다는 사실도 전혀 사실이 아니었으며 해당 정부기관은 존재하지도 않았다.

위의 내용(코트라 인터넷 자료, 2019년 3월 11일자 참조)을 종합한 결과 무역 거래를 시작하기 전 신용 조사 및 정부기관을 통한 현지 진출공관 등의 여러 방식을 통한 상대 업체에 대한 객관적 검증은 혹시 모를 무역 사기를 막을 수 있는 길이다.

SALES CONTRACT

[   ], as Seller, hereby confirms having sold to

[   ] as Buyer, the following goods by this sales contract

made on the above date and on the terms and conditions hereinafter set forth.

	ITEM NO.	COMMODITY & SPECIFICATION	QUANTITY	UNIT PRICE	AMOUNT
◎					
◎					
◎					
◎					
◎					
		TOTAL AMOUNT			

☐ Time of Shipment : [DATE   MONTH   YEAR]

☐ Port of Shipment : [   ]

☐ Port of Destination : [   ]

☐ Payment

◎	AT SIGHT L/C	By an irrevocable letter of credit payable at sight
◎	USANCE	By an irrevocable, confirmed and unconditional letter of credit
◎	DP	By documents against payment
◎	DA	By bill(s) of exchange drawn on Buyer due [60] days from B/L date
◎	DD	By a D/D(Demand Draft) within [10] days after the date of B/L
◎	TT	By a T/T(Telegraph Transfer) within [10] days after the date of B/L
◎	MT	By a M/T(Mail Transfer) within [10] days after the date of B/L

☐ Insurance: Seller to cover the [CIF] price plus [   ]%
  against All Risking War and SRCC Risks

☐ Packing: [Export standard packing]

☐ Marking: [   ]

☐ Special Terms & Conditions:

☐ This Contract is subject to the general and conditions set forth on back
  hereof:

	Seller		Buyer	
By	[	]	[	]
Address	[	]	[	]
Title	[	]	[	]
Name	[	]	[	]

<GENERAL TERMS AND CONDITIONS>

Article 1. Quantity: Quantity set forth in this Contract is subject to a variation
of ten [   ] percent more or less at Seller's option.

Article 2. Shipment: Date of bill of lading shall be accepted as a conclusive
date of shipment. [   ] days grace in shipping shall be allowed. Partial
shipment and/or transshipment shall be permitted unless otherwise stated in

this Contract. Seller shall not be responsible for any delay of shipment, should Buyer fail to provide timely letter of credit in conformity with this Contract or in case the sailing of the steamer designated by Buyer be deferred beyond the prearranged date of shipment.

Article 3. Packing: Packing shall be at Seller's option. In case special instructions are necessary, Buyer should notify Seller thereof in time to enable Seller to comply with the same and all additional cost thereby incurred shall be borne by Buyer. Shipping Mark shall be made as shown in the belong of the front page of this Contract.

Article 4. Insurance: In case of CIF or CIP basis, [   ] % of the invoice amount shall be insured, unless otherwise agreed; any additional insurance required by Buyer to be at his own expense; unless otherwise stated, insurance to be covered for marine insurance only FPA or ICC(C) Clause. Seller may, if he deems it necessary, insure against additional risks at Buyer's expense.

Article 5. Increased costs: If Seller's costs of performance are increased after the date of this Contract by reason of increased freight rates, taxes or other governmental charges or insurance rates, or if any variation in rates of exchange increases Seller's costs or reduces Seller's return, Buyer agrees to compensate Seller for such increased cost or loss of income. Further, if at any time Buyer requests shipment later than agreed and Seller agrees thereto, Seller may, upon completion of manufacture, store the Goods and charge all expenses thereby incurred to Buyer, plus reasonable storage charges when Seller stores the Goods in its own facilities.

Article 6. Payment

| ◎   AT SIGHT L/C |

An irrevocable letter of credit, without recourse, available against Seller's sight drafts shall be established through a prime bank satisfactory to Seller within [15] days after the date of this Contract and be kept valid at least [15] days after the date of last shipment. The amount of such letter of credit shall be sufficient to cover the Contract amount and additional charges and/or expenses to be borne by Buyer.

| ◎   USANCE |

For the payment of the Contract Price specified hereof the Buyer shall provide the Seller with the irrevocable, confirmed and unconditional letter of credit(hereinafter called "L/C") in the amount of USD [   ] at [   ] months usance basis(after the date of draft issued by the Seller or bill of lading) in favor of the Seller to be opened within [   ] days from the signing date of the Contract under the agreed terms and conditions by the Seller and Buyer.

| ◎   DP |

After shipment, the Seller shall deliver a sight bill(s) of exchange drawn on the Buyer together with the required documents to the Buyer through a bank. The Buyer shall effect the payment immediately upon the first presentation of the bill(s) of exchange and the required documents, i.e. D/P.

| ◎   DA |

After shipment, the Seller shall deliver bill(s) of exchange drawn on the Buyer, payable [   ] days after [   ], together with the required documents to the Buyer through a bank for acceptance. The Buyer shall accept the bill(s) of exchange immediately upon the first presentation of the bill of exchange and the required documents and shall effect the payment on the maturity date of the bill(s) of exchange.

◎ | DD | The Buyer shall pay the invoice value of the goods by means of D/D(Demand Draft) within [   ] days after the receipt of the required documents; within [   ] days after the date of the Bill of Lading.

◎ | TT | The Buyer shall pay the invoice value of the goods to the Seller's account with the bank designated by the Seller by means of T/T(Telegraph Transfer) within [   ] days after the receipt of the required documents; within [   ] days after the date of the Bill of Lading.

◎ | MT | The Buyer shall pay the invoice value of the goods by the Seller by means of M/T(Mail Transfer) within [   ] days after the receipt of the required documents; within [   ] days after the date of the Bill of Lading

Article 7. Inspection: The inspection of the Goods shall be done according to the export regulation of the Republic of Korea and/or by the manufacturer(s) which shall be considered as final. Should any specific inspector be designated by Buyer, all additional charges incurred thereby shall be at Buyer's account and shall be added to the invoice amount, for which the letter of credit shall be amended accordingly.

Article 8. Warranty: The Goods shall conform to the specification set forth in this

Contract and free from defects in material and workmanship for [   ] months from the date of shipment. The extent of Seller's liability under this warranty shall be limited to the repair or replacement as herein provided of any defective Goods or parts thereof. Provided, however, this warranty does not extend to any of the said Goods which have been: (a) subjected to misuse, neglect, accident or abuse, (b) improperly repaired, installed, transported, altered or modified in any way by any other party than Seller or (c) used in violation of instructions furnished by Seller. Except for the express limited warranties set forth in this article, seller makes no other warranty to buyer, express or implied, and herby expressly disclaims any warranty of merchantability or fitness for a particular purpose. In no event shall Seller be liable to Buyer under this Contract or otherwise for any lost profits or for indirect, incidental or consequential damages for any reason.

Article 9. Claims: Any claim by Buyer of whatever nature arising under this Contract shall be made by facsimile or cable within [   ] days after arrival of the Goods at the destination specified in the bills of lading. Full particulars of such claim shall be made in writing, and forwarded by registered mail to Seller within [   ] days after such fax or cabling. Buyer must submit with particulars the inspection report sworn by a reputable surveyor acceptable to the Seller when the quality or quantity of the Goods delivered is in dispute. Failure to make such claim within such period shall constitute acceptance of shipment and agreement of Buyer that such shipment fully complies with applicable terms and conditions.

Article 10. Remedy: Buyer shall, without limitation, be in default of this

Contract, if Buyer shall become insolvent, bankrupt or fail to make any payment to Seller including the establishment of the letter of credit within the due period. In the event of Buyer's default, Seller may without prior notice thereof to Buyer exercise any of the following remedies among others:

(a) terminate this Contract;

(b) terminate this Contract as to the portion of the Goods in default only and resell them and recover from Buyer the difference between the price set forth in this Contract and the price obtained upon resale, plus any incidental loss or expense; or

(c) terminate the Contract as to any unshipped balance and recover from Buyer as liquidated damages, a sum of five (5) percent of the price of the unshipped balance. Further, it is agreed that the rights and remedies herein reserved to Seller shall be cumulative and in addition to any other or further rights and remedies available at law.

Article 11. Force Majeure: Neither party shall be liable for its failure to perform its obligations hereunder if such failure is the direct result of circumstances beyond that party's reasonable control, including but not limited to, prohibition of exportation, suspension of issuance of export license or other government restriction, act of God, war, blockade, revolution, insurrection, mobilization, strike, lockout or any labor dispute, civil commotion, riot, plague or other epidemic, fire, typhoon, flood.

Article 12. Patents, Trade Marks, Designs, etc.: Buyer is to hold Seller harmless from liability for any infringement with regard to patent, trade mark, copyright, design, pattern, etc., originated or chosen by Buyer.

Article 13. Governing Law: This Contract shall be governed under the laws of Korea.

Article 14. Arbitration: Any dispute arising out of or in connection with this contract shall be finally settled by arbitration in Seoul in accordance with the Arbitration Rules of the Korean Commercial Arbitration Board.

Article 15. Language: This Agreement may be executed in English and in other languages (including Korean). In the event of any difference or inconsistency among different versions of this Agreement, the English version shall prevail over in all respects.

Article 16. Trade Terms: All trade terms provided in the Contract shall be interpreted in accordance with the latest INCOTERMS 2000 of International Chamber of Commerce.

제3장

무역 거래 조건

1. 인코텀즈 2020 의의

인코텀즈INCOTERMS, International Commercial Terms는 정형 거래 조건으로 국제무역 거래에서 오랜 시간 동안 사용되고 인정되는 사실적인 행위 양식이며 상관습이다. 국제무역 거래는 쌍방이 다른 국가 간 이뤄지는 것이므로 만약 다른 거래 조건으로 서로 다르게 인식한다면 더 큰 문제가 발생할 것이다.

이러한 이유에서 세계적으로 무역 거래의 정형 거래 조건을 만든 것이 인코텀즈다. 현재 2020년에 새로이 개정되어 INCOTERMS 2020이 세계적으로 인정되는 국제 상거래 규칙이다.

2. 인코텀즈 2020 내용

인코텀즈는 크게 보면 거래의 운송 비용과 수출 통관을 진행해야 하는 당사자에 대한 규정을 하고, 매매 당사자의 책임 한계를 나타낸다. 이를 구체적으로 무역 거래의 세부 사항을 표현하기 위해 인코텀즈는 매수인과 매도인의 위험의 이전, 비용의 배분에 대한 내용을 담고 있다.

첫째, 위험의 이전은 무역 거래를 함에 있어 매도인이 부담해야 할 거래 비용과 책임의 한계를 각 인코텀즈의 조건term을 통해 통일적으로 규정하고 있다.

둘째, 비용의 배분은 인코텀즈에서는 기본적으로 매도인의 물품 인도에 관한 의무가 완료된 시점을 매매 당사자 간 비용 부담의 분기점으로 인식된다.

사실 위의 위험 이전과 비용 배분이 반드시 모든 거래에서 일치하는 것은 아니다. 예컨대, CIF Cost, Insurance and Freight(운임보험료 포함 인도 규칙)와 같이 위험의 이전은 물품 인도된 때와 장소에서 이뤄지지만 인도 후에 합의된 목적지 또는 항구까지 운임과 보험료를 매도인이 부담하는 거래 조건도 있다. 또한 CPT, CIP, CFR도 위험의 이전과 비용 배분의 시점과 장소가 상이相異하다. 그러므로 무역 거래를 하는 양 당사자인 매도인과 매수인은 정형 거래 조건에서 위험의 이전과 비용 배분의 정확한 내용을 파악하고 계약을 해야 하고 계약이 성립된 경우에는 약정한 내용을 충실히 이행해야 한다.

3. 인코텀즈 2020의 주요 특성

인코텀즈 2020은 기존 인코텀즈 2010에 비해 원천적으로 크게 다르지 않지만 몇 가지 특성을 가지고 있다. 각 특성별 내용을 아래와 같이 소개한다.

첫째, CIP 규칙의 최대 부보 의무와 CIF 규칙의 최소 부보 의무를 새로이 규정하고 있다. 예전 인코텀즈 2010에서 CIP의 경우 송장금액의 110%에 대해 최소 담보 조건(ICC(C))으로 부보하였으나, 신인코텀즈new Incoterms 2020에서는 모든 위험을 부담하는 ICC(A) 약관을 이용하여 부보하도록 개정하였다. 물론 양 당사자는 ICC(A) 약관보다 합의하에 낮은 수준으로 부보도 가능하다. 한편, CIF 조건은 인코텀즈 2010과 마찬가지로 최소 담보 조건인 ICC(C)로 부보하는 것으로 유지하였다. 최소 담보 조건인 ICC(C)에서는 전쟁, 내란, 파업, 선박운영사의 지급 불능, 포획 등의 문제로 발생한 위험에 대해서는 담보에서 빠지게 된다.

둘째, 운송인 인도 규칙FCA, Free Carrier상 본선 적재표기를 선하증권에 사용 가능하다는 점이다. 인코텀즈 2020에 새로 신설된 내용으로 FCA로 매매계약 체결을 한 경우에는 매수인은 그의 운송인에게 본선 적재표기on board notation가 있는 선하증권Bill of Lading을 매도인에게 발행하도록 지시해야 한다. 운송인이 매수인(수입자)의 위험과 비용으로 매도인에게 B/L을 발행하는 경우에는 매도인(수출자)은 그 B/L을 매수인에게 제공하여야 한다.

셋째, DAT를 DPU로 명칭을 변경하였다. 인코텀즈 2020에서는 DAT 조건을 DPU 조건으로 명칭을 바꿔서 신설하였다. DPU 조건은 인도 장소가 터미널이 아닌 지정목적지이거나 지정목적지 내 합의된 지점에 물품을 양륙揚陸, unloaded하면 매도인의 의무는 끝나며, 이 지점이 위험의 이전 분기점이 되는 것이다.

넷째, 거래 당사자 간 거래 조건에 따라서 자신의 운송 수단으로 운송이 가능하다는 점이다. 인코텀즈 2020의 경우 FCA로 매매계약 체결한 경우 매수인은 지정 인도 장소에서 물품을 수취하기 위해 자신의 운송 수단을 이용할 수 있다. 또한 DAP, DPU, DDP는 매도인은 지정목적지 또는 합의된 지점까지 운송함에 있어 자신의 운송 수단을 이용하여 운송이 가능하다.

다섯째, 인코텀즈 2020에서는 보안 관련 내용이 추가되었다. 글로벌 무역에서 테러 등을 대비하는 새로운 선적 형태의 형성이 더욱 절실하게 요구되기 때문에, 특히 통관과 운송에서 보안 관련 의무가 A4(운송)와 A7(수출 통관)에 명시되었다. 또한 보안 관련 비용이 A9와 B9에도 비용 부담에 대한 규정이 기재되어 있다.

4. 인코텀즈 2020 내용 분석

인코텀즈 2020은 크게 2가지 형태로 구분되며 선적지 인도 조건과 양륙지 인도 조건으로 나누어서 설명하고자 한다.

1) 선적지 인도

(1) 공장 인도 조건

공장 인도 조건은 약칭하여 EXW이라고 하며, Ex-Works를 의미하는데, 공장에서 물품을 인도하는 조건이라는 의미이다. 일반적으로 한 가지 이상의 운송 방법으로 운송하는 형태인 복합운송 방식으로 진행된다.

　매수인은 물품 수취를 위해 운송과 관련된 모든 일체 비용을 부담하며 수출 통관부터 수입 통관을 이행하고 관련 비용을 부담하는 조건이다. 매도인에게는 가장 유리한 조건이며 물품 준비만 완료되면 합의된 지정 장소에서 매수인이 물품의 운송에 관한 모든 비용과 위험을 부담하게 된다. 물품의 적재 책임도 매수인에게 있고 합의된 장소는 공장, 창고 등의 매도인의 구내일 수도 있고 다른 장소일 수도 있다.

　공장 인도 조건에서 인도 시기와 위험 이전은 매도인이 지정 장소에 인도한 후 적재하지 않은 상태에서 매수인에게 인도된다. 매도인은 지정 장소에 적재해 두고 매수인의 임의 처분 하에 놓아둔 때 바로 매도인에서 매수인에게 위험은 이전되는 것이다.

　표기 방법은 아래와 같이 간단하게 표시가 이루어지는 것이 일반적이다. 예컨대, EXW 조건에서 매매계약 체결 시 언급될 수 있는 인도 장소引渡場所가 부산철강공장(예: Busan steel factory)인 경우는 다음과 같다.

예)

"US $ 35/pc, EXW Busan steel factory, Haeundae, Busan, Korea, Incoterms®2020"

EXW 조건의 위험 이전과 비용 부담 기준은 아래의 도식으로 확인 가능하다. EXW 조건은 매도자에게는 가장 유리한 조건이고 매수자에게는 운송료 및 기타 비용의 부담이 가장 높은 조건이 된다.

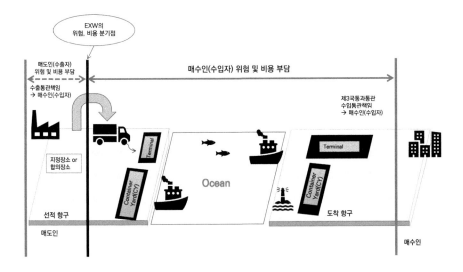

(2) 운송인 인도 조건

운송인 인도 조건은 Free Carrier의 약칭인 FCA라고 불린다. 일반적으로 이 조건은 한 가지 이상의 운송 수단으로 운송되는 복합운송 조건에 많이 활용되는 조건이다.

　FCA로 매매체결이 된 경우 매도인은 지정 장소 또는 합의된 장소에서 매수인이 마련한 운송 수단(트럭 등)에 실어줌으로써 의무가 종결되는 조건이다. 따라서 양 당사자들은 계약상 지정된 인도 장소를 명확하게 합의해야 하며 그 지점에서 매도인으로부터 매수인에게 인도된다.

만약 신용장이나 추심거래 방식인 D/A, D/P 등으로 매매계약을 체결하였다면, 매수인은 운송인에게 본선 적재표기on board notation가 되어 있는 선하증권을 매도인에게 발행토록 지시하는 것이 일반적이다. 운송인이 매수인의 위험과 비용으로 선하증권을 발행하여 매도인은 금융기관(은행)을 통해 선적선하증권을 매수인에게 전달하는 것이다.

FCA 조건 하에 매도인은 수출 통관을 진행하고 매수인은 수입 통관, 수입 관세 납부 등의 관련 비용을 부담한다. 아래의 도식을 통해 FCA 조건에서 매도인과 매수인의 위험 이전과 비용 부담의 기준을 확인할 수 있다.

인도 시기는 매도인이 물품을 지정 장소 또는 지정된 지점에서 매수인이 마련한 운송인에게 인도하거나 그렇게 인도된 물품을 조달 완료한 시점에 물품에 대한 인도가 매수인에게 이전되는 것이다. 위험의 이전은 약정한 물품이 계약상 납기 내 지정 장소 또는 합의 지점에서 매수인이 제공한 운송인에게 인도한 때에 매도인은 매수인에게 완전하게 위험이 전이되는 것이다. FCA 조건에서는 인도 시기와 위험의 이전 시기移轉時期는 동일한 것으로 본다.

FCA 조건의 계약상 표기는 아래와 같이 간결하게 표기되는 것이 보통이다. 예를 들어, FCA 조건에서 복합운송으로 지정 장소(Korea company)를 표시한다면 아래와 같다.

예)
"US $100.00/pc, FCA Korea company, Haeundae, Busan, Korea, Incoterms®2020"

FCA 조건의 무역 거래에서 매도인과 매수인의 위험 이전과 비용 부담 기준은 아래의 그림으로 확인 가능하다.

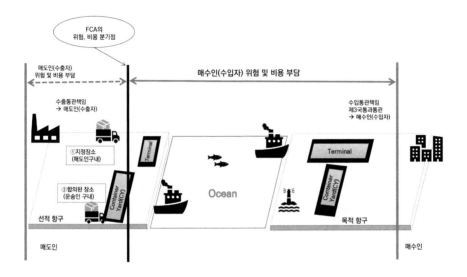

(3) 운송비 지급 인도 조건

운송비 지급 인도 조건은 영어로 줄여서 CPT라고 하며, 'Carriage Paid To' 의 줄임말이다. 한 가지 이상의 운송 수단으로 진행하는 경우에 일반적으로 쓰이는 조건이다. 복합운송의 형태로서 육상, 철도, 해상, 항공 운송의 한 가지 이상의 운송 수단으로 사용하기에 적합한 정형 거래 조건 중 하나이다.

운송비 지급 인도 조건은 매도인이 기본적으로 인도 장소 또는 합의된 인도 지점까지 매도인이 지정한 운송인을 이용하여 물품을 인도할 때 인도의무가 완료된다. 만약 매매계약에서 지정목적지까지 인도하는 조건으로 되는 경우에는 합의된 지점까지 운송할 수 있도록 운송 계약을 체결해야 하고 운송비를 지급 완료해야 한다.

CPT 조건은 다른 정형 거래 조건과는 달리 위험의 분기점과 비용의 분기점이 서로 다른 것이 특징이다. 이러한 이유로 매매계약서 체결 시 수출국 내에 있는 위험의 분기점을 명확하게 매도인과 매수인을 명시해야 하고, 수입국 비용의 분기점이 될 지정목적지 또는 지정목적지 안에서 합의된 지점을 정확하게 기재하여야 한다.

CPT 조건에서 매도인은 수출국의 수출 통관을 진행해야 하며, 매수인은 수입 통관, 통과국의 통과화물통관(또는 통과통관) 및 수입 관세 납부를 진행해야 하는 것이다. 이러한 점에 대한 매수인과 매도인의 비용 부담의 기준을 정확하게 파악하는 것은 무역 거래에 있어 상당히 중요한 점이다.

CPT 조건에서 매매계약서상 기재되어야 할 내용을 간략하게 표시해 본다면 아래의 문구가 될 것이다. 예를 들어 한국회사Korea company가 CPT 조건으로 복합운송 계약을 체결하여 도착지인 '미국 Long beach warehouse'로 운송하는 조건인 경우는 아래와 같이 표기 가능하다.

예)
"US $ 350/pc, CPT Long beach warehouse, LA, The United States of America, Incoterms®2020."

CPT 조건에 대한 전체적인 프로세스를 간략하게 그림으로 나타내면 다음과 같이 개념화가 가능하다. 매도인은 매매계약서상 지정목적지 또는 합의된 지점까지의 운송비를 부담한다. 매도인의 위험분기점은 수출국 지정장소까지 위험 부담을 하게 되고, 그 이후로는 매수인에게 위험 전가가 이뤄진다.

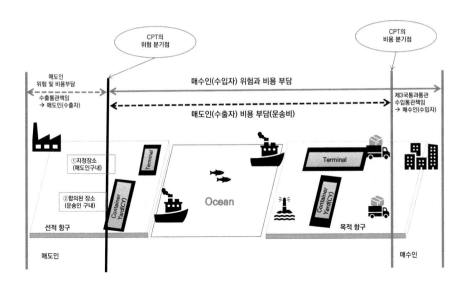

(4) 운송비 보험료 지급 인도 조건

운송비 보험료 지급 인도 조건은 영어 약칭으로 CIP라고 하며 'Carriage and Insurance Paid To'라고 한다. 주로 복합운송 방식으로 진행하는 경우에 사용되는 경우가 많은 편이다.

CIP는 매도인의 위험 이전은 매매 계약 시 명시한 지정한 장소 또는 합의된 지점까지 운송인과 계약을 체결하고 운송비를 지급함으로써 매수인에게 위험을 이전하게 된다. 하지만 CIP 조건에서 매도인은 수입국 지정목적지 또는 지정목적지 내 합의된 지점까지 발생하는 운송비와 보험료까지 부담하는 조건이다. 그러므로 위험의 이전 기준과 비용의 부담 기준이 다른 점이 특징이며 비용의 부담에 있어서 해상보험을 추가로 가입하여 담보 조건으로 ICC(A) 수준 이하로 매수자와 매도자의 합의로 계약을 하게 된다.

CIP 조건에서 인도 시기는 매도인이 제품을 매매계약서상 합의된 인도 장소까지 인도하고 운송인에게 교부하거나 인도된 제품을 조달할 때 인도가 완료된다. FCL cargo[10)]의 경우 매도인은 복합운송인에게 제품을 컨테이너에 장입裝入하고 운송함으로써 인도가 완성된다. 인도 장소는 구체적으로 컨테이너 화물 조작장Container Freight Station, 컨테이너 장치장Container Yard, 매도인의 구내Premise 등의 장소가 될 수 있으며 철도화차 또는 본선내內 등이 되기도 한다.

그러므로 CIP 조건을 차질 없이 진행하기 위해 수출국의 위험 이전 기준을 명확하게 매매계약 체결 시 상호 합의해야 한다. 또한 매도인의 비용 부담 기준이 수입국 내의 목적지까지 되기 때문에 정확한 목적지 또는 목적지 내의 합의된 지점을 명시적으로 계약서상 기재해야 한다.

CIP 조건을 매매계약서상 표기하기 위해 아래와 같이 도착지와 가격 및 가격 조건 명시(CIP 조건)를 통해 간단하게 나타낸다. 매도인이 운송계약상 지정목적지에서 양륙과 관련된 비용을 부담하는 것으로 되어 있는 경우에는 당사자 간 별도 합의가 없는 때에는 매도인이 매수인으로부터 지급을 받을 수 없다. 예컨대 고려회사Koryeo company가 CIP 조건으로 복합운송 계약을 체결하여 도착지인 '미국 Long beach branch'로 운송하는 조건인 경우는 아래와 같이 표기 가능하다.

예)
"US $ 10/pc, CIP Long beach branch, LA, The United States of America, Incoterms®2020."

전체 프로세스를 통해 위험의 전이 기준과 비용 부담의 기준을 아래의

---

10) 만재화물(滿載貨物)로 통상 20피트, 40피트 등 컨테이너로 선적하는 것을 의미한다.

간략한 그림을 통해 나타낼 수 있다.

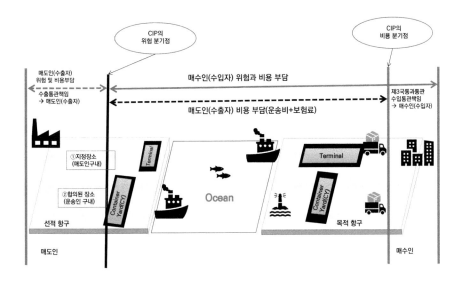

(5) 선측 인도 조건

선측船側 인도 조건은 'Free Alongside Ship'으로 약칭은 FAS라고 한다. 일반적으로 선측 인도 조건은 해상 운송 또는 내륙 수로 운송에만 사용된다. 여기에서 선측 인도는 제품이 매수인이 지정한 본선의 선측에 도달할 때 매도인의 인도는 완료된 것으로 해석한다.

선측 인도 조건에서 양 당사자는 선적 항구 내에 있는 정확한 인도 장소를 매매계약 체결 시 확정하고 합의해야 향후 비용에 대한 논란의 발생 여지를 방지할 수 있다. 만약 매매계약 체결 당시에 매수인이 명확한 인도 장소를 특정하지 못한 경우에는 매도인은 지정 항구 내 자신들에게 적합한 목적지에 인도할 수 있다. 하지만 장기 거래 관계인 경우에는 상호 신뢰 관계가 있으므로 크게 매도인의 입장에서만 지정 장소를 정하지는 않는 것이 통상적인 무역 거래라고 본다.

FAS 조건에서는 매도인은 선측 인도 전까지 수출 통관 진행을 완료해야 하고 매수인은 제품의 수입 통관 및 수입 관세의 지급 의무, 수입 통관 수속 절차를 진행해야 한다. 제품의 인도 장소는 매수인이 지정한 부두 내 선박의 측면이고, 매도인은 제품을 매수인이 특정한 장소까지 인도해야 하는 의무를 가진다.

인도 시점은 매도인(수출자)이 지정한 항구 내에 매수인이 지정한 적재 지점인 선측에 물품을 놓을 때 인도 의무가 종료된다. 위험의 이전은 매도인이 물품 운송을 하여 매수인이 항구 지정 장소인 선박의 측면에 물품을 놓는 시점에 완료된다. 즉 FAS에서 인도 시기와 위험 이전은 동일하다.

비용의 배분에 있어서도 매도인은 제품을 지정 항구에서 지정한 적재 지점인 선박의 측면에 놓을 때까지 모든 제비용을 부담하는 것이다. 이후 발생하는 해상운송비, 해상보험료, 양륙 비용 및 수입 통관 제비용 등은 매수인이 비용을 부담하는 것이다.

FAS 조건은 매매계약 체결 시 아래의 내용으로 간략하게 기재되며, 지정 항구 내에 있는 적재 지점이 명확하게 나타나도록 해야 한다. 아래의 예는 'FAS 조건으로 인천항구 내에 있는 인천로 200번지에 물품 적재한 경우'를 가정해 보았다.

예)
"US\$ 600/pc, FAS Incheon Port, 200 Incheon-ro, Incheon, Korea, Incoterms®2020."

FAS의 매도인과 매수인의 위험과 비용 부담에 대한 정확한 파악을 위해 아래의 그림으로 나타낼 수 있다. FAS 조건에서는 합의된 장소인 적재

지점인 선박 측면까지 매도인의 위험과 비용의 부담이 되므로 매매계약 체결 시 명확한 지점을 매도인은 제시하고 매수인과 합의하는 것이 매우 중요하다.

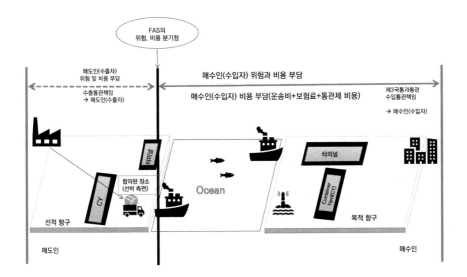

(6) 본선 인도 조건

본선本船 인도 조건은 'Free On Board'라고 하며 약칭으로 FOB으로 쓰이며 해상 운송 또는 내륙 운송에 통상적으로 사용되며 무역 거래에서 많이 쓰이는 조건이다. 본선 인도 조건은 매도인이 물품을 선박에 최종적으로 실어주면 매도인의 인도는 완료되는 조건으로 이후에 일어나는 위험에 대해서는 매수인이 위험과 비용에 대한 부담을 갖게 되는 것으로 보면 쉽게 이해가 된다.

　　FOB 조건에서는 지정 항구 또는 지정 항구의 적재 지점에서 본선 인도 까지 비용과 위험 부담을 매도인이 안게 되기 때문에 양 당사자는 명확하 게 지정 항구와 지정 항구의 적재 지점까지 매매체결 시 합의해야 하는 것이다.

본선 인도 조건에서는 수출국 선적항과 적재 지점은 매도인(수출자)이 가장 잘 알기 때문에 매수인 측과 협의 시 자신에게 가장 적합한 항구를 제안하고 합의하는 것이 일반적이다. 매수인의 입장에서는 다만 합리적인 방식으로 물품이 안전하고 신속하게 도착하는 것이 목적이기 때문이다.

매도인은 물품 선적 준비를 완료한 후에 자신의 비용으로 지정목적항으로 이동하여 선박에 적재하는 것까지 완료하면 매수인에게 인도한 것으로 해석된다. 또한 위험의 이전도 마찬가지로 매도인이 본선 적재를 완료함과 동시에 위험은 매수인에게 이전된다. 이러한 점에서 위험의 이전과 인도 시기는 동일하다.

비용의 분배에 있어 매도인은 자신의 공장 또는 창고에서 출발하여 지정목적항까지 운송료뿐만 아니라 본선 적재비와 관련된 일체 비용을 부담하게 된다. 구체적으로 매도인은 제품의 기본원가, 사업 부문별 간접원가, 포장비, 물품 검사비 및 기타 발생 비용을 부담하게 된다. 또한 인도 장소까지 내륙운송비, 물품 인도 완료에 따른 통지비, 물품 인도 증거 서류 취득비를 부담하게 된다. 물론 매도인은 수출신고필증 발급 비용, 조세 및 기타 부과금의 비용을 지불하고 적재비loading, 적부비stowage 등과 부두 사용료wharfage, 항구세port duties, 창고료go-down rent, 보관료storage 등을 지불해야 한다. 본선이 부두에 접안接岸된 경우에는 본선 선측까지의 물품 운반비, 본선이 해상에 정박碇泊된 경우는 부두인부임stevedorage 및 부선비literage fee를 지불한다.

매수인은 본선 적재 이후 비용을 부담해야 하는데, 해상운임, 해상보험료, 양륙비, 수입 통관 비용 및 각종 제세공과금, 모든 관세와 조세 및 기타 부과금을 포함한 통관 비용을 부담하는 것이다.

FOB 조건의 경우 매매계약 체결 시 지정목적항을 FOB 바로 옆에 기재하여 매도인과 매수인이 상호 합의하여 매매계약서에 표기하는 것이다.

이러한 사항을 명확하게 표기함으로써 향후 발생 가능한 모든 논란을 예방할 수 있다. FOB 조건에 대한 표기를 예시로 나타내면 아래와 같다(대한민국, 광양항, FOB, 제품가 300달러).

예)
"US$ 300/pc, FOB Kwangyang port, Korea, Incoterms®2020."

본선 인도 조건FOB에서 매도인의 의무는 물품 준비에 따른 본선까지 인도하는 것이다. 본선 적재 이후의 제반 모든 비용은 매수인이 부담하고 위험의 이전도 본선 적재와 함께 모두 이전되는 정형 거래 조건이다. 아래의 그림은 본선 인도 조건의 전체적인 프로세스와 위험의 이전과 비용의 부담 기준점을 제시하기 위해 간략하게 표현된 것이다.

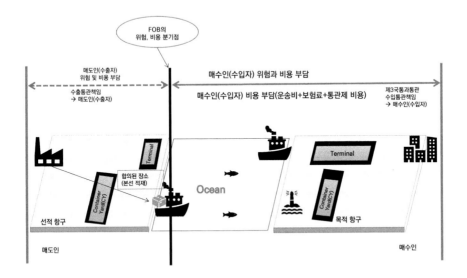

(7) 운임 포함 인도 조건

운임 포함 인도 조건은 'Cost and Freight'라고 하며 영어 약칭으로 CFR이라고 불린다. 간단하게 설명하자면 운임 포함 인도 조건은 매도자의 관점에서 본선 인도 조건FOB에서 해상운임을 포함한 정형 거래 조건으로 생각하면 싶게 이해가 된다.

운임 포함 인도 조건에서는 매도인과 매수인의 상호간 위험 이전 분기점과 비용 부담의 기준은 다르다. 즉, 매도인의 위험 이전 분기점은 본선 인도 조건과 동일하고 본선 적재와 동시에 매수인에게 모든 위험은 이전이 완료된다. 하지만 운임 포함 인도 조건에서 매도인은 운임을 부담하기 때문에 비용 부담의 기준점은 목적지 항까지 도착하는 해상운임을 매도인이 지불해야 한다. 하지만 매도인은 보험료와 각종 공과금, 관세 및 수입통관 비용은 지불할 의무가 없다.

매수인은 운임 포함 인도 조건에서 해상보험에 가입해야 해상 운송 중에 노출된 위험으로부터 보호받을 수 있다. 매수인은 매도인과의 매매계약 체결 시 반드시 지정목적항을 명확하게 지정하여야 한다. 간혹 같은 나라일지라도 여러 항구가 존재하고 수입자에게 모든 조건에서 적합한 수입항이 있기 마련이기 때문에 양 당사자들은 정확하게 목적항을 지정하여 상호 합의하는 것이 필요하다.

인도 시기는 매도인은 물품 준비 후 배송을 통해 지정목적항까지 이동후 본선 적재를 하면 인도가 완전하게 끝나는 것이다. 비용의 배분은 인도시기와는 다소 차이가 있는데, 매도자는 물품 준비에 이어 물품의 지정목적항까지 배송을 하고 본선 인도까지의 전체 비용을 포함하여 해상운임까지도 매도인이 부담해야 한다. 그러나 매도인이 수입국 목적 항구에 도착후 양륙 비용과 각종 관세, 조세 및 기타 관련 수입 통관 비용에 대해서는 비용 부담을 하지 않는다. 운임 포함 인도 조건에서는 매도인은 지정목적항까지 해상운임만 부담하기 때문이다.

운임 포함 인도 조건에 대해 매매계약 체결 시 아래와 같이 간단하게 표기하는 방식이 있다. 예를 들어 제품가는 US $1,000/pc이고, 지정목적항이 Nhavasheva port(India), CFR 조건인 경우는 다음과 같이 간략히 기재해 볼 수 있다.

> 예)
> "US $1,000/pc, CFR Nhavasheva port, India, Incoterms®2020."

운임 포함 인도 조건에 대하여 매도인과 매수인의 위험 이전 기준점과 비용 부담 기준점은 아래의 그림으로 간단하게 정리가 된다. 매수인은 매매계약 체결 시 지정목적항을 반드시 명확하게 제시해야 하고 매도인은 지정목적항까지 해상운임을 지불해야 하므로 정확한 물류비 산정이 필수적인 요소이다.

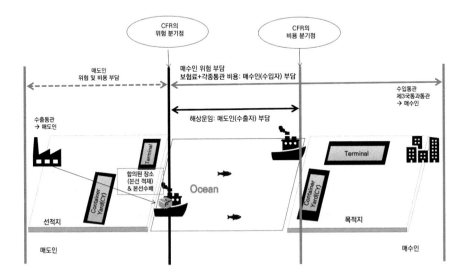

(8) 운임보험료 포함 인도 조건

운임보험료 포함 인도 조건은 'Cost Insurance and Freight'라고 하며 영어 약칭으로 'CIF' 조건이라고 통상 실무적으로 불려진다. 쉽게 이해하기 위해 매도인의 입장에서 CFR 조건에 해상보험료를 추가 부담한다고 보면 된다.

CIF에서는 매도인과 매수인의 상호간 위험 이전 분기점과 비용 부담의 기준은 다르다. 다시 말하자면, 매도인의 위험 이전 분기점은 운임 포함 조건과 동일하고 본선 적재와 동시에 매수인에게 모든 위험은 이전이 완료된다. 여기에서 운임보험료 포함 인도 조건에서 매도인은 해상운임과 해상보험료를 부담하기 때문에 비용 부담의 기준점은 목적지 항까지 도착하는 해상운임과 보험료를 매도인이 지불해야 한다. 하지만 매도인은 각종 공과금, 관세 및 수입 통관 비용은 지불할 의무가 없다.

매도인은 운임보험료 포함 인도 조건에서 해상 운송 중에 노출된 위험으로부터 해상보험으로 부보附保해야 한다. 여기서 중요한 사항으로 매수인은 매도인과의 매매계약 체결 시 반드시 지정목적항을 명확하게 지정하여야 한다. 왜냐하면 같은 나라인 경우라고 해도 여러 항구港口가 존재하고 수입자에게 모든 조건에서 적합한 수입항이 있기에 양 당사자들은 정확하게 목적항을 지정하여 상호 합의하는 것이 필요하다.

인도 시기는 매도인은 물품 준비 후 배송을 통해 출발 항구까지 이동 후 본선 적재하면 인도가 완료되는 것이다. 양 당사자 간 비용의 배분은 인도 시기와는 다소 차이가 존재한다. 매도자는 물품 준비에 이어 물품의 지정목적항까지 배송을 하고 본선 인도까지의 전체 비용을 포함하여 해상운임과 해상보험료까지도 매도인이 부담해야 한다. 그러나 매도인이 수입국 목적 항구에 도착 후 양륙 비용과 각종 관세, 조세 및 기타 관련 수입통관 비용에 대해 비용 부담을 하지 않는다. 운임보험료 포함 인도 조건에서는 매도인은 지정목적항까지 해상운임과 해상보험료까지만 부담하기 때문이다.

운임보험료 포함 인도 조건에 대하여 매매계약 체결 시 아래와 같이 간단하게 표기하는 방식이 있다. 예를 들어 제품가는 EURO 500/pc이고, 지정목적항이 Karachi port(Pakistan), CIF 조건인 경우는 다음과 같이 간략히 기재해 볼 수 있다.

예)
"EURO 500/pc, CIF Karachi port, Pakistan, Incoterms®2020."

운임보험료 포함 인도 조건에 대하여 매도인과 매수인의 위험 이전 기준점과 비용 부담 기준점은 아래의 그림으로 정리가 된다. 매수인은 매매계약 체결 시 지정목적항을 반드시 명확하게 제시해야 하고 매도인은 지정목적항까지 해상운임과 해상보험료를 지불하므로 정확한 물류비 산정이 중요한 요소이다.

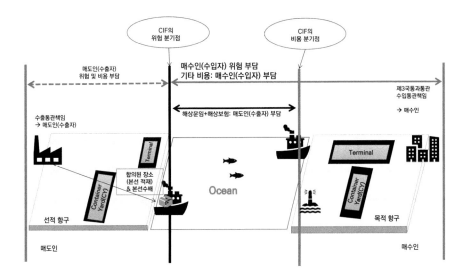

2) 양륙지 인도

(1) 목적지 인도 조건

목적지 인도 조건은 'Delivered At Place'라고 하며 영어 약칭으로 DAP 조건이라고 일반적으로 불려진다. 쉽게 이해하기 위해 매도인의 입장에서 수입국의 지정목적지까지 물품을 운송하는 데 관련된 위험과 비용은 매도인이 부담한다. 통상적으로 단일운송으로 이용되기도 하고 복합운송에도 활용되는 것이 일반적이다.

목적지 인도 조건은 매도인과 매수인의 위험 이전 분기점과 비용 부담의 기준이 같다. 다시 말해서, 매도인의 위험 이전 기준점은 매도인이 수입국 지정목적지까지 인도하면 매수인에게 위험 이전이 완료되는 것이다. 여기에서 매도인은 해상운임과 해상보험료를 부담하기 때문에 비용 부담의 기준점은 지정목적지까지 도착하는 전체 운송료를 매도인이 지불해야 한다. 또한 매도인은 지정목적지까지 운송하기 위해 추가적인 후속 운송on-carriage을 위해 운송 계약을 체결하여 운송을 마련해야 한다. 하지만 매도인은 보험료와 각종 공과금, 관세 및 수입 통관 비용은 지불할 의무가 없다. 여기에서 매도인(수출자)은 도착 운송 수단으로부터 제품을 양륙unloaded할 필요가 없다. 하지만 매도인이 운송 계약상 양륙 비용을 부담하기로 한 경우에는 매도인은 매수인과 별도로 합의하지 않는 경우 양륙 비용을 매수인으로부터 받을 수 없다.

매도인은 목적지 인도 조건에서 해상보험에 가입해야 해상 운송 중에 노출된 위험으로부터 해상 운송 및 기타 다른 운송 과정에서 발생 가능한 모든 위험으로부터 보호 받을 수 있다. 매수인은 매도인과의 매매계약 체결 시 반드시 지정목적지를 명확하게 지정하여야 한다. 왜냐하면 목적지 인도 조건은 매도인이 수입국 지정목적지까지 운송해야 하는 조건이기 때문이다. 만약 이러한 목적지가 지정되지 않으면 향후 무역운송 시 추가적인 비용과 불필요한 논란의 여지가 있으므로 매매계약 체결 시 정확하게 지정목적지를 상호 합의하는 것이 무엇보다 중요하다.

매도인이 물품 준비 후 배송을 통해 지정목적지까지 이동 후 인도가 완료되는 것이다. 양 당사자 간 비용의 배분은 인도 시기와는 다소 차이가 존재한다. 매도자는 물품 준비를 마치면 배송을 하고 수입국 지정목적지까지 전체 운송비를 포함하여 매도인이 부담해야 한다. 그러나 매도인이 수입국 목적 항구에 도착 후 양륙 비용과 각종 관세, 조세 및 기타 관련 수입 통관 비용에 대해 비용 부담을 하지 않는다. 목적지 인도 조건에서는 매도인은 지정목적지까지 해상운임과 해상보험료, 육상운송료까지만 부담하기 때문이다.

DAP 조건에 대하여 매매계약 체결 시 아래와 같이 간단하게 표기하는 방식이 있다. 예를 들어 제품가製品價는 US $ 100/pc이고, 지정목적항이 Miami port warehouse(the United States of America), DAP 조건의 경우는 다음과 같이 기재해 볼 수 있다. 지정목적지는 구체적으로 명시되어야 한다.

예)
"US $ 100/pc, DAP Miami port warehouse, the United States of America, Incoterms®2020."

DAP 조건에서 매수인과 매도인의 위험 이전의 기준과 비용 부담의 기준에 대하여 전체 프로세스를 다음의 그림으로 나타낼 수 있다. 여기에서 중요한 사항은 수입국 지정목적지를 정확하게 설정해야 하며 양륙비를 매도인이 부담할 필요는 없지만 매도인이 양륙비를 지불한다고 계약한 경우 당연히 매수인으로부터 양륙비에 대해 환수還收할 수 없다.

매도인은 공장 또는 창고에서 출발하여 수입국 목적지에 도착하기까지 모든 운송비를 부담한다. 그러므로 매수인으로부터 지정목적지에 대한 사항을 정확하게 파악하여 매매계약을 체결해야 한다. 또한 양륙 비용에 대하여 매도인이 부담 여부를 거래 시작 전 매매계약서상 기재하여야 향후 문제의 소지를 방지할 수 있다.

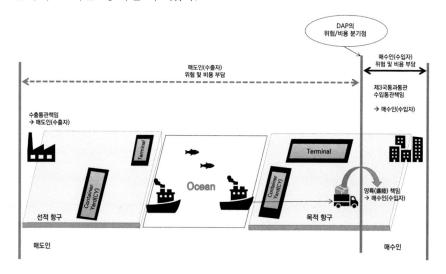

(2) 도착지 양륙 인도 조건

도착지 양륙 인도 조건은 'Delivered at Place Unloaded'로서 영어 약칭으로 'DPU 조건'으로 일반적으로 호칭된다. DPU 조건은 복합운송으로 주로 이용되는데, 한 가지 이상의 운송 수단으로 운송되는 것으로서 철도, 해상, 육상, 항공 등의 혼용 방식으로 활용된다.

DPU 조건은 매도인이 지정목적지 또는 합의한 지정목적지에 도착하여 양륙한 뒤 매수인에게 처분 가능한 상태로 인도하는 조건을 말한다. 즉 도착지 양륙 인도 조건은 매수인(수출자)은 공장 또는 창고에서 물품을 출발시켜 본선 적재 완료 후 수입국 내 합의한 지정목적지에 도착하여 양륙 비용까지의 제반 비용을 매도인이 부담하는 조건으로 크게 매도인에게는 불리하나 매수인에게는 유리한 조건이다.

인도 시기는 매도인이 물품을 수입국 내의 상호 합의한 지정목적지의 특정 장소까지 도착시키고 양륙을 완료하면 매수인에게 인도를 완료하는 것이다. 위험의 이전도 매도인이 수입국 지정 장소까지 도착하고 양륙을 완료하여 매수인이 처분 가능한 상태로 해 두는 시점에 완료되는 것이다.

비용 배분에 있어 매도인은 공장 또는 창고에서 출발 시점부터 수입국의 특정 장소까지 도착하여 양륙하는 데 드는 모든 비용을 부담하게 된다. 하지만 매도인은 수입 통관, 관세 및 조세 및 기타 수입 통관 절차를 이행할 의무는 없는 것이다. 그러므로 매도인은 물품을 수입국 지정 장소에 양륙한 이후 비용은 부담하지 않고 매수인이 수입 통관 및 기타 수입 통관 비용에 대한 일체 비용을 지불하게 된다.

DPU 조건으로 무역 거래를 위한 매매계약 체결 시 표기되는 것은 아래와 같이 중요 정보를 나열하여 추후 논란의 여지가 없도록 하는 것이다. 예를 들어, 수입국 내 특정 장소가 Long beach warehouse, LA, the USA이며 제품가는 US $5,000/pc이며 delivery term이 DPU 조건이라면 다음과 같이 표기된다.

예)
"US $ 5,000/pc, DPU Long beach warehouse at 3523 Long beach street, LA, the USA, Incoterms®2020."

도착지 양륙 인도 조건에 대한 전체적인 프로세스를 이해하기 위해 아래의 그림을 통해 매도인과 매수인의 위험 이전과 비용 부담 기준을 파악해 볼 수 있다. 매도인은 수입국 특정 장소까지 도착 및 양륙 비용까지 부담하고 매수인은 수입 통관 및 기타 수입 통관 절차를 하게 된다.

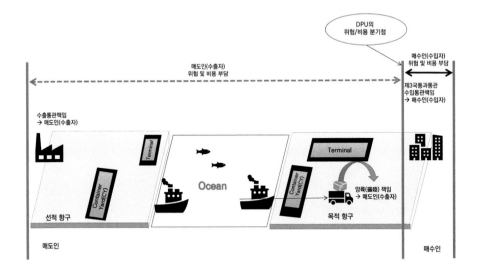

(3) 관세 지급 인도 조건

관세 지급 인도 조건은 'Delivered Duty Paid'로서 영어 약칭으로 'DDP 조건'으로 일반적으로 호칭된다. DDP 조건은 복합운송으로 주로 이용되는데, 단일운송을 사용 또는 한 가지 이상의 운송 수단으로 운송되는 것으로서 철도·해상·육상·항공 등의 혼용 방식으로 활용된다. 수입자인 매수인의 입장에서 기타 다른 운송과 통관에 대한 부담감이 없어 수입자에게 직접적으로 편리하고 유용한 조건이다.

DDP 조건은 매도인이 지정목적지 또는 합의한 지정목적지에 도착하여 수입 통관까지 마치고 매수인에게 처분 가능한 상태로 하는 조건을 말한다. 다시 말해서 관세 지급 인도 조건에서 매도인(수출자)은 공장 또는 창고에서 물품을 출발시켜 본선 적재 완료 후 수입국 지정목적지의 합의한 장소에 도착하여 수입 통관 비용의 전체 비용을 매도인이 부담하는 조건으로 다소 매도인에게는 불리하나 매수인에게는 유리한 조건이다. 매도인은 모든 제 비용을 제품가격에 합리적으로 계산하여 반영해야 하고 정확한 원가 계산이 중요하다. 국가별로 관세율 및 기타 관련된 조세가 굉장히 차이가 많아 세심한 주의가 필요하다.

인도 시기는 매도인이 물품을 수입국 내의 상호 합의한 지정목적지의 특정 장소까지 도착시키고 수입 통관을 완료하면 매수인에게 인도를 완료하는 것이다. 위험의 이전도 매도인이 수입국 지정 장소까지 도착하고 수입 통관을 완료하는 동시에 매수인이 처분 가능한 상태로 해 두는 시점에 완료되는 것이다.

비용 배분에 있어 매도인은 공장 또는 창고에서 출발 시점부터 수입국 특정 장소까지 도착하는 데 드는 모든 비용을 부담하게 된다. 또한 도착지 양륙 인도 조건과 달리 매도인은 수입 통관, 관세 및 조세 및 기타 수입 통관 절차를 이행할 의무가 있다. 그러므로 매도인은 물품을 수입국 제반 수입 통관 비용을 모두 부담해야 하고, 매수인은 수입 통관에 대한 일체 비용을 지불하지 않고 물품 수령이 가능하다.

이러한 DDP 조건을 사용하는 이유는 매도인이 큰 기업이고 무역 관리 인원과 시스템이 충분한 경우 수입자의 입장에서 그 시스템을 이용하는 유리한 점이 있고, 매도자는 수출부터 수입 통관에 이르는 전체 과정에서 일관되게 하나의 운송주선업자를 이용하여 신속하면서도 합리적 서비스를 받게 되어 수입자로서는 무역관리 인원이 많지 않아도 되는 장점이 있기 때문이다. 또한 복합운송을 진행하는 동안 복잡한 절차와 통관 절차를 수입자는 거치지 않아도 되어 긴급한 납기가 요구되는 경우 DDP 조건이 수입자에게 유리한 점이 있다. 하지만 장점만 있는 것은 아니며 관세정책의 변화 또는 기타 알지 못했던 조세나 비용이 발생하면 기존에 설정된 가격에 대한 변화를 쉽게 하지 못해 수출자 또는 수입자에게는 큰 손실의 결과를 일으키기도 한다.

DDP 조건으로 무역 거래를 위한 매매계약 체결 시 표기되는 것은 아래와 같이 중요 정보를 나열하여 추후 논란의 여지가 없도록 하는 것이다. 예를 들어, 수입국 특정 장소가 Long beach warehouse, LA, the USA이며 제품가는 US $5,000/pc이며 delivery term이 DDP 조건이라면 다음과 같이 표기된다.

예)
"US $ 5,000/pcs DDP Long beach warehouse at 3523 Long beach street, LA, the USA, Incoterms®2020."

관세 지급 인도 조건에 대한 전체적인 프로세스를 이해하기 위해 아래의 그림을 통해 매도인과 매수인의 위험 이전과 비용 부담 기준을 파악해 볼 수 있다. 매도인은 수입국 특정 장소까지 도착 및 수입 통관 비용까지 모두 부담하게 된다. 여기에서 중요한 사항은 매수인과 매도인은 명확한 물류비와 기타 통관비 및 조세 등에 대한 계산이 필요하며 상호 신뢰할 만한 자료가 공유되는 것이 필요하다. 또한 신뢰성이 높은 운송주선업자11)를 이용하여 신속하고 명쾌한 절차가 매우 중요하다. 현지 수입국에서 일어나는 통관/운송 서비스를 신속하고 정확하게 해 줄 수 있는 현지 파트너 또는 에이전트 등 신뢰성 높은 네트워크를 갖춘 운송주선업자를 선정하는 것이 우선적으로 고려되어야 한다.

---

11) 포워더(Forwarder)

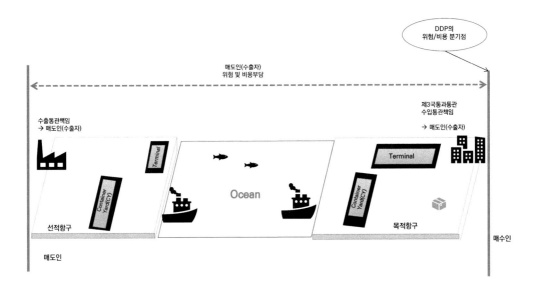

지금까지 정형 거래 조건인 인코텀즈 2020은 간략하게 아래와 같이 정리해 볼 수 있다. 무역계약 시 반드시 정확하게 상호 확인하고, 명확하게 합의하는 것이 필수이다. 그러기 위해 인코텀즈 2020을 상세하고 정확하게 이해하는 것은 무엇보다도 중요하다.

구분	명칭	주요 내용
EXW	공장 인도 조건 Ex-Work	공장에서 매수인이 물품을 인수하는 조건으로 매도인은 운송 차량에 실어주는 것으로 모든 위험과 책임이 완료되는 조건
FCA	운송인 인도 조건 Free Carrier Agreement	매도인이 지정된 장소에서 매수인에 의해 지정된 운송인에게 수출 통관된 물품을 인도하는 조건
FAS	선측 인도 조건 Free Alongside Ship	약정된 화물을 지정된 기일 또는 일정한 기간 내 약정된 선적항에서 수입상이 지정하는 선박의 선측에 화물을 인도하는 조건
FOB	본선 인도 조건 Free On Board	매도인은 선박에 물품을 적재on-board 완료하면 의무 이행 완료, 일반적인 무역 거래에서 많이 통용되는 조건 중 하나임.

구분	명칭	주요 내용
CPT	운송비 지급 조건 Carriage Paid To	매도인이 수출 통관 완료된 물품을 지정된 목적지까지 운송하는 데 필요한 운송비를 지급하지만, 자신이 지정한 운송인에게 물품을 인도하고 그 이후에 발생하는 물품에 대한 모든 위험과 기타 일체의 추가 비용을 매수인이 부담하는 조건
CIP	운임보험료 지급 조건 Carriage and Insurance Paid To	매도인이 수출 통관 완료된 물품을 지정된 목적지까지 운송하는 데 필요한 운송비와 보험료를 지급하지만, 자신이 지정한 운송인에게 물품을 인도하고 그 이후에 발생하는 물품에 대한 모든 위험과 기타 일체의 추가 비용을 매수인이 부담하는 조건. 다만, 매도인은 운송중인 물품에 대한 매수인의 멸실, 손상 위험에 대비하여 최소한의 담보 조건으로 보험 계약을 체결해야 하는 조건.
CFR	운임 포함 조건 Cost and Freight	매도인이 수출 통관을 마친 물품을 지정된 목적항까지 운반하는 데 필요한 비용과 운임을 지불하지만, 선전항의 본선 난간을 통과할 때 인도하고, 그 이후에 발생하는 사건으로 인한 물품에 대한 멸실, 손상 위험 및 추가 일체 비용을 매수인이 부담하는 조건.
CIF	운임보험료 부담 조건 Cost Insurance Freight	매도인이 매수인에게 물품을 인도하기까지 물품 선적에서 목적항까지 비용과 목적항 도착까지의 운임, 보험료의 일체를 부담하는 조건.
DAP	도착 장소 인도 조건 Delivered At Place	지정된 도착지에서 양륙 준비를 마친 상태로서 도착한 운송 수단상 매수인의 임의 처분 하에 적치될 때 인도하는 조건. 매도인은 지정된 장소까지 물품을 운송하는 데 필요한 모든 비용과 위험을 부담하는 조건. 매매 당사자들은 가능한 한 정확하게 매도인이 비용을 부담해야 하는 합의된 도착 장소 내의 지점을 특정해야 함.
DPU	도착지 양륙 인도 조건 Delivered at Place Unloaded	도착지 양륙 인도 조건으로 목적지나 약속한 합의 지점에서 매도인이 양륙한 후 인도가 이루어지는 조건. 매도인은 양륙의 위험과 비용을 부담하게 됨.
DDP	관세 지급 인도 조건 Delivered Duty Paid	수입 통관된 물품이 지정된 도착지에서 양륙 준비를 마친 상태로, 도착한 운송 수단상 매수인의 임의 처분 하에 적치될 때 인도하는 것을 의미한다. 매도인은 도착까지 물품을 운송하는 데 필요한 모든 비용과 위험을 부담하며, 물품의 수출 통관분만 아니라 수입 통관의 의무가 있으며 수출과 수입을 위한 모든 관세 및 세관 절차 이행의 의무가 있다.

인코텀즈를 이해해야 하는 이유는 무역 거래에 있어 상호 매매계약을 체결할 때 운송 조건 및 가격 조건의 함축적인 거래 형태를 담고 있기 때문이다. 만약 인코텀즈를 잘 이해하지 못한 상태에서 상대방이 제시하는 인코텀즈를 무턱대고 승인하거나 수용하는 경우에 막상 무역을 진행할 시에 운송비용이 예상한 것보다 크게 나와 기업의 손실로 이어지는 경우가 상당히 있다.

또한 무역계약을 체결한 경우에도 최근에 변경된 Incoterms®2020으로 거래 조건을 합의한 경우에 무역담당자가 제대로 파악하지 못해 자칫 실수 또는 불편한 상황이 연출되기도 한다. 만약 여기에서 무역의 양 당사자 간 합의로 변경되기 전 Incoterms®2010이 무역 거래를 더 명확하게 나타내준다고 판단한다면 변경 전 무역 거래 조건으로 하는 것도 무방하다. 즉 무조건 변경된 Incoterms®2020으로만 해야 하는 것은 아니라는 것을 의미한다. 매매계약 체결 시 매매계약서에 명기明記하면 전혀 문제될 것이 없다.

신규 거래처 거래 시 주의 사항

① 신용 평가 기관을 통한 객관적 파악을 해야 한다.

② 계약서 작성 시 독소 조항이 없는지 재검토한다.

③ 운송, 보험료 지불, 통관 및 운송 장소 등이 정확하게 계약에 반영되기 위해서는 반드시 인코텀즈 2020의 신규 조건들을 면밀히 파악해서 매매계약서를 체결해야 한다.

④ 신용장Letter of Credit 개설 시 선적 서류 작성에 어려움이 없는지 명확하게 파악해야 한다.

⑤ 업계 평판을 들을 수 있는 기회를 마련하고 업계에서 오랜 기간 거래 관계의 기업으로부터 영업 진행에 있어 주의 사항이나 회사의 정보를 획득하는 것도 필요하다.

⑥ 객관적으로 공시된 금융감독원이나 한국은행에서 공개된 정보가 있는 경우에는 관련 정보를 취합하여 향후 거래 시 회계상 또는 자금의 흐름에 어려움이 없는지 확인이 꼭 필요하다.

⑦ 첫 거래부터 무리한 조건 또는 거액의 거래금액으로 진행하는 것은 지양하고 점차 금액을 상향 조정하는 것은 안정적인 거래 방법으로 적당할 것이다.

⑧ 특히 신규 거래선이 해외인 경우에는 거래선의 현지 정치 상황이나 금융 규제 등과 같은 자금 회수 가능성을 확인해야 하고, 제품의 브랜드나 상표가 현지 거래에 있어 문제의 소지가 없는지 미리 정확하게 파악하여 진행하는 것은 향후 장기적인 거래 관계 유지를 위해 필수적인 요소이다.

⑨ 너무 좋은 조건을 제시하거나 지나치게 호의를 베푸는 거래선이라면 한 번쯤 그 진위를 생각해 보고 객관적인 평가를 통해 거래를 수행하는 것은 필수적인 고려 요소가 되며 냉정함을 잃지 않도록 노력해야 한다.

⑩ 거래를 시작하면서 최종 계약서를 사인함에 있어 협상에 임하거나 최종 계약자가 회사를 대표하거나 충분한 지위를 부여 받았는지 확인하는 것은 반드시 필요하며 계약서 사인 전에 이 내용을 반드시 확인한다.

국제무역상무 정리

무역은 국가 간 양 당사자인 수출자와 수입자가 물품을 사고파는 모든 활동을 광범위하게 포함하고 있다. 무역 거래를 하기 위해 서로 간 무역계약을 하게 되는데 무역계약은 ① 불요식계약, ② 낙성계약, ③ 쌍무계약, ④ 유상계약의 법적 성격을 가지고 있다.

무역계약의 근거법은 국제 물품 매매계약에서 적용되는 협약, 강행 규정, 무역 규칙과 관습법 및 조리가 있다.

무역계약의 성립 과정은 해외 시장 조사 및 거래처 개발, 거래의 제의, 조회, 신용 조회, 청약과 승낙 및 계약의 완성의 순이다.

정형 거래 조건은 공장 인도 조건, 운송인 인도 조건, 선측 인도 조건, 본선 인도 조건, 운송비 지급 조건, 운임보험료 지급 조건, 운임보험료 지급 조건, 운임 포함 조건, 운임보험료 부담 조건, 도착 장소 인도 조건, 도착지 양하 인도 조건 및 관세 지급 인도 조건으로 구분되며 양 당사자 간 거래에 적합한 거래 조건으로 상호 합의 하에 진행하면 된다.

합의된 거래 조건이 매매계약 체결 시 정해지면 양 당사자는 반드시 매도인과 매수인이 반드시 준수해야 하는 사항을 지켜서 이행하는 것이 필요하다.

토론 문제

1. 인코텀즈 2020에는 어떤 조건들이 있는지 나열하라.

2. 인코텀즈 2020은 어떤 특징이 있는지 논의하라.

3. 무역 거래의 법적 성질은 무엇인가?

4. 무역계약의 성립 과정은 어떻게 되는가?

제2부
국제운송

제1장

해상 운송

해운 시장은 해운서비스의 매도인인 선박회사와 매수인인 화주로 구성되는 시장을 일컫는다. 해운 시장은 크게 개품운송을 통해 진행되는 정기선 시장과 용선 운송을 주로 하는 부정기선 시장으로 구분된다. 여기에서 부정기선은 건화물dry cargo을 운송하는 부정기선 시장과 액체화물liquid cargo의 유조선 시장으로 구분된다.

정기선과 부정기선의 구분은 선박의 크기나 속력 등에 의해 구분되는 것이 아니라, 선박의 운항 양식의 차이로 구분된다. 간혹 정기선으로 운항되던 선박이 부정기선으로 운항하기도 한다. 그러면 여기에서 정기선과 부정기선을 자세하게 설명해 보고자 한다.

1. 정기선 시장

정기선liner은 둘 이상의 항구를 사전에 확정된 운항 일정shipping schedule에 따라 규칙적으로 항해하는 선박을 말한다. 이는 불특정 다수의 화주 또는 여객에서 운항 서비스를 제공하고 만선이 되지 않는 경우에도 예정되어 있는 운항 일정에 따라 운행하며, 규칙적인 운항은 정기선 운항의 핵심적인 사항이며 여객과 화주에 대한 신용의 척도가 되기도 한다.

정기선의 주요한 특징에 대해 아래와 같이 요약 가능하다.

① 일정하고 규칙적인 항해를 통해 공표公表된 항로를 준수한다.
② 양질의 서비스를 제공하여 부정기선에 비해 운송화물 자체도 고가품에 해당하며 비교적 고품질의 고속 대형 선박이 이용된다.
③ 공공서비스의 제공 측면에서 불특정 다수인에 대해 운송 서비스를 제공한다.
④ 안정된 운임을 확보하여 협정 운임이 적용되어 운임이 일정 기간 고정된다.
⑤ 계약 내용에 있어 개품운송 계약의 형태를 보여 화물의 종류와 수량에 상관없이 동일한 약관約款, Clause으로 획일적으로 적용된다.

위와 같이 정기선 시장은 비정기선에 비해 규칙적인 운행 스케줄을 통해 운항이 진행되는 것이 큰 장점이다. 운임의 경우 협정 운임으로 일정 기간 운임이 고정되어 화주에게도 예측 가능한 가격을 제공함으로써 수출·수입 시 원가 산출에 있어 유리한 점이 있는 것도 사실이다. 하지만 무조건적으로 정기선만이 유리한 것으로 보기에는 어렵다. 아래와 같이 부정기선의 의미와 특징을 살펴보고 수출·수입 시 자신에게 유리한 것으로 선택하는 것은 무역업 종사자에게는 필수적인 사항이다.

2. 부정기선 시장

부정기선Tramper은 운송 수요자의 요청에 따라 어느 장소와 때에 따라 변경하여 취항就航이 가능한 선박을 일컫는다. 이처럼 부정기선은 방랑자의 의미인 'Tramper'로 명명하며 세계의 바다를 방황하며 물품을 찾는다는 의미로 본다.

부정기선의 특징은 정기선과 달리 아래의 특징으로 요약 가능하다.

① 정기선에 비해 신속성이나 정확성보다는 저렴한 운임이 특징이다.

② 운송 물품의 경우 가치가 저렴하고 운임 부담력이 적은 화물, 수송 단위가 비교적 큰 대량화물, 예를 들어 곡물류, 광석, 목재 등의 원재료와 식량 물자가 그 대상이다.

③ 용선 계약을 통해 화주와 선박회사가 한 척의 선박을 대절하여 수송하는 특징이 있다.

④ 부정기선은 선복의 수급 상황에 따라 운임률이 크게 변동되어 시황市況, market conditions의 영향을 많이 받는다.

⑤ 선박의 고품질이나 해륙 설비의 설치 등의 자본을 크게 요하지 않아 사업의 개시 또는 중지가 비교적 용이하다는 점은 경쟁이 치열한 경우 사업의 흥망興亡에 영향을 크게 미치게 된다.

3. 항만과 컨테이너 터미널

항만은 육상 운송과 해상 운송의 연결통로이며 선박이 안전하게 출입하고 정박할 장소로 이해하면 된다. 그리고 화물의 보관·하역·처리 등이 가능한 설비가 구비된 곳이다.

1) 항만

항만에 있는 시설에 대해 간략한 설명을 하면 다음과 같다.

(1) 부두

부두Wharf는 harbor항구에서 물품 하역을 위한 구조물을 총체적으로 가리킨다. 석제 또는 콘크리트 구조물로 물 밑에서 수직으로 쌓아 올려 화물 하역을 편리하게 하며, 장치장 등의 창고 건물과 선박을 결박하는 짧은 기둥

부두(Wharf)

인 계선공작물繁船工作物12)이 설치되어 있다. 영연방에서는 Quay라고 하며, 북미에서 Wharf라고 한다.

(2) 잔교

잔교Pier는 wharf or quay에서 수직으로 돌출하여 축조된 석조 또는 콘크리트 구조물로서 선박의 접안을 위해 해저로부터 수직으로 건설된 시설물이다.

잔교(Pier)

---

12) 계선공작물: 배를 붙잡아 매는 계선주를 의미한다.

(3) 선석

선석Berth은 선박을 계류시키는 설비가 있는 정박 장소라고 한다. 선박의 손상 방지를 위해 선박의 접안을 위해 해저로부터 수직으로 만든 옹벽을 의미한다. 이 벽에는 선박의 손상 방지용 방현재防舷材, fender를 매달고, 벽 끝에 계선줄을 묶어두기 위해 계선주繫船柱, bitt, bollard 등이 부착되어 있다. 아래의 그림은 선석·방현재·계선주를 보여주고 있다.

선석(Berth)

방현재(Fender)

계선주(bollard)

(4) 묘박지

묘박지錨泊地, Anchorage는 선박이 닻을 내리고 접안하기 위해 대기하는 수역을 가리킨다. 묘박지는 충분하고 잔잔한 수역과 닻을 내리기에 적합한 지반이 필요하며, 적합한 규모는 사용 목적이나 정박 방식에 따라 다르다.

묘박지(Anchorage)

2) 컨테이너 터미널

컨테이너 터미널Container Terminal, CT은 육상 운송과 해상 운송을 연결하는 수단으로 본선하역과 하역 준비, 화물 보관, 컨테이너 및 컨테이너 화물의 인수, 기타 기계를 보관·관리하는 시설을 갖춘 시설을 통칭한다. 컨테이너 운송의 특징으로서 신속하고 안전한 수송을 달성하기 위해서는 효과적인 터미널의 기능이 전제되어야 한다.

컨테이너 터미널의 주요 시설물에 대해 아래와 같이 간략하게 소개하고자 한다.

(1) 마샬링 야드

마샬링 야드Marshalling yard는 본선 입항하기 전 선적할 컨테이너를 미리 작성된 적부 계획stowage plan에 따라 정리·보관함과 동시에 양륙된 컨테이너를 화주의 요구에 따라 인도해 줄 수 있도록 배치해 놓은 부지를 말한다.

(2) 에이프런

에이프런Apron은 안벽과 마샬링 야드 사이에 있는 부분이며, 통상 갠트리 크레인Gantry crane이 있으며, 컨테이너의 하역 작업이 일어나는 장소이다.

(3) 컨테이너 야드

컨테이너 야드Container Yard는 컨테이너 장치장이라고 불리며, 넓게 본다면 에이프런과 마샬링 야드를 포함한 컨테이너 터미널을 가리킨다. 협의로

컨테이너 터미널

본다면 컨테이너를 보관·집적·수도하는 장소를 지칭한다. 컨테이너 야드에서 실질적으로 컨테이너의 관리·이동, 본선에의 적재 및 본선으로부터 양륙 작업을 실행하는 자는 'CY operator'라고 한다.

(4) 컨테이너 프레이트 스테이션

컨테이너 프레이트 스테이션Container Freight Station, CFS은 한 화주의 화물이 한 개의 컨테이너에 미달하는 소량 화물Less than Container Load cargo, LCL 화물을 다른 소량 화물과 혼재consolidation하는 장소로서 컨테이너 화물 조작장이라고 한다.

(5) 통제 본부

통제 본부Control tower는 터미널의 운영을 총괄 지휘하는 사령실로서 컨테이너 반·출입, 보관 및 배치, 본선 하역 작업에 대한 지시, 총괄 감독을 하는 곳을 통칭한다.

(6) 게이트

게이트Gate는 컨테이너 터미널의 입구이며, 적입된 컨테이너와 공컨테이너가 터미널에 출입하는 필요한 관계 서류의 인수·인도가 일어나는 장소이다. 컨테이너의 중량 계측과 외부 상태를 점검한다. 화주와 선박회사 간 운송 책임이 이전되는 분기점이 된다.

3) 항만 하역 시설

(1) 부선Barge

단독으로 이동하지 못하는 무동력선으로 부두에서 하역이 아닌 외항에서 난바다遠海, off-shore13) 하역 시 하역 공간을 제공하면서 본선과 육상 간 화물 운송 수단이 된다.

(2) 기중기Crane

무거운 중량 물품을 싣고 내리는 작업 또는 이동해야 할 경우 사용되는 기구이다. 그 종류로는 Floating Crane, Mobile Crane, Goliath Crane 등이 있다.

(3) 그랩Grab

일반적으로 크레인Crane에 부착하여 석탄·광물 등 대량 살화물撒貨物, bulk cargo의 적양積揚14)에 사용된다.

---

13) 뭍에서 멀리 떨어진 바다.
14) 물품을 날라 쌓아 놓거나 들어서 원하는 장소로 이동하는 행위를 말한다.

4) 하역 방식

컨테이너의 하역 방식은 아래의 3가지로 나눠 볼 수 있다.

(1) 샤시 방식

샤시Chassis 방식은 안벽에 있는 갠트리 크레인Gentry Crane으로 컨테이너선에서 양륙된 컨테이너가 샤시 위에 직접 놓인 채로 트랙터yard tractor를 이용하여 마샬링 야드로 이전되어 트레일러의 상태대로 정렬하는 방식을 말한다.

(2) 스트래들 캐리어 방식

크레인으로 컨테이너선에서 컨테이너를 직접 에이프런에 양륙한 후 스트래들 캐리어Straddle carrier로 마샬링 야드까지 옮기는 방식이다. 스트래들 캐리어는 시속 24km로 이동하므로 기동성이 우수하고 컨테이너를 2단 내지 3단으로 적재 가능하므로 보관 공간을 효율적으로 사용할 수 있다. 그러나 기계가 고가이며 보수 비용이 많이 드는 단점이 있다. 또한 보수 시간이 많이 걸리고 다단으로 적재하기에 컨테이너를 끌어내기 어렵고 컨테이너를 옮기는 횟수가 많다는 단점이 있다.

(3) 트랜스퍼 크레인 방식

컨테이너선에서 양하되어 샤시에 놓인 컨테이너가 마샬링 야드로 운반되어 트랜스퍼 크레인Transfer crane으로 적재 및 양하되는 방식이다.

선박! 친환경으로 거듭난다!

2021년 1월 12일 해양수산부의 보도 자료에 의하면 한국 정부는 친환경선박 보급 시행 계획으로서 10년간 "친환경선박 개발·보급 기본계획"을 바탕으로 2,050억 원 규모의 예산을 투입하여 공공 선박 23척과 민간 선박 16척 등으로 총 39척을 공급하기로 방침을 정하였다.

핵심 내용으로 아래와 같이 3가지로 요약할 수 있다.

1. 연료 공급 인프라 확충

LNG 선박 연료 공급을 위해 벙커링 전용선을 건조하고 관련 기술을 개발하여 국내 업체가 독자 개발한 신소재(고망간강) 화물창을 장착한 한국형 LNG 벙커링 전용 선박(1척) 건조에 착수하고 소형 LNG 벙커링 전용 선박(1척)도 완료 후 실전에 투입 예정이다.

2. 친환경 선박 보급 촉진

노후 국적선을 친환경 고효율 선박으로 대체 건조하는 계획으로 외항화물운송사업자와 국가에서 인증한 친환경 선박을 새롭게 건조할 것이다.

기존 보조금을 외항 선박에 한해서 지원했으나 2021년부터는 내항 선박도 지원 대상에 포함시켜 선가의 최대 20%까지 보조금을 지원하게 된다.

3. 친환경 선박 시장 주도 생태계 조성

세계 친환경 선박 시장을 주도하기 위해 국내 신기술의 품질 제고와 산업화를 지원하여 국제 시장 진출의 기반을 구축한다.

위와 같이 한국의 해양수산부를 중심으로 민간 기업과 연계하여 국제해사기구 IMO의 의제 대응 및 협력을 강화하기로 하였다.

—해양수산부 보도자료, 2021년 1월 12일자

제2장

항공 운송

1. 항공 운송의 의의

항공 운송은 여객이나 화물을 항공기로 적재하여 항공로航空路를 이용하여 운송하는 것을 말한다. 주로 부가가치가 높은 화물이 항공 운송을 이용하게 된다. 예를 들면 부피가 작고 고가의 제품인 반도체, 통신·전자 기기, 광학 기기 등이 일반적으로 항공 운송을 통해 운반된다. 더 나아가 현재 항공기가 대형화되어 화물전용기의 취항이 늘어나게 되면서 항공 운송은 증가하는 추세이다.

2. 항공 운송의 장점 및 단점

항공 운송의 장점은 여러 가지가 있는데 아래와 같이 간략하게 정리할 수 있다.

① 항공 운송은 재고 비용을 절감시킨다. 신속하게 배송되기 때문에 재고 비용이나 보관 비용을 절약할 수 있다.

② 항공 운송은 신속성 때문에 수송 기간이 단축된다.

③ 항공 운송은 수송 조건이 양호해서 파손·분실·훼손 위험이 낮다.

④ 항공 운송은 해상 운송에 비해 수송 기간이 짧아 제품의 부식 또는 부패를 방지할 수 있다.

반면에 항공 운송은 단점도 있는데 아래의 핵심적인 내용으로 요약된다.

① 항공 운임이 해상 운임에 비해 높다.

② 중량과 용적의 제한이 크다.

③ 기후에 영향을 받는 편이다.

④ 직항이 없는 경우에는 여러 항공기로 환적으로 잠재적인 문제 발생 소지가 크다.

3. 항공화물운송인

1) 항공운송주선인

항공운송주선인Air Freight Forwarder은 개별 화주와 자신의 명의로 계약을 체결하고 항공사에 운송을 위탁하게 된다. 개별 화물의 자체 운임을 적용하여 마진을 붙여 항공 운송 서비스의 판매를 진행한다.

항공운송주선인은 화주(송하인)에게는 자신의 House AWBHAWB, House AirWay Bill를 발행해 준다.

2) 항공화물대리점

항공화물대리점Air Cargo Agent은 항공사 또는 총대리점을 대신하여 유상으로 송하인과 화물 운송 계약을 체결하게 되며 수수료(5%)만 받고 진행한다. 대부분의 항공화물은 국제항공운송협회IATA, International Air Transportation Association가 인가한 대리점인 항공화물운송대리점에 의해 집화되어 운송된다. IATA 대리점은 항공회사와 대리점 계약을 체결하기도 하고 혼재업자를 겸업하여 창고업·자동차운송업·통관업 등을 동시에 진행하는 경우가 많다.

4. 항공화물의 수출입 절차

1) 항공화물의 수출 절차

항공화물은 신속한 운송을 원칙으로 하기 때문에 해상 운송과는 다소 다른 방법으로 진행되는 것이 일반적이다. 항공 운송의 수출 절차는 아래와 같다.

① 화주는 항공운송주선인 또는 항공화물대리점과 운송 계약 체결.

② 화주는 주선업자 또는 대리점에 운송 의뢰 및 화물을 집하 진행.

③ 화주는 제품 출고 전 수출 통관 실시.

④ 화주는 주선업자의 지정 창고까지 운송하면 창고운영자는 화주에게 인수증(화물반입계)을 발급해 줌.

⑤ 항공화물운송장 작성 및 발행해 줌.

⑥ 항공 화물 운송인은 화물 및 항공 관련 서류(화물인도수령증Cargo Delivery Receipt)를 항공사에 인도함. 항공사는 화물인도수령증을 접수하여 검수인에게 전달함. 이것으로 화물이 항공사의 관리 하에 있게 됨.

⑦ 항공사는 화물이 항공기에 적입 용이하도록 적합한 단위탑재용기ULD, Unit Load Device로 작업 실시.

⑧ 항공 화물 운송인은 화물을 항공사에 접수 후 항공사가 발행한 Master AirWay Bill을 발급받음.

⑨ 항공기 출항을 위해 항공사는 세관장에게 적재 목록을 제출하여 출항 허가를 득해야 함. 전자문서로 출항 적하 목록manifest을 작성하여 세관장에게 적재 신고를 함. 세관장은 전산시스템으로 신고 내역의 오류 여부를 확인하고 수리受理를 함.

⑩ 항공사는 용적을 고려하여 정해진 위치에 적재 실시.

⑪ 항공사는 관할 세관장으로부터 출항 허가를 득하고 출항함.

⑫ 항공사는 목적지별로 탑재된 화물의 내역을 통보하고 항공화물운송주선업자도 목적지의 항공 화물 운송인에게 화물 운송을 통지함.

2) 항공화물의 수입 절차

기업들에게 항공화물은 신속한 진행의 필요성과 특별한 사유에 의해 항공으로 수입되는 경우이다. 이러한 항공화물의 수입 절차는 아래와 같이 정리할 수 있다.

① 목적지 항공사는 전자적 방법으로 입수한 전체 화물 관련 정보를 조업사操業社에 통보하고 Master AWB에 표시된 수하인(수입자)에게 화물 도착을 통지함.

② 항공사는 항공기가 입항하기 전 관할 세관장에게 적하 목록을 전자문서로 제출해야 힘.

③ 항공사는 입항 전 하기下機할 장소를 관할 세관장에게 신고해야 함.

④ 항공사는 입항 후 24시간 이내 해당 화물을 항역 내의 보세 구역에 반입해야 하고 조업사는 적재된 수입 화물을 하기하여 터미널 분류 작업장으로 이동시켜 단위탑재용기를 해체 작업을 실시.

물품을 인수한 보세 구역 운영인은 반입과 동시에 세관장에게 전자문서로 물품 반입을 신고해야 함.

⑤ 운송주선인은 수하인consignee(수입자)에게 화물 도착을 통지하고 AWB를 항공사로부터 인수하여 수하인용 항공화물운송장을 교부함.

⑥ 운송주선인은 화주의 요청이 있으면 전자식 화물인도지시서Electronic Delivery Order, e-D/O를 발급함.

화물인도지시서가 발급되지 않은 경우 항공화물운송장 수하인용 원본이 화물지시서로 활용됨.

⑦ 신용장 방식의 경우 운송주선인으로부터 수하인으로부터 수하인용 항공화물운

송장을 교부받아 발행은행에 결제하거나 담보 제공 후 발행은행으로부터 수입
화물인도승낙서Letter of Guarantee, L/G를 교부 받음.

⑧ 수입자는 물품이 항공기로부터 하기되면 전자문서로 수입 신고를 하고 심사
또는 물품 검사 대상으로 분류되는 경우가 아니면 즉시 수입 신고 수리收入申告受
理됨.

⑨ 보세창고업자는 수입 신고 수리된 수입 물품에 대해 화물인도지시서 또는 항공
화물운송장 및 수입화물인도승낙서를 확인 후 수입자에게 화물을 인도함.
화물 인도 시 통상적으로 항공화물운송장 수하인용 원본, 수입신고필증 사본,
수입화물인도승낙서(신용장 방식인 경우)가 요구됨.

5. 항공화물운송장

1) 항공화물운송장의 의의

항공화물운송장AWB은 항공사가 화물을 항공수단으로 운송하는 경우에
발행하는 원천적으로 화물수취증貨物收取證이다. 다시 말해서 AWB는 기본
적으로 항공사와 송하인(화주)과의 운송 계약 체결이며, 운송인에 의한 화
물의 수령 사실과 운송 조건에 관해 증명해 주는 운송 서류이다.

2) 항공화물운송장 양식 및 형식

AWB는 각 항공사가 개별 양식으로 발행도 가능하지만 원칙적으로 국제
항공운송협회IATA 항공화물운송장 양식이 사용된다. AWB는 원칙상 원본
3부와 부본 6부로 구성되어 있지만 항공사별로 부본을 5부까지 추가 가능
하다.

AWB는 각 원본과 사본은 그 용도가 특정되어 있어 식별이 용이하도록 하기 위해 색용지가 기본적으로 사용된다. 원본은 송하인용은 청색 1통, 발행항공사용은 녹색 1통 및 수하인용은 적색 1통으로 구성된다. 사본은 원천적으로 항공화물대리점용 또는 화물인수용으로 쓰인다.

3) 항공화물운송장 성격

항공화물운송장은 다양한 성격을 가지고 있는데, 요약 정리하면 아래와 같다.

① AWB은 항공 운송 계약의 증거가 됨.
② AWB는 화물수취증으로 인식됨.
③ 송하인에 대해 운임 및 요금정구서의 역할.
④ 송하인이 화주보험에 부보하고 보험료 기재한 경우 보험계약증서의 성격을 가짐.
⑤ 세관신고서 기능으로 수입 통관 자료 및 수출입신고서가 됨.
⑥ 화물 운송의 지시서의 기능.
⑦ 수하인이 화물 명세·운임·요금 등을 대조할 송장의 성격.
⑧ 화물인도증서(인도의 증거 서류 성격).
⑨ AWB 부본은 기타 업무 처리 및 참고 자료 성격을 가짐.

4) 선하증권과 항공화물운송장 비교

해상 운송에 있어 화물 운송을 증명하는 증서로서 선하증권B/L과 항공 운송의 증빙으로 항공화물운송장은 아래와 같이 차이점이 있다. 유통성, 성격, 발행 형식 및 시점에 따라 다르다.

구분	선하증권(B/L)	항공화물운송장(AWB)
유통성	유통 가능	유통 불가
성격	유가증권	비유가증권
발행 형식	지시식(무기명식) 발행 가능 (예를 들어, Order of Hana bank)	기명식
발행 시점	화물을 선박에 선적 후	운송인이 화물을 수취 후

항공화물운송장은 〈서식 2-1〉과 같으며 항공 운송의 증거 서류가 되며 운송 사실에 대해 구체적인 명세를 확인할 수 있다. 선하증권은 유통이 가능하지만 항공화물운송장은 유통이 불가하다. 왜냐하면 선하증권은 유가증권의 성격을 갖고 있기 때문이다. 반면에 항공화물운송장은 유가증권이 아니기 때문이다.

항공화물운송장은 발행 형식에 있어 기명식으로만 발행이 된다. 하지만 선하증권은 지시식(무기명식) 발행도 가능하다. 일반적으로 신용장 개설 시 은행을 consignee name으로 해서 발행하는 지시식 선하증권이 발급된다. 이를 통해 수출자는 개설은행에 서류를 발송하고 바로 해당 금액을 결제받을 수 있는 것이다.

발행 시점에 있어서도 선하증권은 물품을 적재 후 선적한 이후에 발행이 된다. 즉 선박의 출항出港이 이루어진 시점에 선하증권은 발행이 될 수 있다는 점에서 항공화물운송장과는 다르다. 사실 항공화물운송장은 운송인이 물품을 수취한 이후에 바로 발행이 가능하기 때문에 발송인은 AWB를 화물을 전달한 후 신속하게 받아 수취인에게 전자우편 또는 팩스 등으로 전달 가능하다.

〈서식 2-1〉 항공화물운송장(출처: 한국무역협회)

Shipper's Name and Address	Shipper's Account Number	Not negotiable **Air Waybill** *issued by*	**KOREAN AIR**
		Copies 1, 2 and 3 of this Air Waybil are originals and have the same validity.	
Consignee's Name and Address	Consignee's Account Number	It is agreed that the goods described herein are accepted in apparent good order and condition (except as noted) for carriage SUBJECT TO THE CONDITIONS OF CONTRACT ON THE REVERSE HEREOF. THE SHIPPER'S ATTENTION IS DRAWN TO THE NOTICE CONCERNING CARRIER'S LIMITATION OF LIABILITY. Shipper may increase such limitation of liability by declaring a higher value for carriage and paying a supplemental charge if required.	
Telephone :			

Issuing Carrier's Agent Name and City		Accounting Information
Agent's IATA Code	Account No.	

Airport of Departure(Addr. of First Carrier) and Requested Routing

TO	By First Carrier	Routing and Destination	to	by	to	by	Currency	CHGS Code	WT/VAL		Other	Declared Value for Carriage	Declared Value for Customs
									PPD	COLL	PPD COLL		

Airport of Destination	Flight/Date	For Carrier Use Only	Flight/Date	Amount of Insurance	INSURANCE-If Carrier offers Insurance, and such insurance is requested in accordance with conditions on reverse hereof, indicate amount to be insured in figures in box marked 'amount of Insurance'.

Handling Information

No. of Pieces RCP	Gross Weight	kg lb	Rate Class / Commodity item No.	Chargeable Weight	Rate / Charge	Total	Nature and Quantity of Goods (incl. Dimensions or Volume)

Prepaid	Weight Charge	Collect	Other Charges	
	Valuation Charge			
	Tax			
	Total Other Charges Due Agent		Shipper certifies that the particulars on the face hereof are correct and that insofar as any part of the consignment contains dangerous goods, such part is properly described by name and is in proper condition for carriage by air according to the applicable Dangerous Goods Regulations.	
	Total Other Charges Due Carrier			
			Signature of Shipper or his Agent	
Total Prepaid	Total Collect			
Currency Conversion Rates	CC Charges In Dest. Currency		Executed on(date) at(place) Signature of Issuing Carrier or its Agent	
For Carrier's Use Only at Destination	Charges at Destination	Total Collect Charges		

ORIGINAL 3(FOR SHIPPER)

항공 운송 사고

항공기 추락으로 화물터미널과 부딪혀 큰 사고가 발생하였다. 브라질의 상파울루에서 2007년 7월 17일에 승객과 승무원 176명을 태운 TAM항공사의 에어버스 A-320여객기가 국내선인 Congonhas airport에 착륙하다가 화물터미널과 충돌해 약 사망자가 250명 가량 발생하였다. 이는 브라질 역사상 최악의 항공기 사고였다.

CNN, 로이터통신 등은 이번 사고로 탑승자 전원과 화물터미널 직원 중에서 약 20명이 사망하였다. 브라질의 남부 지역인 Porto Alegre에서 출발한 항공기는 Congonhas에 착륙하면서 화물터미널과 충돌한 뒤 인근 워싱턴 루이스Washington Louis street까지 미끄러졌다. 그런 다음 항공기는 화염에 휩싸이고 말았다.

사고가 난 항공기가 이용한 활주로는 전날부터 내린 폭우로 인해 심하게 미끄러운 상태였다고 한다. 방송사인 AP통신은 해당 활주로가 짧아 대형 항공기의 이착륙에 부적합하다는 지적이 몇 년 전부터 제기됐다고 하면서 이번 참사가 예고된 것이나 마찬가지였다고 보도했다.

또한 콜롬비아에서도 이날 승무원과 승객 등 54명이 탑승한 여객기가 폭우 가운데 Simón Bolívar International Airport에 착륙하려다 바다에 추락해 6명이 부상했다고 현지 방송들이 전했다.

이처럼 항공기 사고는 대형 사고로 이어지는 것이 일반적이다. 그러므로 항공 운송에 대한 위험성은 상당히 높으며 한 번 발생 시에는 물품의 손실은 완전 파손으로 이어질 가능성이 크다. 수출자 및 수입자의 입장에서 안전 사고의 가능성을 가볍게 생각하면 되지 않고 항상 항공보험 등의 안전 장치를 확보가 필수적인 요소가 된다.

—서울신문, 2007년 7월 19일자

제3장

국제복합운송

1. 국제복합운송

1) 국제복합운송 의의

국제복합운송은 해상·육상·항공 등의 복수의 운송 방법mode of transport을 이용하여 화물을 목적지로 운송하는 것을 말한다. 단일의 운송인이 복합 운송증권multimodal transport B/L의 발행을 통해 화물 인수부터 최종 인도할 때 까지 단일의 일관운송책임을 지면서 단일의 복합운송 운임률을 적용하는 것이 특징이다.

2) 국제복합운송 특징

① 단일운송 계약(하나의 복합운송증권으로 계약함)

② 단일운송 운임(복수의 운송 수단이지만 단일 운임으로 적용)

③ 단일운송인 책임(복합운송인이 단독으로 全구간 책임)

④ 복합운송증권 발행(복합운송인은 단일복합운송증권 발행)

2. 복합운송인

1) 복합운송인 정의

UN 국제복합운송조약에 의거하여 스스로 또는 대리인을 통하여 송하인
과 운송 계약을 체결하고, 송하인 또는 운송인의 대리인이 아닌 운송 계
약의 주체로서 계약 이행에 대해 책임을 지는 자를 말한다. 즉, 복합운송
인은 전 운송 구간의 운송과 화물의 멸실, 지연 또는 훼손 등으로 인한
손해에 대해 책임을 지는 주체자로 CTO Combined Transport Operator 또는 ITO
Intermodal Transport Operator 등으로 호칭된다.

2) 복합운송인 유형

복합운송인의 유형은 다음과 같은 세 가지로 나눠볼 수 있다.

복합운송인 유형	설명
운송주선인 Contracting carrier	자신이 운송 수단을 보유하지 않고 운송주체자로서 자기 명의로 화주와 계약을 맺어 역할과 책임을 다함
실제 운송인 Actual carrier	자신이 보유한 운송 수단을 이용하여 복합운송인의 역할 수행 예) 항공사, 선박회사, 철도회사 등

복합운송인 유형	설명
무선박운송인 Non-Vessel Operating common carrier, NVOCC: 운송주선인형 운송인	미국 신해운법에서 법제화된 계약 운송인으로 직접 운송 수단을 소유하지 않지만 화주와 운송 계약을 맺어 실제 운송인을 하도급으로 하여 자신의 명의로 운송하는 자

3. 복합운송증권

1) 복합운송증권의 의의

복합운송인과 화주가 복합운송에 의해 화물이 인수된 사실과 계약상 조항에 의거하여 화물을 인도할 것을 약정하는 복합운송 계약을 증명하는 증권이다.

2) 복합운송증권의 특징

① 복합운송증권Multimodal Transport Document은 계약 운송인(복합운송인)에 의해 발행된다는 점이다. 해상선하증권은 실제 운송인에 의해 발행되지만 복합운송은 복합운송인이 발행하는 것이 특징이다.

② 복합운송증권은 전 운송 구간에 대하여 발행이 된다. 반면 해상선하증권은 해상 구간에 한정하여 발행되는 점에서 다르다.

③ 복합운송증권은 해상선하증권과 달리 본선 적재 전 발행된다. 복합운송인은 본선 적재 전에 수탁 또는 수취한 상태에서 복합운송증권을 발급한다.

④ 복합운송증권은 유통식 또는 비유통식으로 발급 가능하다. 만약 복합운송증권이 지시식 또는 무기명식으로 발행되는 경우에 유통증권의 기능을 가진다. 유

통증권으로 발행되면 수하인이 배서 또는 교부에 의해 물품을 처분 가능한 권리를 갖게 되는 것이다. 비유통식으로 발행하기 위해서는 증권에 수하인을 명기해야 한다.

4. 복합운송인의 책임

1) 책임 원칙

① 복합운송은 기본적으로 여러 운송 수단들의 결합이고 운송 수단별 여러 운송인이 연관된다.

② 복합운송인은 UN 국제물품복합운송조약에 의거하여 전 운송 구간에 대하여 책임을 지게 된다.

③ 원칙적으로 운송 중 과실 여부는 복합운송인이 규명해야 한다.

④ 운송 구간별 복합운송인의 책임 원칙은 아래와 같이 여러 가지가 있다.

첫째, 해상 운송 구간은 과실 책임 원칙으로 운송인의 과실에 의하여 손실 발행한 경우 운송인에게 책임이 있다. 다만 불가항력 또는 포장불비, 통상의 누손은 면책 사유가 되기도 한다.

둘째, 육상 운송 구간은 무과실 책임 원칙으로서 과실 여부와 관계없이 운송인이 책임을 진다. 다만 불가항력이거나 포장불비, 통상의 누손은 면책된다.

셋째, 항공 운송 구간은 엄격한 책임을 원칙으로 하고 과실 여부와 상관없이 운송인이 책임을 지며 면책되지 않는다. 운송 구간별 책임 중에서 가장 엄격한 책임을 요구한다.

2) 복합운송인의 책임체계

복합운송인의 책임체계는 동일책임체계, 이종책임제도 및 수정동일책임체계로 나눠지며 각 책임체계별 설명은 아래와 같다.

책임체계	내용 설명
동일책임체계 Uniform Liability System	단일의 복합운송인이 구간이나 운송 수단에 관계없이 동일한 원칙에 의해 책임부담체계 ⇨ 화주에게는 간편하지만 복합운송인의 구상권 행사는 복잡한 측면이 있다.
이종책임제도 Network Liability System	운송책임이 손해 발생 구간별로 적용되는 조약이나 법규가 다르게 적용되는 책임체계 ⇨ 어느 구간인지 불분명한 경우 해상 구간에서 손해 발생으로 간주하여 해상 운송의 헤이그 규칙을 적용한다.
수정동일책임체계 Modified Uniform Liability System	원칙적으로는 단일책임체계를 채택하지만 예외적으로 가 운송 구간의 책임 원칙을 적용하는 이종책임체계를 가미한 절충체계 ⇨ 기본적으로 손해 구간과 관계없이 동일 원칙을 적용하나 예외적으로 손해 발생 구간이 명확하게 확인되고 책임 한도액이 UN 국제복합운송조약에서 정한 책임 한도액을 초과하는 경우 손해 발생 구간에 해당하는 규정상 책임 한도액을 적용한다.

5. 국제복합운송의 형태

1) 랜드브리지

해상과 육상의 복합운송 형태로서 해상 사이의 대륙을 마치 다리로 사용하여 해상을 연결하는 운송 방식이라고 할 것이다. 다시 말해서, 해상과 육상을 결합하여 운송함으로써 해상 운송만을 이용하는 것보다 운송 시간과 비용을 절감할 수 있다.

랜드브리지Land Bridge의 주요 경로는 다음과 같다. 첫 번째, SLB Siberian Land Bridge는 극동 지역에서 유럽 지역으로 물품 운송 시 러시아 극동까지는 컨테이너선박을 이용하고 러시아에서부터 유라시아 횡단철도를 이용하는 방식으로 해상 운송만을 이용한 것보다 시간과 비용을 절감할 수 있다.

두 번째, ALB America Land Bridge는 극동 지역에서 유럽 지역까지 물품 운송 시 극동에서 미국 서해안 항구까지는 해상을 이용하고 미국 대륙운송은 육상을 이용하고 다시 미국 동부에서 유럽 지역으로 해상 운송하는 방식이다.

세 번째, MLB Mini Land Bridge는 극동 지역에서 미국 서해안 항구까지는 해상을 이용하고 미국 서부에서 미대륙 횡단철도를 활용하여 철도 운송으로 미국 동해안까지 운송하는 방식이다.

2) 해상 및 항공 운송

해상 및 항공 운송은 해상의 저비용과 항공의 신속성을 결합한 복합운송 방식이다. 기본적으로 출발지에서 중계지Tranship point까지는 해상 운송으로 이동하고 중계지에서 최종 목적지까지는 항공 운송으로 진행하는 방식이다. 이로 인해 시간과 비용 면에서 효과적으로 운송할 수 있는 장점이 있는 방식이다.

3) 컨테이너 복합운송

송하인이 수하인의 지정한 장소까지 운송하는 방식으로 컨테이너 트럭을 여러 운송 수단(육로·해상·항공)으로 결합하는 운송하는 방식으로 아래의 3가지 컨테이너 복합운송 방식으로 설명이 가능하다.

첫 번째, 피기백Piggy-Back은 철도와 육상 운송 수단이 결합되는 컨테이너 운송 방식을 말한다.

두 번째, 피시백Fishy-Back은 선박(해상)과 육상 운송 수단(육로)이 결합되는 컨테이너 운송 방식이며 우선적으로 해상 운송으로 진행한 뒤 육상으로 운송하는 방식이다. 예를 들어, 극동 지역에서 미국으로 해상을 이용하여 컨테이너선으로 이동한 후 서해안 항구에서 육상으로 최종 목적지로 운송하는 방식이다.

세 번째, 버디백Birdy-Back은 항공과 육상 운송 수단이 결합된 컨테이너 운송 방식으로 시간적인 면에서 긴급성이 요구될 때 사용되는 방식이다. 예를 들어, 한국에서 미국으로 긴급하게 전자제품을 수출해야 하는 경우에 컨테이너를 이용하여 항공 선적을 하고, 미국 공항에 도착 시 철도 또는 육로를 이용하여 최종 목적지까지 운송하는 방식이다. 컨테이너 복합운송 빙식 중 가장 비용이 많이 들시만 시산을 설약할 수 있는 방식으로 가장 효과적인 방법이다.

위와 같이 복합운송이 다양한 형태가 있기에 수출자나 수입자가 더욱 용이하게 무역활동을 할 수 있다. 최대한 편리하고 신속하게 운송을 조직 및 발전시키는 수요가 증가하고 있기 때문에 현재 복합운송의 공급은 운송시장에서 각광받고 있다.

또한 운송에 있어 복합운송인이 모든 구간에 걸쳐 책임을 지기 때문에 수출자나 수입자는 운송 과정에서 발생하는 위험을 최대한 줄일 수 있어 무역활동에 더욱 전념專念하게 된다. 이와 같이 무역에 있어 운송은 무역을 지원하는 수단이며 최근에는 고속선박과 고속철도 등이 각국에 도입되어 배송 시간이 이전에 비해 현저하게 줄고 있으며 안정성安定性에 있어서도 크게 개선되고 있다.

제4장

선하증권

1. 선하증권의 의의

선하증권Bill of Lading, B/L은 선박회사가 화주에게 발행해 주는 증서證書로서 화주가 선박회사와 운송 계약을 체결하고 본선에 화물을 적재하면 선박회사는 화물을 안전하게 도착지까지 도착시키겠다는 것을 약정하는 의미로 발급하는 증서이다.

해상무역은 중세 이전에는 화주가 직접 운송을 진행했기 때문에 선하증권이 필요하지 않았지만, 중세 중기에 북해 발트해 중심으로 해상무역이 크게 증가하면서 독일의 여러 도시가 결성하여 한자동맹Hanseatic League시대에 접어들어 화주는 선장에게 화물을 운송하도록 위탁하였으며 선장은 그 증서로서 화주에게 화물을 위탁 받았다고 하는 증빙으로 선하증권을 발행하게 되었다.

국제무역에서 선하증권의 형식이 갖춰지게 되고 화물은 화물선에 의해 운송되면서 선하증권은 신속하게 우편선에 의해 목적지의 수하인에게 인도되었다.

항공기 운송이 발전하면서 선하증권이 화물보다 빨리 전달됨으로 인해 선하증권은 매매가 되기 시작하고 선하증권이 화물을 대표하는 권리증권으로 유통 및 유가증권의 성격을 갖게 되었다.

1924년 브뤼셀에서 선하증권의 통일조약이 제정되었고 화주와 선주 간의 권리와 의무, 면책 조항에 대한 한도가 정해졌다. 형식적 양식도 국제적으로 통일되어 현재의 선하증권의 형태로 발전되었다.

2. 선하증권의 기능

선하증권은 무역 거래에서 필수적인 운송 서류로서 아래와 같은 다양한 기능을 가진다.

① 선하증권은 선주와 화주 간 운송 계약이 체결된 것을 증명하는 증빙 서류
② 선하증권은 운송된 물품의 권리를 주장할 수 있는 권리증권
③ 선하증권은 운송 수단에 선적된 화물의 수취증이며 선적된 화물의 수량과 상태에 관해 명세서의 역할

3. 선하증권의 법률적 성질

선하증권은 법률상 다양한 성격을 가지고 있는데 이를 요약하면 다음과 같다.

① 요식증권: 선하증권은 유통을 전제로 발행되기 때문에 적어도 선하증권을 받은 제3자가 운송 계약의 주요 내용을 명확히 인식 가능하도록 일정 사항이 빠짐없이 기재되어야 한다.

② 채권, 처분증권: 선하증권의 소지자는 선박회사에 화물의 인도를 받을 수 있기 때문에 선하증권은 채권 효력을 가지는 채권증권이다.

③ 요인증권: 선하증권은 해상 운송 계약에 의하여 물품의 선적 또는 수탁을 전제로 발행되기에 법률상 요인증권이 된다. 이러한 요인이 없이 발행되는 선하증권은 당연히 위법 행위가 된다.

④ 문언증권: 화주와 선주의 의무는 선하증권상에 기록된 문언에 따라 이행되어야 하기 때문에 문언증권이다. 운송인은 당연히 선하증권의 소지인에 대하여 증권의 기록된 문언에 따라 책임을 지고 소지인은 기재記載된 문언에 따라 권리 주장이 가능하다.

⑤ 상환, 인도증권: 선화증권은 그 소지인이 물품의 인도를 청구할 때 운송인에게 선하증권을 반드시 제시해야 하는 상환증권이다. 운송인도 선하증권의 상환 없이 물품의 인도는 불가능하다. 선하증권의 인도는 물품의 인도와 동일한 효력을 가진다.

⑥ 유가, 유통증권: 선하증권은 물품을 대표하는 유가증권이며 배서 또는 인도에 의해 소유권이 이전 가능한 유통증권이다.

4. 선하증권의 기재 내용

선하증권은 운송에 관한 필수적 사항을 앞면에 담고 있으며 뒷면에는 운송약관이 기재되어 있다. 아래의 내용은 선하증권에 반드시 언급되어야 하는 것들이다.

① 송하인Shipper: 수출자, 즉 화주를 의미한다.

② 수하인Consignee: 수입자, 즉 물품의 수령자가 된다.
   (기명식: 수하인에 특정인을 기재하는 방식, 지시식: 수하인의 표기에 'To order' 또는 'To order of shipper' 등으로 표시하는 방식)

③ 선박명 및 국적: 선박의 명칭과 소속 국가 명시

④ 상품 및 포장명세서: 인식 가능한 상품명과 포장 수량/단위

⑤ 통지선Notify party: 물품 도착 시 화물도착통시서를 받는 당사자를 말함.

⑥ 운임 지불 형태: 운임 및 기타 수수료 지불 형태가 선불 또는 후불 여부를 선하증권에 명시함.

⑦ 작성지 및 작성 연월일: 선하증권의 작성 지역과 발급 일자

⑧ 선적 일자: 실제 출항일on-board date 명기

⑨ 선하증권의 작성 통수: original, duplicate, triplicate 3통을 1세트로 발행되는데 선하증권의 하단에 표시됨.

⑩ 기타: 사본의 표시non-negotiable

선하증권은 운송 서류의 핵심적인 서류로서 반드시 소지인은 운송인에게 제시해야 물품을 인도받을 수 있다. 수출자는 선박회사 또는 포워더와 선하증권을 접수함과 동시에 실제 선적과 일치 여부를 면밀하게 확인하고 발행되도록 해야 한다. 선하증권의 양식은 아래의 〈서식 2-1〉과 같다.

〈서식 2-1〉 선하증권 양식

Bill of Lading

① Shipper/Exporter ABC TRADING CO. LTD. 1. PIL-DONG, JUNG-KU, SEOUL, KOREA	⑪ B/L No. ; But 1004
② Consignee TO ORDER OF XYZ BANK	
③ Notify Party ABC IMPORT CORP. P.O.BOX 1, BOSTON, USA	

Pre-Carrage by	⑥ Place of Receipt BUSAN, KOREA	
④ Ocean Vessel WONIS JIN	⑦ Voyage No. 1234E	⑫ Flag

⑤ Port of Loading   ⑧ Port of Discharge   ⑨ Place of Delivery ⑩ Final Destination(For the Merchant Ref.)
BUSAN, KOREA   BOSTON, USA   BOSTON, USA   BOSTON, USA

⑬ Container No. ⑭ Seal No. Marks & No	⑮ No. & Kinds of Containers or Packages	⑯ Description of Goods	⑰ Gross Weight	Measurement
ISCU1104	1 CNTR	LIGHT BULBS (64,000 PCS)	4,631 KGS	58,000 CBM

Total No. of Containers or
Packages(in words)

⑱ Freight and Charges	⑲ Revenue tons	⑳ Rate	㉑ Per	㉒ Prepaid	㉓ Collect

㉓ Freight prepaid at	㉔ Freight payable at	㉖ Place and Date of Issue May 21, 2007, Seoul Signature
Total prepaid in	㉕ No. of original B/L	
㉗ Laden on board vessel Date Signature May 21, 2000		㉘ ABC Shipping Co. Ltd. as agent for a carrier, zzz Liner Ltd.

운송물이 인도된 다음 발행된 선하증권의 효력 유무

—대법원 2015. 12. 10. 선고 2013다3170판결—

1. 사실 관계

우리나라에서 요르단으로 수출되는 상품에 대하여 甲 송하인은 乙 운송인에게 운송을 의뢰하였다. 甲은 해상화물운송장 발행을 요청하여 발급받았다. 수하인은 운송인으로부터 인도지시서(D/O)를 발급받아 운송물을 수령하였다. 그런데, 甲은 그 후 아직 선적지 비용 등을 수하인으로부터 받지 못한 상태라서 이를 담보할 목적으로 乙에게 선하증권을 발행하여 달라고 하였고 乙 직원은 착오로 아직 운송물이 인도되지 않은 것으로 알고 선하증권을 발급하여주었다. 운송물이 인도된 것으로 알게 된 甲은 운송인에게 운송물 가액에 대한 손해 배상 청구를 하였다. 甲은 (i) 운송인은 선적 대금 등이 회수된 다음에야 수하인에게 운송물을 인도하는 관행이 있는데도 이러한 의무를 위반하여 운송물을 인도한 점, (ii) 선하증권이 발행되었다면 이와 상환하여 운송물을 인도하였어야 함에도 이를 위반한 점을 수령하지 못한 상품 대금에 대한 손해 배상 청구의 기초로 삼았다. 원심은 (i)의 관행은 인정되지 않고 (ii) 선하증권은 요인증권인데 운송물이 인도된 다음에 발행된 선하증권은 효력이 없다고 판시하면서 원고 패소 판결을 내렸다.

2. 대법원의 판시 내용

선하증권은 운송물의 인도청구권을 표창하는 유가증권인데, 이는 운송 계약에 기하여 작성되는 유인증권으로 상법은 운송인이 송하인으로부터 실제로 운송물을 수령 또는 선적하고 있는 것을 유효한 선하증권 성립의 전제 조건으로 삼고 있으므로, 운송물을 수령 또는 선적하지 아니하였음에도 발행된 선하증권은 원인과 요건을 구비하지 못하여 목적물의 흠결이 있는 것으로서 무효이고, 이러한 법리는 운송물이 이미 수하인에게 적법하게 인도된 후에 발행된 선하증권의 경우에도 마찬가지이다. (…중략…) 선하증권이 발행되지 아니한 해상 운송에서 운송물이 목적지에 도착한 후 수하인이 그 인도를 청구한 때에는 수하인의 권리가 송하인에 우선한다(상법 제815조, 제140조 제2항). 수하인이 목적지에 도착한 화물에 대하여 운송인에게 인도 청구를 한 다음에는 비록 그 후 운송 계약에 기하여 선하증권이 송하인에게 발행되었다고 하더라도 선하증권을 소지한 송하인이 운송인에 대하여 새로 운송물에 대한 인도청구권 등의 권리를 갖는다고 할 수 없다.

이 사건 선박의 증권은 이 사건 화물이 목적지에 도착하여 운송 계약상의 정당한 수하인에게 인도된 후에 비로소 발행되었으므로 무효이고, 이 사건 운송 계약의 당사자인 원고는 상법 제854조 제2항에서 정한 '선하증권을 선의로 취득한 소지인'에 해당하지 않으므로, 원고가 이 사건 선하증권을 소지하고 있다 하더라도 피고는 원고에게 무효인 이 사건 선하증권에 따라 이 사건 화물을 인도할 의무를 지지 아니한다.

원고가 선적지 비용을 지급하기 전에는 피고가 수하인에게 화물을 인도하지 않기로 하는 관행 또는 묵시적 약정이 원고와 피고 사이에 존재한다고 볼 수 없는 이상, 선하증권을 발행하였다는 사정만으로 선적지 비용을 받기 전에는 수하인에게 화물을 인도하지 않겠다는 신뢰를 원고에게 부여하였다고 할 수 없고 또한 피고가 선적지 비용을 지급받지 않은 상태에서 이 사건 화물을 인도한 것이 금반언의 원칙에 반한다고 할 수 없다.

3. 의견

본 사안에서 해상화물운송장이 발행되어 운송물이 기 인도된 다음 특별한 사정으로 송하인이 운송인에게 다시 선하증권의 발급을 요구하여 선하증권을 발급받아 소지하게 되었다. 이러한 경우에는 운송물이 이미 수하인에게 인도되어 운송 계약과 관련된 운송인과 송하인과의 관계는 종료된 것이다. 그 이후 발급된 선하증권은 효력이 없는 것이므로 소지인이 운송인에게 이에 기하여 어떤 책임을 물을 수 없다. 다만, 선하증권은 유가증권이므로 이를 소지한 자는 인도청구권을 여전히 가지는지가 문제된다. 상법 제854조 제2항에 의하면 선하증권이 발행된 경우 선하증권의 문언성에 따라 선의의 선하증권 소지인인 제3자에게 운송인은 문언에 기재된 대로 책임을 부담한다. 그러므로 공권을 발행한 운송인은 기재된 바대로 선하증권 소지인에게 손해 배상 책임을 부담한다는 해석이 가능하게 되었다. 대법원은 송하인은 선의의 제3자가 아니라고 간단히 판단하였다. 만약 운송인이 공권에 대하여 책임을 부담하는 경우에 채무 불이행 책임을 부담할지 불법 행위 책임을 부담할지는 학설상 다툼이 있지만, 대법원은 후자의 입장이다.

본 사안에서 송하인은 운송인과 사이에 선적지 비용이 지급되지 않았다면 양륙항에서 수하인이 운송물의 인도를 구하여도 운송물을 인도하지 않도록 약정이 되어 있다고 주장하였다. 즉, 운송인은 선적지에서의 비용 등이 모두 수령된 다음에야 이를 확인한 다음 운송물을 수하인에게 인도하여야 한다는 것이다. 법원은 이러한 약정은 당사자들 사이에 존재하지 않는다고 판시하였다.

제5장

해상보험

1. 해상보험의 의의

해상보험은 해상 운송 과정에서 발생하는 사고에 대해 보험자insurer가 손해를 보상할 것을 약정하고 피보험자the insured가 그 대가로 보험료premium를 지불할 것을 약정하는 손해보험indemnity의 종류 중 하나이다.

해상보험 계약에 대하여 다음과 같이 정의할 수 있다(영국해상보험법 Marine Insurance Acts, MIA, 제1조). "해상보험 계약은 보험자가 피보험자에 대해 그 계약에 의하여 합의된 방법과 범위 내에서 해상손해, 즉 해상사업marine adventure에 수반하여 발생하는 손해를 보상할 것을 약속하는 계약이다."15)

---

15) Marine Insurance Acts(1906) No. 1, "A contract of marine insurance is a contract whereby the insurer undertakes to indemnify the assured, in manner and to the extent thereby agreed, against marine losses, that is to say, the losses incident to marine adventure."

다시 말해서 무역 거래에서는 운반 과정에서 해상사고의 위험이 상대적으로 다른 운송 수단보다도 높다. 해상이라는 곳은 변수가 너무 많고, 운송자의 실수나 선박의 노후도老後度에 따라 사고의 위험성이 높다는 것은 자명自明한 것이다. 이러한 위험성을 화주貨主나 운송인運送人이 절대적으로 떠안는 것은 사실상 불가능하여 15세기경(1435년)에 바르셀로나 법령 Barcelona law이 제정되었으며, 1523년에 프로센스시 조례ordinances of the city of Florence 부칙이 채택되었다. 이 조례는 현재 로이즈 보험증권16)과 상당한 수준에서 유사한 것으로 본다.

초창기 해상보험은 선박에서 선적되는 시점에서 양륙 항에서의 양하揚荷까지만 보호하였다. 이후에 새롭게 제정된 영국 해상보험법에서는 "해상보험 계약은 그 명시된 특약 또는 상관습에 의해 그 담보의 범위를 확장해서 해상 항해에 수반하는 내수로 또는 육상 위험의 손해에 대하여서도 피보험자를 보호할 수 있다."17)라고 하였나. 이는 사고 발생 장소가 반드시 해상이 아니어도 보상한다는 것이다. 이러한 이유로 해상 운송에 이어서 육상 운송을 진행하는 경우 별도의 육상보험 가입이 필요하지 않고 해상보험이 전 구간에 대해 보험 계약이 가능하다.

---

16) Lloyd's Ship and Goods Policy(1779).

17) Marine Insurance Acts(1906) No. 2, "A contract of marine insurance may, by its express terms, or by usage of trade, be extended so as to protect the assured against losses on inland waters or on any land risk which may be incidental to any sea voyage."

2. 해상보험의 기본원칙

기본적으로 해상보험의 원칙은 일반 보험과 유사하지만 해상보험은 비교적 다른 특성을 가지고 있다. 그 특성은 아래와 같이 정리하여 요약 가능하다.

특성 구분	주요 내용
담보 준수 의무	담보는 피보험자가 지켜야 하는 약속을 의미한다. 약속적인 조건promissory condition으로 명시 담보(담보의 내용이 문언 기재)와 묵시 담보(보험증권에 명시되지 않지만 묵시적으로 제약받지 않으면 안 될 담보)로 구분된다. 묵시 담보에서는 보험 목적물이 선박인 경우 내항성 담보warranty of seaworthiness로서 특정 항해를 감당할 능력을 갖춘 상태를 말하며, 적법 담보warranty of legality는 해상사업이 합법적이어야 하며 불법적이면 안 되는 것을 의미한다. 만약 피보험자가 담보 조건을 위반 시 계약은 자동으로 파기된다.
근인近因주의	보험자가 보상 가능한 손해는 보험증권상 담보된 위험 또는 담보 가능한 위험에 근인近因한 것이어야 한다(MIA No. 55). 근인은 시간적인 가까움을 의미하는 것은 아니며 특정 사고를 발생시킨 직접적인 원인을 가리킨다.
피보험자의 고지告知 의무	해상보험에서는 피보험자는 계약 체결 시 자신이 알고 있는 모든 중요 사항重要事項, material circumstances을 보험자에게 최대 선의最大善意, utmost good faith의 원칙 하에 고지해야 한다.
소급 보상 遡及補償 원칙	소급 보상은 해상보험에 있는 특이한 특성인데, 보험 계약이 체결되기 전 발생한 손해이더라도 계약 당사자들이 체결 당시 발생 여부를 몰랐다면 유효한 것으로 해석하여 보험자가 그 손실을 보상해 줘야 한다. MIA(No. 6(1))에 의하면 "보험 목적물의 멸실 여부를 불문한다는 조건으로 부보될 경우 피보험자는 손해가 발생할 때까지 피보험 이익을 취득하지 않더라도 그 손해에 대한 보상을 보험자로부터 받을 수 있다. 그러나 보험 계약 당시에 피보험자가 손해가 발생한 사실을 알고 있으나 보험자는 모르고 있을 경우 손해에 대한 보상을 받지 못한다."[18]라고 규정한다.

---

18) MIA No. 6(1), "The assured must be interested in the subject-matter insured at the time of the loss though he need not be interested when the insurance is effected: Provided that where the subject-matter is insured 'lost or not lost', the assured may recover although he may not have acquired his interest until after

3. 해상손해

해상손해maritime loss는 해상 운송으로 이동 간 발생된 피보험 이익의 전부 혹은 일부가 손상 또는 멸실되어 피보험자에게 재산상 또는 경제상 불이익을 일으키는 것을 의미한다.

해상손해는 기본적으로 세 가지로 구분되는데, 물적 손해physical loss, 비용 손해Expenses loss 및 배상 책임 손해Liability loss로 나눠진다. 아래의 표로서 간략하게 정리해서 파악할 수 있을 것이다.

손해 구분			주요 내용
물적 손해	분손 partial loss	단독 해손	공동 해손이 아닌 분손은 단독 해손이며, 피보험 목적물의 일부 멸실이나 손상에 의해 단독으로 부담하는 손해를 말한다.
		공동 해손	여러 피보험 목적물이 공동의 안전을 위해 희생되었을 때 이해관계자가 공동으로 그 손해액을 분담하는 손해를 말한다.
	전손 total loss	현실 전손	현실 전손actual total loss은 보험 목적물이 파괴되어 상품 가치가 완전히 손상된 경우 또는 점유권 박탈 또는 선박이 행방불명 또는 상당한 기간 경과 후에도 소식이 없는 경우를 말한다.
		추정 전손	해상보험에 있는 독특한 특성이며 손해로서 위부 행위[19]가 있는 경우 추정 전손이 인정된다. 영국 해상보험법 제60조 1항에 "추정 전손constructive total loss은 피보험 목적물의 현실 전손이 불가피하다고 간주되거나 또는 현실 전손을 면하기 위해 비용이 발생할 경우에는 그 소요 비용이 보험 목적물의 가액을 초과할 것으로 예상되어 합리적으로 위부할 경우 성립된다"라고 규정되어 있다.

---

the loss, unless at the time of effecting the contract of insurance the assured was aware of the loss, and the insurer was not."

19) 위부 행위(委付行爲): 피보험자가 보험 손해를 추정전손으로 처리하기 위해 피보험이익의 일체를 보험자에게 포기하는 행위가 위부 행위이다.

손해 구분		주요 내용
비용 손해	구조 비용	구조 행위의 주체자는 제3자여야 하며 구조 계약에 의거하지 않고 구조자가 해상법海上法상 회수 가능한 비용이며 보험자가 피보험자를 대신하여 구조자에게 지불한다.
	특별 비용	피보험 목적물의 보전과 안전을 위해 피보험자 또는 그를 위해 발생한 비용 중에서 공동 해손과 구조비 외의 비용을 말한다.
	손해 방지 비용	피보험자가 자신의 적하積荷 등에 대한 손해 방지 의무를 이행履行하다가 피보험자가 입은 비용 손해이다.
손해 배상 책임	충돌 손해 배상 책임	피보험 선박이 자신의 과실果實이나 쌍방의 과실로 다른 선박과 충돌해 피보험 선박과 상대 선박의 선주船主 및 그 화물에 손해를 입게 할 때 피보험자의 손해 배상금損害賠償金을 보험자가 보상報償해 주는 것을 말한다.

4. 해상보험 계약 체결과 청구

1) 계약 체결 절차

해상보험 계약 체결은 피보험자가 보험회사에 적하보험청약서를 제출하고 보험료를 지불함으로써 시작된다. 적하보험청약서에는 아래의 내용이 기재되어야 한다.

① 피보험자명(수출입 업체명)
② 선박명 및 출항 예정 일자
③ 출발항명 및 도착항명
④ 환적항명(경유 하는 경우)
⑤ 피보험화물의 수량, 품명 및 세부 사항

⑥ 포장 형태

⑦ 송장 금액과 보험 금액

⑧ 보험 조건

⑨ 기타(필요 부수, 참조 번호, 특별 지시 사항 등)

2) 확정과 예정보험

확정보험definite insurance은 청약서상 기재 사항을 모두 알고 있는 보험을 말한다. 무역 거래에서 일부의 경우에 보험 계약 체결 시 모든 사항을 알 수 없는 경우에는 기재 사항이 확정되면 바로 보험자에게 통고하는 것을 조건으로 하는 예정보험open cover이 있다.

예정보험에는 두 가지 계약으로 구분 가능한데, 포괄계약open contract과 개별계약provisional contract이 있다. 다시 개별 계약에서 선박명이 확정되지 않은 경우는 선명미상보험floating policy이라고 하며, 보험 금액이 확정되지 않은 경우에는 금액미상보험unvalued policy이라고 한다.

포괄계약은 하루에도 여러 차례 선적이 되어 매 선적마다 해상보험 계약을 체결하는 것이 비효율적인 경우에 일정 화물에 대해 포괄적으로 보험 계약을 체결하는 것을 의미한다. 이와 같은 포괄계약은 한꺼번에 화물이 자동적으로 부보部保되어 보험계약회사에서 보험료를 저렴하게 책정해 준다. 이러한 보험증권을 포괄보험증권open policy이라고 하며 포괄증권의 원본에 의해 별도의 상품이 부보되어 있는 것을 증명하는 약식 서류를 보험증명서insurance certificate라고 부른다.

3) 적하보험 조건

적하보험 조건은 보험 계약 체결로 부보의 범위를 의미하는데, 적하보험에서는 협회 적하 약관의 규정에 의거하여 Institute Cargo Clauses (A), (B), (C)의 3가지 기본 조건이 존재한다. 그러나 3가지 기본 조건만으로는 손해에 대한 충분한 보상이 어렵기 때문에 특정 위험을 담보받기 위해 할증보험료additional premium를 지불하고 아래의 부대 조건을 보험 계약에 포함시킬수 있다.

부대 조건 구분	세부 내용
갑판적 화물에 대한 위험	일반 화물 외 물품은 갑판상 적재로 풍랑 등에 특약 담보 가능
동맹 파업 위험	파업이나 폭동으로 방화, 강탈의 위험의 특약 담보 가능
전쟁 위험	전쟁 위험은 특약에 의해 담보되기에 특약으로 담보 가능
도난, 발화,[20] 불착의 위험	'Theft, Pilferage, and Non-Delivery'[21]의 특약 담보 가능
파손의 위험	도자기, 유리, 기와(깨지기 쉬운 제품) 등은 특약으로 담보 가능
누손의 위험	주류, 석유, 알코올, 약품, 곡류 등은 특약으로 담보 가능
기타(굴곡, 증발, 기름 등)	굴곡, 증발, 기름, 빗물 등의 손실은 특약으로 담보 가능

4) 적하보험 요율 체계

보험료는 실무상 후납이 인정되며 보험료 징수 전에 증권이 발급되고 보험료 이전에 발생한 손해도 보험금이 지급된다. 하지만 원칙적으로 해상보험 체결과 동시에 보험금은 지불되어야 한다. 민법상 동시 이행 항변冬時履行抗辯의 원칙에 따라 보험료 징수 전에 발생한 손해에 대해 보험자가 보상의무의 이행을 거부 가능하도록 되어 있지만, 실제 무역 거래에서는 보험료를 지급하기 전에 발급된 보험 계약이 일반적이며 보험 계약이 되고

---

20) 발하(拔荷) 또는 좀도둑: 포장꾸러기에서 일부 빠져나가는 것
21) 줄임말: TPND

보험료 지급 전에 발생한 손해에 대해서도 보험금이 지급된다.[22]

보험료를 산출하는 근거로서 보험 요율保險料率, premium rate은 아래의 사항을 고려하여 산출된다.

① 항로(시설, 거리, 항만, 지역적인 위험도) 평가
② 선박의 선형, 선령, 중량 및 국적 검토
③ 선적된 물품의 종류(포장 상태 등) 체크
④ 기타 보험 조건 등을 반영

한국의 적하보험 요율은 대한손해보험협회에서 산정한 요율이며, 이러한 전체적인 적하보험 요율이 수록된 해상보험요율서는 모든 보험사들의 요율을 정하는 기준이 된다. 한편 몇 가지 특수한 위험에 대해서는 재보험자와 협의한 요율이 직용 가능하도록 허용하여 부분석으로는 자유 경쟁 요율을 선택하도록 한다.

적하보험 요율은 기본적 보험 요율 외에 합리적인 보험 요율 산정이 가능하도록 복합 요율, 지역 구분, 운송 선박 및 방법, 할증 및 할인 요율, 최저 보험료, 및 부가 조건에 대한 요율 등으로 나누어지는데, 아래와 같이 구분하여 설명 가능하다.

적하보험 요율 구분	세부 설명
복합 요율 적용	해상보험 기본 조건 외에 추가 조건이 결부된 복합 조건에 적용요율은 기본 조건(A)을 초과 불가하다. 다만 부가 위험(T/S[23] 등)을 추가로 담보하는 경우에는 추가 보험료를 별도 적용한다.
지역 구분	지역별로 적하보험 요율이 다르게 적용된다(〈표 2-1〉 참조).

---

22) 박대위·구종순(2019), 『무역실무』(제14판), 165쪽 참조.

적하보험 요율 구분	세부 설명
할증 및 할인 요율	지역, 보험 금액, 선박 종류 등에 따라 할증 요율 결정
최저 보험료	최저 보험료는 US $10.00으로 한다.
부가 조건 및 부가 위험 요율	부가 조건 및 부가 위험의 요율을 적용하여 추가 보험료 부가
CIF 계약의 보험료 산정	CIF계약에서 수출업자는 수입업자를 위해 수출 금액의 CIF 가액에 희망이익 10%를 더하여 보험 계약을 체결한다. 이 보험금액에 소요되는 보험료를 산정할 때는 보험료 지수를 이용하게 된다.
기타(운송선박/방법)	갑판상 적재 화물 제한, 부선 화물, 컨테이너 화물에 따라 추가 보험율이 다르게 적용한다.

〈표 2-1〉 적하보험 요율 지역 구분

지역 구분	범위
보세 – 외항	보세 지역 외항 본선 인도
국내 연안	국내 연안 및 도서
일본	일본(오키나와 및 북위 45° 이남 러시아 극동 지역 포함)
대만, 홍콩	대만, 홍콩 및 사할린
동남아시아	동경 90° 남동아시아(대만, 홍콩 제외)
중동아시아	동경 90° 이서부터 포트 세이드까지의 아시아
호주 지역	호주 및 뉴질랜드
구라파	유럽 및 케이프타운 이서의 아프리카 지역과 지중해 연안
북미(동)	북미동(파나마 및 그레나다 포함)
북미(서)	북미서(하와이, 괌 및 파나마 포함)
남미(동)	남미동(아루바 포함)
남미(서)	남미서

출처: 현대해상보험 인터넷 자료 참조

---

23) T/S: Transshipment

5) 보험금 청구

화주가 해상보험을 가입하는 이유는 혹여나 발생할 수 있는 사고를 대비하여 보험금을 지급하는 것이다. 만일 사고가 발생하면 정당한 보험증서 소지인은 보험회사에 적격 서류를 제출하여 구상求償, claim을 신청해야 한다.

보험증권의 정당한 소지인은 담보 화물에 손해가 생겼다는 사실을 알게 됨과 동시에 서면 또는 구도로 보험회사 또는 그의 대리점에 이러한 사항을 먼저 통지하고 추후 손해에 따라 보험자가 요청하는 청구 서류를 준비해서 정식의 구상 절차를 진행하면 된다. 이 경우에 서류는 수입의 경우 본사 또는 지점에 전달하며, 수출의 경우는 해외 지점에 제출해야 한다.

물품의 피보험 위험에 근인近因하여 손상된 것이 명확한 경우에는 보험사와 신속하게 협의하여 해사검정인海事檢定人, marine surveyor을 선정하여 검정보고서survey report를 작성하게 해야 한다. 섬성보고서 내용에는 손해의 원인, 손상품, 정도 및 처리 추천處理推薦, recommendation 등이 명확히 기재되어야 한다. 또한 이 서류가 보험금 지불 결정에 결정적 역할을 하므로 검정을 시행하는 경우에 보험사의 대리인과 화주가 동시 입회하여 진행하는 것이 일반적이다. 해상보험의 적확한 처리를 위해 관련 사고에 대한 정확한 보고서 작성이 우선적으로 선행되어야 하고, 일련의 확인 과정에 요구되는 서류를 적시에 제출하는 것이 무엇보다 중요하다.

〈서식 2-2〉 해상보험증권

LG Insurance Co., Ltd.
CERTIFICATE OF MARINE CARGO INSURANCE

Assured(s), etc ② THE SAMWON CORPORATION	
Certificate No. ① 002599A65334	Ref. No.③ Invoice No. DS-070228 L/C No. IOMP20748
Claim, if any, payable at : ⑥ GELLATLY HANKEY MARINE SERVICE 842 Seventh Avenue New York 10018 Tel(201)881-9412 Claims are payable in	Amount insured ④ USD 65,120.- (USD59,200 XC 110%)
Survey should be approved by ⑦ THE SAME AS ABOVE	Conditions ⑤ * INSTITUTE CARGO CLAUSE(A) 1982 * CLAIMS ARE PAYABLE IN AMERICA IN THE CURRENCY OF THE DRAFT.

⑧ Local Vessel or Conveyance	⑨ From(interior port or place of loading)
Ship or Vessel called the ⑩ KAJA-HO V-27	Sailing on or about ⑪ MARCH 3, 2007
at and from ⑫ PUSAN, KOREA	⑬ transsshipped at
arrived at ⑭NEW YORK	⑮ thence to

Goods and Merchandiese ⑯
16,000YDS OF PATCHWORK COWHIDE LEATHER

Subject to the following Clauses as per back hereof institute Cargo Clauses Institute War Clauses(Cargo) Institute War Cancellation Clauses(Cargo) Institute Strikes Riots and Civil Commotions Clauses Institute Air Cargo Clauses(All Risks) Institute Classification Clauses Special Replacement Clause(applying to machinery) Institute Radioactive Contamination Exclusion Clauses Co-Inssurance Clause Marks and Numbers as

Place and Date signed in ⑰ SEOUL, KOREA MARCH 2, 1999　　No. of Certificates issued. ⑱ TWO
⑳ This Certificate represents and takes the place of the Policy and conveys all rights of the original policyholder
(for the purpose of collecting any loss or claim) as fully as if the property was covered by a Open Policy direct to the holder of this Certificate.
This Company agrees lossed, if any, shall be payable to the order of Assured on surrender of this Certificate.
Settlement under one copy shall render all otehrs null and viod.
Contrary to the wording of this form, this insurance is governed by the standard from of English Marine Insurance Policy.
In the event of loss or damage arising under this insurance, no claims will be admitted unless a survey has been held with the approval of this Compay's office or Agents specified in this Certificate.

SEE IMPORTANT INSTRUCTIONS ON REVERSE
⑲ LG Insurance Co., Ltd.

AUTHORIZED SIGNATORY

This Certificate is not valid unless the Declaration be signed by an authorized representative of the Assued.

해상보험 사고 사례—수에즈 운하 좌초사고

세계의 물동량의 약 12%를 담당하는 이집트 수에즈 운하에서 2021년 3월 23일에 좌초한 초대형 컨테이너선 '에버기븐Ever Given'이 다시 물 위로 부상하면서 선박이 성공적으로 정상 항로로 복귀하게 되었다. 그러나 전 세계 화물이 서로 연결되어 있다는 점을 감안하면 화물 운송 차질은 꽤 지속될 것으로 보인다. 아울러 막혔던 수에즈 뱃길이 열리기는 했지만 전 세계 물류 대란이 초래된 만큼 보상을 둘러싼 책임지는 문제에 대한 해결책이 논란이 되고 있다. 수에즈운하의 통행료 수입 피해 규모만 해도 하루에 약 1,500만 달러(약 165억 원) 수준이라는 것을 감안하면 물동량 정체 및 하역 대기 등 이어지는 피해가 너무 크다.

22만 4,000톤급의 Ever Given은 2021년 3월 23일 수에즈 운하 남쪽 입구 6km 위치한 곳에서 정지해 버렸다. 갑작스런 강한 바람과 모래 폭풍이 불어와서 조타 능력을 상실하게 되고 선수船首가 수에즈 운하의 모래 제방에 박혀 좌초되었다. Ever Given의 심각한 좌초 사고로 7일 동안 수에즈 운하 통행이 막히면서 피해 규모는 커졌다. 수에즈 운하 대신에 아프리카 대륙 우회 항로를 이용하는 화물선들의 추가적인 비용이나 화물 수송 지연으로 발생한 피해는 눈덩이처럼 불어난다. 통상적으로 이와 같은 선박은 대략 1억~2억 달러 정도의 보험금이 보장된 보험에 가입하는데, 실제 보험금은 선박의 피해 정도에 따라 달라진다.

이번 좌초사고로 수억 달러의 보상금이 지급될 수 있으나 해상 사고와 관련한 역대급 보험금 청구 사례는 되지 않을 것이라는 예측되고 있다. 이번 사고에 앞서 지난 2012년에는 승객 3,216명, 승무원 1,013명 등 총 4,229명을 태우고 항해하던 중 선장의 음주 운행으로 크루즈선 '코스타 콩코르디아Costa Concordia'가 이탈리아 토스카나 해변에서 좌초한 사고가 대표적인 좌초 사고이다. 이 당시 사고로 승객 32명이 숨지고 157명이 다치게 됨으로 해서, 사고와 관련한 보상금은 16달러(약 1조 8,000억 원)에 달할 정도로 어마어마했다.

—EBN 인터넷 자료, 2021년 03월 30일자 참조

국제무역운송 정리

해상 운송에서는 정기선과 부정기선으로 나눠진다. 정기선은 일정하고 규칙적인 항해를 하며 비교적 고품질의 고속 대형 선박이 이용된다. 협정 운임이 적용된다. 반면에 부정기선은 신속한 운송보다는 저렴한 운임이 특징이며 비교적 대량화물이 주요 선적 대상이 된다.

항공 운송의 장점은 신속한 배송, 수송 기간이 단축 및 수송 조건이 양호하다는 점이다. 단점은 운임이 해상 운송보다 높고, 중량과 용적의 제한이 크다는 점이고 기후에 영향도 많이 받는 편이다.

국제복합운송은 해상·육상·항공 등의 복수의 운송 방법으로 화물을 목적지로 운송하는 것을 의미한다. 특징으로서는 단일운송 계약이며, 단일운송 운임이 적용되며 단일운송인의 책임이 된다.

선하증권은 bill of lading이라고 하며 영어 약칭은 B/L이라고 불린다. 선박회사가 화주에게 발행해 주는 증서로서 선박회사는 화물을 안전하게 도착지까지 도착하겠다는 것을 약정하는 증서이다.

해상보험은 해상 운송 과정에서 발생하는 사고에 대해 보험자가 손해를 보상할 것을 약정하고 피보험자가 그 대가로 보험료를 지불할 것을 약정하는 손해보험이다. 기본 원칙은 담보 준수 의무, 근인주의, 피보험자의 고지 의무, 소급 보상의 원칙이 있다.

토론 문제

1. 해상 운송 중 정기선과 부정기선을 설명하고 차이를 서술하라.

2. 항만과 컨테이너 터미널을 구성하는 것은 무엇인지 설명하라.

3. 항공 운송의 상섬과 단점을 비교해 보라.

4. 선하증권을 설명하고 항공화물운송장과의 차이를 서술하라.

5. 해상보험의 정의를 설명하고 기본원칙은 무엇인가?

제3부
국제무역 절차

제1장

무역업 창업

1. 창업의 과정

무역업을 창업하는 것은 사실 어려워 보이고 막막하게 보인다. 아마도 미래에 대한 불확실성과 사업 초기의 어려움 때문일 것이다. 하지만 그 과정을 조금만 이해하고 습득하면 어렵지 않게 무역 사업을 새로이 시작할 수 있다. 만약 자신의 전문 분야로 신규 사업을 시작하고자 결심하였다면 신규 사업의 목적과 사명을 명확히 하는 것이 필수적이다. 또한 기본적으로 사업가로서 심적으로 굳건한 결심이 절대적으로 요구된다. 이러한 전제 조건이 충족된 다음에 창업을 위한 과정으로 아래의 절차대로 진행하면 된다.

관할 세무서를 방문하여 신규로 시작하고자 하는 기업의 이름과 업종을 정해서 사업자등록증을 신청하면 바로 발행되어 받을 수 있다. 그 이후에 무역업 등록을 하기 위해서는 무역협회에서 '무역업등록증'을 발행하면 된다. 이렇게 사업자 신고와 등록 절차는 비교적 쉽게 발행 가능하다. 온라인 사업을 창업하고자 한다면 구청이나 시청을 방문하여 '통신판매업 신고'를 따로 신청하고 면허세를 납부하면 정식으로 국가가 공인한 온라인 사업을 시작할 수 있다.

하지만 자신이 하고자 하는 사업에 성공하기 위해서는 명확한 비즈니스 전략과 고객 발굴이 먼저 선행되어야 한다. 그리고 물품의 공급처를 확보하고 품질의 정확한 지식과 식견 확보를 위해 진출 국가에 대한 사전 조사와 소비자 시장에 대한 조사는 반드시 필요로 한다.

사업에 앞서 이익 분석이 무엇보다도 중요한데 원가 구조를 파악하고 가격을 산정하여 시장에 물품 판매를 검토해야 한다. 또한 판매 채널을 확보하고 투명한 결제 조건과 거래 조건이 계약서로 상호 합의되어야 한다. 만약 기업이 신규 비즈니스를 개척하기 위해 신규 프로젝트와 수출 등에 관하여 해외 거래처와 최초 계약 시 맺은 매매계약서가 허술할 경우에는 차후에 분쟁의 여지가 있을 수 있다. 이럴 경우에 사업이 실패할 가능성도 충분히 있으므로 절대적으로 주의가 필요하다.

또한 기업의 제품을 해외 판매 시 환율의 변동으로 과도한 환차손 발생 방지를 위해 상호 합의한 납기가 너무 긴 시간 이후에 공급을 약속하거나 계약서 및 L/C신용장, Letter of Credit상 불리한 조항은 없는지 주의 깊게 파악해 볼 필요가 있다. 추가적으로 제품 생산과 안정적 수출을 위해 원재료 및 반제품 공급업체의 납품 가능한 납기를 파악하고 선적 조건 등을 미리 파악하고 계약서에 적시해야 한다.

무역업 창업을 위해 숙지해야 하는 사항을 요약 정리하면 다음과 같다.

① 사업자 등록 방법 숙지
② 무역업 신고 방법 숙지
③ 거래 조건 확인

④ 결제 조건 확인

⑤ 선적 조건 확인

⑥ 믿을 만한 공급업체와 유통업체 선정

⑦ 납기 조정

⑧ 포장 방법 등

만약 신뢰할 만한 구매자를 찾아 실제적으로 해외 구매자로부터 오더를 접수한다면 바로 견적 송장Proforma invoice과 매매계약서를 오더 접수와 함께 발행해야 하고 계약서에 상세한 조건과 클레임 발생 시 중재 관련 내용 등에 대해 상호 합의가 되어야 상호 예측 불가한 사항에 대해 책임의 소재를 명확하게 할 수 있다.

무역업을 시작하는 것은 많은 어려움을 내포하고 있고 자칫 어려움에 봉착할 수 있으므로 신중하고 세세하게 검토하면서 진행하는 것이 필요하다. 여러 실패 사례를 상담하다 보면 이러한 중요하면서도 큰 손해를 가져올 가능성이 있음에도 구체적으로 파악하지 못해 사기나 예기치 못하게 낭패를 보는 것을 가끔 접하게 된다.

추가적으로 결제를 위해 화폐 선정에 있어 세계적인 기축통화인 달러나 유럽경제공동체에 통용되는 유로로 하는 것이 더 안전하다. 물론 중국이나 일본과 거래하는 경우에는 위안화나 엔화로 하는 것도 괜찮을 것이다. 다만 그것은 상황에 따라 공급업자와 무역을 진행하는 업체의 상호 조율과 합의를 통해 진행하면 된다.

만약 괜찮은 경쟁 우위를 갖춘 제품이 있고 진출하고자 하는 국가에서 확실한 유통 채널이 있는 경우 최근 크게 관심이 대두되는 크라우드 펀딩Cloud funding을 통해 소액으로 다수의 투자자를 모집하여 사업을 시작하는 것도 고려해 볼 만하다. 지금과 같이 금리가 낮은 경제 상황에서 투자처를 찾지 못하는 경우에는 서로에게 좋은 기회가 될 수 있어 윈−윈Win-Win

성격의 창업이 되는 것이다. 이러한 형태의 청년 창업은 한국경제의 새로운 활력소가 될 것으로 기대되며, 예비 창업자나 초보 무역인들이 소액으로도 시작이 가능한 오퍼상이나 글로벌시장에 대한 온라인 비즈니스는 글로벌사회에 개인과 국가의 새로운 성장 모티브가 될 것으로 확신한다.

2. 고객 확보

무역업을 창업하기 전에 고객을 이미 잘 알고 있는 것은 개인에게는 큰 자산이다. 왜냐하면 자신의 현재 업무와 연관되어 있고 자신을 잘 알고 있는 고객이 지인知人이라면 사업의 시작에서 절대적으로 유리하기 때문이다.

먼저 그 고객이 필요한 제품을 대신하여 찾아 제품의 제조회사와 매끄러운 협상을 통해 조달 업무를 원활하게 해 준다면 오퍼상으로 성공할 수 있는 가장 바람직한 비즈니스 모델이다.

만약 여기에서 고객으로 한 업체만 거래하는 경우 사업 확장성이나 향후 수익의 다변화에도 바람직하지 않은 결과를 가져온다. 기업의 수익 자체가 제한되는 것은 당연하다.

무엇보다도 무역업을 시작하는 기업들에게는 다양한 고객의 확보가 상당히 중요하다. 이런 부분 때문에 무역업을 처음 시작하는 많은 초보 무역인들이 어려워한다. 그래서 아래와 같은 다양한 방법으로 시도해 보는 것이 필요하다.

첫째, 기존 고객으로부터 신임을 받아 제품의 확장 또는 다른 지인들에게 연결을 해 주는 방법이다. 아주 전통적인 방법이고 매우 현실적으로 효과가 있는 방법이다. 이것이 통하기 위해서는 자신의 현재 비즈니스에서 고객에게 만족을 주고 신뢰성을 높이는 것이 중요하다.

둘째, 자신이 잘 알고 있는 사업 분야의 산업 박람회는 생각보다 많다. 전국 및 국제사회의 전시회를 통해 자신의 회사를 소개하고 사업을 확장할 수 있는 기회가 많다는 것을 금세 깨달을 수 있다. 그러므로 자신의 분야에서 많은 고객이 참여하는 전시회에 참석을 함으로써 관련 업계의 인맥 차원의 확장과 사업 분야에서 전문성을 향상시킬 수 있다.

셋째, 각종 동아리 활동이나 사회적 인맥 확장을 위한 활발한 활동을 통해 많은 지인을 확보하고 자신의 영역에서 사업을 홍보하거나 다른 사람들의 생각을 경청하는 것이 필요하다. 우리의 인적 네트워크는 우리가 생각하는 이상으로 다양한 기회와 개인적 차원의 성숙을 가져오는 것이라고 확신한다. 그러므로 현재의 삶에 만족하지 않고 최대한 많은 사람들을 만나야 한다. 기본적으로 오픈마인드는 사업의 시작과 끝이며 넓은 범위의 인간 관계는 향후 사업과 사적 영역에서 긍정적인 영향을 준다.

넷째, 이제는 글로빌시대이며 인터넷이 전 세계에 연결되어 있다. 이는 자신의 고유한 제품 또는 서비스를 인터넷망에 노출시키고 적극적으로 현재 쇼핑몰에 업로드할 수 있다. 이를 통해 세계인이 웹쇼핑몰로 구매도 가능하다. 또한 SNS나 해외 기업 홈페이지에서 자신이 필요한 제품을 제조하는 회사를 찾을 수 있다. 인터넷을 통하여 자신을 소개하고 해외시장에 대해 설명함으로써 신규 사업 시작도 가능하다. 또한 한국으로 수입하거나 다른 나라에 직접 연결하여 3자 무역의 형태도 고려해 볼 수 있다. 이러한 해외 비즈니스를 통해 무역업 창업도 가능하고 사업을 확장할 수도 있다.

3. 사업의 진행과 매매계약

이제 무역업 신고도 끝나고 고객의 확보가 되었다고 하면 이제 본격적으로 영업을 시작하는데 아래의 업무 흐름이 될 것이다.

앞서 언급한 바와 같이 초보 무역인이 무역업을 시작하는 데 있어 모든 제반 여건이 마련되었다면, 제품을 제작하는 제조사에 연락해서 해외 고객이 원하는 정확한 제품의 정보를 제공하고 구체적으로 필요한 부분을 차근차근 협의해 나가야 한다.

사업 초기에는 거래 상대방과의 매매계약에서부터 결제·운송 방법에 이르기까지 더 세부적으로 검토하면서 무역 업무를 진행해야 한다. 무역 계약의 검토는 비즈니스 성패와 직접 연관되어 있고 성과를 판가름할 정도로 중요하다. 이를 위해 수출 업무 진행에 관하여 정확하게 인식해야 한다. 만약 수출 업무를 상세하게 파악하지 못하고 무역업을 시작하는 경우 여러 가지 애매하고 곤란한 문제가 발생하기에 성공하기 매우 어렵다.

4. 수출 업무 진행 흐름

1) 오더의 접수

무역 업무의 첫 번째 단계로서 신규 고객 확보에 따른 고객이 필요한 물품의 제품 상세 내역, 수량 및 납기 등을 표시한 오더를 전자우편이나 팩스로 접수하는 것을 말한다. 일반적으로 고객의 오더는 PO Purchase Order의 형태로 작성되어 각 회사의 양식으로 팩스 또는 전자우편 등으로 전달된다.

2) 오더 확정Order confirmation

오더 접수 후 제조사 또는 오퍼상은 고객으로부터 접수한 수량과 납기를
확인하고 고객의 요구에 대해 충족 가능한지 여부를 파악하고 사인이나
도장을 날인하여 다시 전달함으로써 상호 계약이 성립했음을 알려야 한다.

3) 결제 조건의 확인

만약 결제 조건이 L/CLetter of Credit의 경우에는 수입상이 수입국 은행에서
L/C를 개설하여 수출상에게 전달해야 한다. 반면에 T/TTelegraphic Transfer,
전신환 송금 조건인 경우는 수출상이 수출한 이후에 해외에서 고객이 송금하
므로 따로 다른 복잡한 절차는 필요 없으나 수입상과 수출상이 오랜 신뢰
관계가 형성된 이후에 가능한 것이나. 예를 들어 생산 선 30% 입금, 선적
후 70%와 같은 경우에는 생산 전에 반드시 총 금액의 30%가 입금되었는
지 여부를 파악 후 생산 진행을 해야 한다.

4) 생산의 진행

제조사의 경우 오더 접수와 함께 결제 조건에 따라 해외 영업 담당자는
생산관리팀 책임자와 협의하여 납기를 조율해서 가능한 납기를 산출해야
한다. 앞서 설명한 바와 같이 만약 L/C가 결제 조건인 경우에는 생산 전에
L/C 개설이 선행적으로 충족되었는지 확인 후 생산 진행해야 한다. 간혹
수입국의 현지 사정으로 외환 규제에 따른 금융 거래가 되지 않는데, 이미
생산이 완료된 경우에는 큰 문제의 소지가 있고 향후 오더가 취소되거나,
상당한 기간이 지난 후에 L/C가 개설되는 경우도 있어 주의를 요한다.

5) 생산 납기 통보

오퍼상이나 제조사의 영업 담당자는 생산부서에서 통보된 납기를 수입상에게 전달하고 수입상의 현지 사정에 맞는지 확인이 필요하다. 만약 납기가 고객에게 맞지 않으면 상호 조율해야 하고 제조사의 생산부서와 협의해서 가능한 납기를 산출해서 수입상과 재논의 해야 한다.

6) 생산 완료 및 선적 진행

생산이 완료되면 영업 담당자는 수입상에 연락하고 운송 비용 지불 조건에 따라 선적 진행을 해야 한다. 예를 들어 FOB Free on Board의 경우에는 선박에 선적하기까지의 일련의 제 비용을 부담하는 조건으로 Nominated forwarder(수입상으로부터 지정된 포워더)에 연락하여 선적 일자를 배정받아 선적을 진행하게 된다.

7) 포워더/선사 업무 진행

포워더는 선사(선박회사)에 수출상輸出商을 대신하여 선적 업무를 대행하고 수수료를 받는 에이전트를 말하며, 수출상은 포워더회사에 물품적재장 packing list과 상업송장 Commercial invoice(거래 조건에 따라 전달하면 안 됨), 수출신고필증을 전달하면 된다.

8) 관세사 업무 진행

수출상은 통관 업무를 관세사에 대행을 하게 되는데, 관세사에 아래의 서류를 전달하고 수출신고필증을 교부받는다.

① 상업송장Commercial invoice 사본

② 물품적재장packing list 사본

③ 세관용 E/L 사본(수출 제한 승인품인 경우에 한함)

④ 수출검사합격증(수출검사법에 의한 검사 대상 물품인 경우에 한함)

⑤ 수출허가추천서(타 법령에 의한 수출 제한 물품인 경우에 한함)

9) 운송사 업무 진행

수출상은 포워더 회사로부터 전달받은 CY[24]나 CFS[25] 연락처와 주소를 운송사에 전달하고 Cargo closing date카고 마감일 전에 수출품이 반드시 배송 완료되도록 해야 한다. 이때 운송기사에게 관련 packing list와 수출신고필증을 전달하도록 해야 한다. 운송기사는 CY 또는 CFS 담당자에게 관련 서류를 선날하고 노착·보고한다.

10) 선적 서류 전달

수출상은 포워더로부터 B/L Bill of Lading을 받고, 보험회사로부터 보험증권을 받아야 한다. 예컨대 결제 조건이 T/T인 경우 수출상은 자신이 commercial invoice, packing list 및 기타(원산지증명서, 선적 전 검사성적서 등)를 발행하

---

24) CY: Container Yard로서 컨테이너를 인도하고 보관하는 장소로서 화물이 적입되어 있는 컨테이너를 본선에 적재하기 위해 화주나 CFS operator로부터 인수하거나 또는 양륙된 컨테이너를 화주나 CFS 운영자에게 인도하는 장소인 동시에 빈 컨테이너를 보관 및 집적하는 장소이다. 이천수(2013), 『무역실무 용어집』 참조.

25) CFS: Container Freight Station으로서 여러 화주의 LCL화물을 분류하여 동일 목적지별 혼재(consolidation)한 후 CY operator에게 인도하거나 혼재되어 양륙된 컨테이너를 CY operator로부터 수령하여 이를 해체한 뒤 수화인에게 인도하는 창고형 작업장을 의미한다. 이천수(2013), 『무역실무 용어집』 참조.

여 특급배송(DHL, Fedex 등)을 이용하여 선적 서류를 수입자에게 전달해야
한다.

11) 매출 금액 회수

최종적으로 수입자로부터 수출상은 수출 금액을 송금 회수함으로써 모든
거래 행위는 종료가 되는 것이다. 그러므로 매매계약서상 체결한 바와 같
이 약정 송금일 내에 입금되도록 독촉하거나 세부적으로 관리하여 연체되
지 않도록 하는 것은 중요한 업무이다.

무역업 창업! 이것만은 알아두자

무역업을 창업하는 것은 글로벌시장에 진출하는 것으로 무역인을 꿈꾼다면 한 번쯤 도전해 볼 만하다. 무역업을 위해 국가기관에서 유익한 정보를 제공하고 있어 아래의 사이트와 기관들의 홈페이지를 참조하면 창업에 있어 더 큰 도움이 될 것으로 생각된다.

이러한 차원에서 각 정보별로 구분하여 제시하고자 한다.

1. 소상공인시장진흥공단(https://www.sbiz.or.kr/sup/main.do)
   - 신사업창업사관학교
   - 대상: 창조형 신사업 분야 예비 창업자
   - 지원 내용: 성장 가능성이 높은 신사업 아이디어 중심으로 예비 창업자를 선발하여 창업 이론 교육, 점포 경영 체험 교육, 멘토링, 사업화 지원 등을 패키지로 지원하는 프로그램이다.

2. 중소벤처기업부(https://www.mss.go.kr/site/smba/main.do)
   - 해외 규격인증 획득 지원
   - 컨설팅과 자금 지원 등 지원

3. 대한법률구조공단(https://www.klac.or.kr/main.do)
   - 법률 지원
   - 지원 내용: 소상공인을 위하여 변호사 비용 등 소송 비용 지원

4. 중소기업창업지원법
   - 부담금면제제도
     (사업 개시일부터 7년간 농지보전부담금, 대체초지조성비 면제, 제조업 창업자는 지방자치법의 분담금, 농지보전부담금, 전기사업법에 따른 부담금, 폐기물부담금 등 면제)

5. 세제지원제도
   - 소득세 또는 법인세 감면
     (2021년 12월 31일 이전에 창업한 중소기업은 사업에서 최초로 소득이 발생한 과세연도 및 과세연도 개시일부터 4년 이내에 끝나는 과세연도까지 해당 사업에

서 발생된 소득에 대하여 소득세 또는 법인세 등에 비율을 곱한 금액에 상당하는 세액을 감면을 받을 수 있다. "조세특례제한법" 제6조 제1항 참조.)
- 인지세 면제
("조세특례제한법" 제116조 제1항 제19호 참조.)

6. 벤처기업의 세제 지원 이용
- 벤처기업으로 세제 지원을 받기 위해서는 벤처기업 확인 기관의 장으로부터 확인을 받아야 한다.
- 확인기관: 한국벤처캐피탈협회, 중소기업진흥공단, 기술보증기금, 중소기업진흥공단 등이 있다.
- 벤처기업 확인 신청 절차: 벤처기업임을 확인받고자 하는 기업은 신청서를 작성해 벤처인(www.venturein.or.kr)을 활용하여 확인 기관의 장에게 벤처기업의 확인을 신청해야 한다. ("벤처기업 확인 요령" 제4조 제1항 참조.)

—법제처, 2021년 2월 15일자

5. 지역별 문화 이해

1) 수출 지역 문화 공부

우리가 하려고 하는 무역은 상대가 다른 나라 문명과 접촉하는 행위이다. 하지만 무역인이 되고자 하는 다수의 초보 무역인들이 수출 지역에 대한 문화를 제대로 이해하지 못하고 한국에서 자라온 자신의 문화로 해외 지역의 사람들도 동일하게 취급하고 대화하는 경우를 가끔 보게 된다. 다시 말하자면 자기 준거 기준self reference criterion[26]을 가지고 다른 나라의 행위와 문화를 판단하는 것이다.

수출을 성공적으로 하기 위해서는 자기 준거 기준에 벗어나는 것이 필수이다. 포괄적으로 수출 지역의 문화에 대한 다양하고 심도 있는 공부가 선행되어야 한다. 따라서 이 책에서는 큰 문명의 단위로 이슬람, 중화中華, 유럽, 북미, 인도 문화권으로 세분화해서 설명하고자 한다. 각 문화에 대한 서술과 시장 진출 전략에 대한 아래의 기술들은 오랜 세월 동안 무역을 하고 많은 다른 국가의 사람들을 접촉한 경험을 바탕으로 작성한 내용이기에 참고할 가치가 충분히 있다.

2) 이슬람 문화권(중동 국가)

(1) 이슬람 문화 특징

이슬람 문화의 중심은 메카Mecca와 메디나Medina 지역이다. 이슬람 문화에

---

26) 자기 준거 기준: 사람들은 일반적으로 의사 결정을 할 때 자신이 살아온 방식 또는 거주 지역의 내재된 가치·경험·지식을 무의식적으로 기억하고 따르는 것을 일컫는다.

서 가장 큰 영향을 미치는 대표적인 국가는 이란과 사우디이다. 이들의 대표적 종교는 이슬람 종교로서 두 개의 큰 부류로 나눌 수 있는데 이란을 중심으로 하는 시아파와 사우디를 중심으로 하는 수니파가 있다. 이들은 서로 다른 신념으로 인해 계속적으로 대립對立과 반목反目을 일삼는다.

우리는 이슬람 문화를 제대로 이해하지 못하여 이슬람 하면 '사막인'으로 생각하는 경우가 많다. 하지만 그들의 역사는 아주 깊고 넓으며 자부심이 대단하다. 우리가 비즈니스로 상대하는 이슬람 국가의 상대방은 이슬람의 문화와 종교에 있어 위대한 자부심으로 똘똘 뭉쳐 있다.

또한 이들의 내면에 깊이 새겨진 DNA에는 상업인이라는 것이 심겨져 있다. 유구한 역사 속에서 중앙아시아, 인도 서부, 중동을 관통하여 이베리아 반도, 북서 아프리카에 이르는 사라센 제국과 아라비안 문명의 거대한 문명을 바탕으로 활발하게 상업 활동을 해 오고 있다. 이러한 사실은 비즈니스맨으로서 필수적으로 인지해야 한다.

이들의 종교는 무함마드가 시작한 것으로 그가 사망한 이후 오리엔탈 지역을 중심으로 급격히 확장하였으며, 후기 그리스 시대의 헬레니즘 문화에 빠르게 혼입되어 지중해 지역에 확산하게 되어 정신적 유산과 지성적 문화가 접목되어 헤르메스, 그노시스, 신플라톤주의 등의 성격을 드러내게 된다. 이와 더불어 조로아스터교의 '빛과 어둠의 이원론', 인도의 바라문 문화, 인도·중앙아시아의 대승불교에 접하게 되어 상당히 혼합된 종교적 특성을 가지게 된다. 이러한 지역적인 측면에서 그 지방의 유대교와 기독교와 밀접한 관계를 형성하게 된다. 오늘날에도 많은 반목과 교류가 형성되는 특징을 보이기도 한다.

필자의 경험에 의하면, 그들은 삶과 내면 깊은 곳에 상업인으로 필요한 재능을 소유하고 있다. 이슬람 문화 속에서 코란을 바탕으로 한 사고가 비즈니스에 심겨져 있으며, 신의 은총이 금전에 형상화된 것으로 이해한다. 계약 시에 상인의 도덕과 신의·성의가 매우 중요하다고 생각하며 이 모든 것이 종교적으로 성聖, 속俗이 근본적으로 구분되지 않는 것으로 이해한다.

이러한 점을 이해하는 것은 매우 중요하며 되도록이면 종교와 선입견적 '사막인'으로 인식은 갖지 않는 것이 필요하며, 무엇보다 계약과 신의를 중요시한다는 점이며 각별히 협상 시 주의해야 하며 자신만의 가이드라인을 가지고 있어야 능숙한 아랍인의 상술에 휘둘리지 않을 것이다.

(2) 이슬람국가 시장 진출 전략

중동 시장을 일부 기업들은 단지 재고 물품을 판매하는 데에만 집중하는 경향이 있지만, 사실 틈새시장을 노리는 전략이 반드시 필요한 지역이다.

현재 중동 지역은 스포츠 분야에 대한 관심이 높아지고 있어 스포츠와 연계한 이벤드와 공격직인 마케팅이 필요한 시장이나. 또한 석극적인 현지 에이전트 발굴은 시장 진출 성공의 지름길이다.

일상생활 속에서 테러의 확산에 따른 실내 엔터테인먼트 산업 수요가 급격히 늘어나고 있는 상황이기에 주요 공략층을 청소년이나 젊은이를 대상으로 선정하여 감각적인 디자인 상품을 개발하여 진출 기회를 노려볼 만하다. 또한 새로운 수요로서 고급화된 웨딩 용품에 대한 관심이 높아 이러한 제품 전략을 세밀히 검토한다면 마케팅 성공 가능성을 높인다.

중동지방은 현재 각종 인프라 건설이 한창 진출 중에 있으며 발전, 정보통신 및 담수 분야의 진출이 밝으며 이러한 부분에 있어 시장별 정확한 분석을 통한 전략 수립이 선행되어야 한다.

또한 최근에 탈석유화脫石油化 및 탄소 저감炭素低減정책에 대해 국가 생존 문제로 대두되는 상황이다. 새로운 제조업과 친환경 중심의 산업 재편을 위해 노력하고 있는 상황임을 인식하고 중동 지역을 진출하고자 하는 기업들의 새로운 전략 구사가 필요한 시점으로 판단된다.

3) 중국 시장

(1) 중국 문화권 특징

중국, 우리와는 오랜 시간을 걸쳐 함께 해 온 나라이다. 하지만 한국 사람들은 중국인을 정확히 알지 못하는 경우가 많다. 아직도 중국이 우리보다도 훨씬 못사는 나라라든지, 청결 상태가 아주 미약한 나라 등으로 사실 얕잡아 보는 사람들도 상당수 있다.

하지만 상하이를 가보라. 매일매일 변화하는 상하이 거리, 세계의 공장으로서 이제는 더 이상 무시할 수 없는 제2의 세계경제 대국.

상하이는 두 말이 필요 없는 경제적으로 발달한 도시이다. 혁명과 전통이 동시에 공존하는 사회이며 사상은 사회주의에 근거하고 있지만, 경제적으로 자본주의 체제를 상당수 도입해서 혼합하고 있다. 이들은 사실 고대시대부터 돈을 사랑한 국민들이었으며, 문명적으로 상당히 오랜 기간 동안 발전된 것을 유지하였다. 낙양·베이징 도시는 이들의 자부심이며, 전통적으로 동남아시아·중앙아시아·유럽·아프리카까지 유구한 역사에서 긴밀한 관계 유지와 활발한 상업 활동을 해 왔다.

이러한 지점에서 중화주의를 이해해야 한다. 이들과 관계된 지역은 전 세계에 이를 정도로 영향이 대단하며 역사와 경제 문화에서 상호간 큰 영향을 미치고 있다. 문화적으로 상대의 이질성을 인정하고 같이 공존하는 방식으로 고대 역사에서부터 지금까지 영향을 미치고 있으며, 거대한 통일 국가로서 광활한 지역을 차지하고 있다.

각 지방마다 종교·문화·정치적 상황, 경제적인 면에서 다양한 차이가 상존하며 그것 자체로 중국의 매력이라고 본다. 서로 다른 언어도 있지만, 만다린Mandarin이라는 공통된 언어를 학습함으로써 중국인으로 교육된다. 역사 교육에 있어서 자신들의 역사에 크나큰 역사적 자부심을 가지고 있다. 중국인들은 영국과의 아편전쟁 이후 청의 몰락으로 시작된 중국의 침체기를 기억하고 있다. 그래서 중국은 외면적으로 드러내지 않으면서 부국강병을 내부적으로 실현하는 상당한 내공을 소유한 국가이다. 이들은 오랜 문화와 역사를 통해 위대한 상인의 피를 보유하고 학습하였으며 절대로 손해 보지 않는 스킬을 보유하고 있어 철저한 계약서와 빈틈없는 준비는 필수요소이다.

(2) 중화 문화권 진출 전략

중국 시장은 다른 시장에 비해 특징적인 부분이 있다. 첫째, 중국은 자본주의적 시장경제와 관료적 통제가 병존하는 시장이다. 각종 상품의 가격이 예전에는 국가 통제 하에 행해졌지만 점차 자유화되면서 소비재 공산품은 시장 조절 메커니즘(체제)으로 확대되고 있다. 둘째, 중국 시장은 브랜드 이미지가 매우 중요한 시장으로서 품질 좋은 고급 제품이라는 이미지를 심어야 한다. 그리고 중급 이상 또는 고급의 브랜드가 도시의 중산층 소비자를 매료할 수 있다. 셋째, 중국 시장은 이미 공급자 시장에서 구매자 시장으로 전환되었으며 기업 간 경쟁은 날로 치열해지고 있다. 넷째, 지적 재산권 보호가 다소 약한 측면이 있다. 그래서 복제품이 시장에 흔하게 유통되기도 한다. 특허권·상표권·저작권 등에 대한 지적 재산권 침해 사례가 여러 차례 발생하고 있어 주의가 필요하다. 다섯째, 제품의 수명주기가 계속 짧아지고 있는 시장이다. 내구 소비재의 경우 시기별로 수요와 판매량의 기복이 심하다. 하이테크 제품도 기술의 변화에 따라 상당히 제품 수명 주기가 점점 짧아서 산업별로 대응 전략이 상이해야 한다.

중국 시장에 맞는 전략을 수립하기 위해 시장에 대한 철저한 분석과 환경을 정확히 파악해야 한다. 중국 시장은 지역별로, 계층별로 차이가 매우 크다는 점에서 공략하고자 하는 타깃시장Target market을 명확히 선정해야 한다. 제품의 기술은 복제 불가능할 정도가 되어야 한다. 시장에서는 복제품이 넘쳐날 수도 있기 때문이다. 한국 제품으로 진출하기 위해서는 고급 이미지 전략을 구사해야 할 것이다. 중국 시장에서는 저급 이미지로는 중국 내부 기업의 경쟁 우위를 넘을 수 없기 때문이다. 마지막으로 중국 정부정책을 반드시 준수해야 한다. 만약 중국 정부가 제시한 바를 이행하지 못하는 경우에 엄청난 규제와 심지어 추방도 될 수 있기에 각별한 사전 준비와 법규에 대한 준수가 반드시 선행되어야 한다.

4) 유럽 시장

(1) 유럽 문화권 이해

고대 유럽 문화의 중심은 그리스 아테네를 중심으로 직접민주주의, 최대 지성의 집결지가 되었으며 철학·문화가 그 도시를 통해 발전해 나갔다.

유럽은 중세를 거치면서 기독교 문화는 급속도록 펴져 나갔고, 로마시대에는 교황의 지배력이 더 커지고 종교적 힘이 정치·경제·문화에도 큰 영향을 미쳤다.

유럽 국가들은 개별 국가가 많지만 역사 속에서 상호 가까운 나라로서 연합과 전쟁의 연속이었다. 하지만 독일의 30년 전쟁 이후에 1648년 베스트팔렌 조약으로 신성로마제국과 로마가톨릭교회의 권력은 약화되었고, 상호 불가침 조약과 제후들에게 완전한 영토적 주권과 통치권을 인정하게 되었다. 이로 인해 칼뱅파·루터파·가톨릭은 동등한 자격을 얻게 되었다. 정치는 종교의 영향을 벗어나게 되었고 유럽의 근대화화 절대주의 국가의 성립에 큰 영향을 미치게 되었다.

한편 비잔틴제국은 15세기 오스만투르크제국에 의해 멸망당해 400년간 이슬람 종교의 영향과 문화를 접하면서 공존하는 시대가 되었다. 이에 유럽인들은 상당한 자존심이 상했다.

그래서 이후 1821~1832년 사이에 그리스의 오스만투르크로부터 독립 전쟁 시에 많은 유럽인들은 자원해서 전쟁을 지원하게 되었다. 이것을 보면 많은 유럽인들은 그리스 아테네의 문화가 이슬람 국가에 예속되는 것을 이해하기 어려워하였다. 그런 점에서 유럽인들은 기독교적 문화, 종교 관념에 서 있었다.

17~18세기에 산업혁명을 바탕으로 기술의 비약적 발전에 따른 증기선·증기기관차 등의 발명으로, 유럽 국가 중 영국·프랑스·스페인·포르투갈 등은 앞 다투어 아시아와 남미 국가들을 자신들의 식민지로 만들기 위해 혈안이 되었다.

이 시기를 통해 항해술과 나침반 등이 급속한 발전을 거듭하며 식민지화를 통한 무역의 활성화가 되어 갔다. 이것이 비정상적인 국가 간 거래로 이어지게 되어 많은 식민시 국가들은 아직노 그 후유승에서 헤어나지 못하고 있다.

이들은 자신들이 만든 과잉 공급된 자원을 식민지에 공급하기 시작했고, 자원의 확보를 위해 전략적으로 각 식민지 국가별로 식량 자원이나 광물 자원을 생산하게 만들어 유럽 본국의 이익을 극대화하였다.

유럽 국가는 다른 나라와의 무역 거래에 있어서 냉정하고도 철저한 논리와 국제법상 하자 없는 거래 약정을 하는 것이 일반적이며, 이러한 국제 질서가 우루과이 라운드Uruguay Round에서 자유무역협정Free Trade Agreement, FTA에 이르게 된다. 이는 유럽연합European Union, EU이라는 거대한 국제기구가 전 세계 국가의 질서를 창출할 정도로 실질적 영향력이 상당하다는 것을 상징한다.

최근에는 영국의 유럽연합에서 탈퇴를 선언하였고 2020년 최종적으로 브렉시트Brexit, Britain Exit는 국제적으로 정식 절차를 통해 이행되었다. 그만큼 대영제국의 영향력은 상당하며 유럽연합의 힘은 브렉시트 이후 국제사회에서 어떠한 세력으로 남을지 귀추가 주목된다.

유럽을 이해하기 위해 거래하고 있는 국가의 언어를 학습하는 것은 큰 도움이 될 것이다. 만약 프랑스와 거래를 한다고 하면 간단한 인사말이나 기초 의사소통을 학습하는 것은 향후 비즈니스에 긍정적인 영향을 줄 것이며, 문화를 이해하는 데 언어만큼 좋은 수단은 없을 것이다. 스페인어, 독일어 및 이태리어도 마찬가지로 라틴어를 기반으로 하는 언어이고 많은 국가에도 통용되는 언어이므로 무역을 유럽과 하고자 마음먹은 무역인이라면 언어 학습에 더욱 매진해 보는 것은 어떨까?

(2) 유럽 시장 진출 전략

EU 시장은 국민소득과 인구 등을 기준으로 다음과 같이 4개 그룹으로 구분한다. 1그룹으로서 성숙된 대규모 시장으로는 독일·프랑스·영국·이태리가 해당된다. 2그룹으로서 성장 시장은 벨기에·스위스·노르웨이·핀란드·오스트리아·덴마크 등이 대표적이다. 3그룹은 성장 중인 대규모 시장으로 스페인·터키·폴란드가 해당된다. 4그룹은 성장 소규모 시장으로 포르투갈·그리스·헝가리·체코·루마니아·크로아티아·불가리아 등이 있다.

위의 분류된 권역별로 적합한 마케팅은 성숙된 대규모 시장에는 무역 및 투자 종합마케팅이 될 것이다. 성장 시장에는 맞춤식 투자 및 수출 유치 전략이 적합하며, 성장 중인 대규모 시장에는 대규모 수출마케팅이 될 것이고, 성장 소규모 시장의 경우 수출마케팅과 EU 우회 진출 기지로 활용이 적합하다.

EU는 국가별로 성숙도와 시장 규모가 달라 권역별 마케팅 차별이 반드시 요구된다. 또한 시장은 더욱 친환경 제품에 대한 요구가 높아지고 있어 신제품 출시에는 친환경인증과 관련 환경마크제, 포장재 리사이클제 등의 고려가 되어야 한다. 기업의 공장 진출 시에는 저탄소 정책에 맞는 산업으로 전략을 수립해야 하며 시장별로 다른 마케팅 구사가 필수요소이다.

유럽의 경제 및 무역지원기관은 다양하기 때문에 아래의 유관기관의 정보를 참조하여 진출 전략 구축이 요구된다.

① 스웨덴무역위원회(www.swedishtrade.com)
② 파리상공회의소(www.ccip.fr)
③ 영국상무부(www.berr.gov.uk)
④ 스페인 해외무역기구(ICEK, www.icex.es)
⑤ 독일 Federal Office of Foreign Trade Info, www.gtai.de
⑥ 기타: 오스트리아(www.wk.or.at), 핀란드(www.finland.fi) 등

유럽 지역 고객을 확보하기 위해서는 다양한 정보를 찾거나 기존 고객과 좋은 유대 관계를 통한 각 국의 필요한 에이선트 확보가 중요하다. 장기적 거래의 관점에서 접근하는 것이 중요하며 시장 수요를 정확하게 파악하고 친환경적이면서 시장별로 세분화된 제품 전략을 구사하는 필요한 시장이다.

5) 북미 시장

(1) 북미 문화권 이해

미국과 캐나다는 북미 시장을 구성하는 거대한 시장이다. 세계경제 대국인 미국은 영국에서 종교적 박해를 피해 신앙의 자유를 찾아 떠난 청교도인들이 메이플라워호를 타고 도착한 신대륙으로 시작한다. 그러므로 이들은 기독교적 신앙으로 세워진 국가이며 모든 정신적인 면에서 기독교 문화가 저변에 깔려 있다. 비록 현재에는 이러한 특성이 많이 퇴색되고 있다

고 하더라도 말이다.

사실 영국의 식민지였던 미국은 1776년에 보스턴차 사건을 빌미로 독립을 선언하고 장기간의 전쟁을 통해 1783년 9월 파리 강화회의를 통해 독립국가로 인정받았다. 이 과정에서 프랑스군의 지원으로 가능한 부분이 있었다.

미국은 독립국가가 된 이후 급격하고도 안정적인 경제 성장을 이끌었다. 제2차 세계대전에 참여하면서 전 세계적으로 강대국의 반열에 입성하게 되었다. 독일·러시아·일본에 대한 영향력을 더 가속화하게 되고 정치적으로 압박하는 지위를 획득하게 된다. 1950~1970년대 미국은 세계경제의 확실한 1위로 등극하게 되고 미국 최대의 경제 호황을 누리게 된다.

이런 과정에서 미국인들은 다소 오만함과 자긍심이 높아져 비즈니스에서도 이러한 태도로 은연 중 나타나기도 하지만 비즈니스 과정에서 태도나 인격 등을 논하는 것은 적절하지 못하다.

그들의 문화와 생각을 존중할 필요가 있으며 문화적인 자긍심과 발전된 사회 시스템에 대해 더 배우려는 자세를 견지하는 것이 더 합리적일 것이다. 비록 역사가 짧지만 실용적인 자세와 능동적이고 긍정적인 삶의 자세와 근면·성실함이 지금의 미국을 창조했다는 것은 실언이 아니다.

그들의 정치적인 민주화와 경제 정책의 투명성, 발전된 사회문화시스템은 전 세계의 모범이며 규모가 큰 시장 규모는 비즈니스하기에 적합한 조건임에는 틀림이 없으나, 치열한 경쟁이 있다는 것을 기억해야 한다.

(2) 북미 시장 진출 전략

북미 시장은 전 세계 제품이 시장에 소개되기 때문에 그야말로 치열한 시장이다. 제품은 가장 표준화되고 성능, 가격과 품질의 측면에서 세분화되고 대량 유통의 형태를 보이는 것이 특징이다.

이러한 북미 시장의 특징을 고려해 본다면 다음과 같은 마케팅 전략 수립이 되어야 할 것이다. 첫째, 독창적인 소재, 디자인을 바탕으로 하는 고품질 제품을 제공해야 한다. 둘째, 고유의 브랜드 구축이 선행되어야 하며, 확실한 브랜드 이미지를 갖추고 있을 때 시장에서 성공할 가능성이 높은 시장이다. 저가 또는 고가이든 상관없이 기능과 가격, 품질에서 이미지 메이킹이 확고하게 수립된 경우 소비자들의 선택을 받게 되는 것이다. 셋째, 소비자층의 변화를 예의주시해야 한다. 증가하고 있는 동양인, 히스패닉계[27] 등의 인구 구성 변화에 대한 분석을 통해 마케팅 대응도 달라야 하며, 북미 지역의 광대한 영토에서 지역별 분석도 대단히 중요한 의미를 가진다. 넷째, 온라인 방식의 유통은 끊임없이 증가 추세에 있고, 소비자들의 쇼핑 방식도 크게 변하고 있다. 이러한 점에서 볼 때, 온라인 판매를 고려해야 하는 시점에 와 있다. 북미 시장에 진출하고자 하는 기업들은 혁신적으로 변화하는 판매 및 구매 방식을 유심히 보아야 하며 적절한 대응이 필요하다. 다섯째, 북미 시장은 원산지보다는 가격과 품질, 성능과 같은 실용적인 부분이 더 중요하므로 제품 개발 단계부터 유통에 이르기까지 제품의 품질과 기능이 높은 단계에 있도록 하고 가격도 다른 경쟁사와 비교해서 경쟁력이 있어야 한다.

6) 일본 시장

(1) 일본 문화의 이해

일본과의 거래를 원하는 무역업자들은 일본에 대한 역사와 문화를 철저히 이해하고 진심으로 사업 파트너를 이해하려고 노력하고 다소 시간이 걸리

---

27) hispanic: 스페인어를 쓰는 중남미계 미국이민자들

지만 더 세밀한 부분에서 그들을 만족시킨다면 장기 거래가 가능하다. 이러한 일본 무역업체들의 행동을 이해하기 위해서는 일본의 역사를 살펴볼 필요가 있다.

일본 역사를 조선 역사에서부터 살펴본다면 임진왜란을 일으킨 정권은 풍신수길豊臣秀吉, 도요토미 히데요시이 이끄는 모모야마이며, 일본 최초로 일본 통일국가를 건국하였다. 전국적으로 토지조사를 실시하고, 신분제를 무사 계급과 농민 계급으로 나눴다. 그럼으로 인해 국가의 농업 생산이 확대되는 효과를 노렸다.

통일국가를 건립한 도요토미 히데요시는 조선과 교류가 있는 대마도주州에 명나라를 치는 데 협조해 달라고 요청하였지만 거절당하자 일본은 조선을 침략한다. 1592년부터 7년 동안 이어진 전쟁은 조선에게는 치명적인 타격을 준다. 일본은 이때 명나라를 치는 계획까지 선포하며 야심차게 전쟁을 지휘해 나갔지만 허망하게 실패하고 만다.

일본은 세계 2차 대전에도 러시아, 청 제국, 동남아 국가, 조선까지 침략하고 지배하면서 주변 국가에 적지 않은 피해를 준 역사가 있기는 하다. 일본의 주변 국가들에 대한 전쟁의 역사로 인해 아직까지도 정치적·문화적으로 완전히 회복하지 못한 이웃국가들도 있다.

국제정치적인 측면에서 다소 아쉬운 역사를 보여준 국가이지만, 개별 국민들의 사고는 국가의 정책에 잘 따르고 질서를 비교적 순종적으로 따른다. 남에게 손해를 끼치지 않으려는 생각들이 저변에 깔려 있다. 그리고 일본의 통일 전 국가는 오랫동안 혼란 속에 있어서 일본 국민들은 생존을 위해 자신의 속내를 잘 내보이지 않으며 자신의 생각을 겉으로 되도록이면 보이지 않으려는 습성이 강하다. 또한 사업상 진행할 때에 도면과 계약서 작성에 있어 치밀하게 검토하고 난 후 승인하는 경향이 강하다. 역사 속에서 이러한 성향이 형성된 것이다. 이러한 관점에서 무역 상대국의 역사를 이해하고 인문학을 배우는 것이 필요하다.

일본 무역회사와 무역을 시작하는 경우에는 그들이 요구하는 세밀한 부분까지 놓치지 않고 체크해서 무역 계약체결 시에 반영하는 것이 절대적으로 중요하다. 사업의 개시를 서둘러서는 안 되며 긴 시간을 통해 일본 무역회사가 요구하는 사항에 대하여 최선을 다해 대응해야 한다. 왜냐하면 계약이 성사될 때까지 신뢰를 쌓는 것이 최우선적으로 중요하기 때문이다. 일반적으로 일본인들은 예의를 중요시하고 자신의 속마음을 겉으로 나타내는 것을 좋아하지 않는다.

2019년 기준 세계 GDP 순위에서 일본은 세계 3위를 기록할 정도로 세계경제에서 여전히 막강한 지위에 있다.[28] 그만큼 우리가 경제적으로 배워야 할 것이 많다. 이는 한국이 일본에 대하여 더 활발한 무역활동이 요구되는 이유 중 하나이다. 일본은 자동차, 전자 및 기타 산업 분야에서 세계경제 중 상위권에 속한 국가이기 때문에 한국의 무역업자들에게는 가까운 이웃 국가로서 아주 중요한 글로벌 파트너global partner이나.

(2) 일본 시장 진출 전략

일본 시장은 여러 가지 특이점이 있는데, 소비자들은 적정한 가격과 엄격한 품질을 요구한다. 그들이 선호하는 제품은 다양한 디자인과 개성을 가지길 원한다. 여기에 브랜드 이미지는 매우 중요한 편이며 중년층과 고급품의 경우 상품의 브랜드가 무엇보다도 중요하게 인식된다. 또한 일본의 유통체계를 정확하게 이해하는 것이 필요한데, 유통은 상당히 복잡한 단계를 통해 소비자에게 전달되며 제조업에서 도매상에게, 소매상은 도매상에게 적정한 리베이트 시스템을 갖추고 있다. 이러한 체계를 무시하고 진행하려고 할 경우 실패할 가능성이 상당히 높다.

---

28) 세계은행(World Bank) 2019년 자료 기준

이와 같이 일본 시장만의 특징을 가지고 있어 시장에 대한 이해를 바탕으로 마케팅 전략을 수립하는 것은 매우 중요하다. 일본 시장 진출 전략으로는 현지화 전략을 추구하는 것이다. 일본인들은 중국산, 한국산 및 기타 아시아산 제품에 대해 저가품으로 인식하고 있어 일본에서 생산한 제품임을 강조해야 일본 시장에서 매출의 증대를 가져올 수 있다. 또한 브랜드 이미지를 높이기 위한 전략이 우선되어야 한다. 각종 이벤트나 스포츠 행사에 후원 및 광고를 통한 브랜드 이미지 제고는 장기적인 관점에서 일본 시장에서 생존력과 사업 경쟁력을 높일 수 있는 전략이 된다. 마지막으로 일본 시장은 다양한 선호도와 고객, 시장이 있으므로 일본 진출을 하고자 하는 기업은 반드시 정확한 목표 고객과 목표 시장을 선정하고 마케팅에 나서야 성공 가능성을 높일 수 있다.

7) 인도 시장

(1) 인도 문화 이해

인도 문화권의 대표적 국가인 인도는 역사·종교·문화에서 그 깊이와 넓이가 상상을 초월할 정도이다. 세계 4대 문명[29]의 발상지發祥地 중 하나인 인더스 문명은 기원전 3000~2000년경부터 드라비다족이 살기 시작하면서 문명의 꽃을 피우기 시작하였다.

인도인들의 대표적인 종교는 힌두교·이슬람교·시크교·불교가 있다. 현재 국교는 힌두교로서 인도인들의 삶과 사상을 가히 지배하고 있다고 해도 과언이 아니다. 그들의 최고 산업 중 하나인 농업에서 가장 중요시되는

---

29) 세계 4대 문명: 나일강 유역 이집트 문명, 티그리스－유프라테스강 유역 메소포타미아 문명, 중국 양자강 유역 황하문명, 인도 인더스강 유역 인더스문명

'소cow'를 숭상하기 때문에 절대 소고기를 먹지 않는다는 것을 기억해야 한다. 초보 무역인의 경우 인도에서 손님이 왔는데, 한우 요리 전문점을 데리고 가는 경우에는 엄청난 실례가 되는 것이다. 인도인들은 또한 채식주의자Vegetarian가 많기 때문에 인도를 대상으로 무역을 하는 경우에는 반드시 그들의 식문화를 주의 깊게 살펴봐야 한다.

인도에서는 많은 종교가 생겨나고 성장하였기 때문에 그 문화 속에 종교가 많이 혼합되어 있다고 보는 것이 옳다. 힌두교는 브라만교와 민간 신앙이 혼합하여 범인도汎印度 종교가 되었다고 본다. 힌두교는 그들의 사회 계층에도 영향을 깊게 미치고 있어 카스트제도가 아직도 그 사회·문화·정치적으로 굳건하게 자리 잡게 하는 원인이 되기도 한다.

인도 문화는 한국과 매우 다르며 무역 거래를 하기 위해서는 그들의 문화적 성향을 아는 것은 무엇보다 중요하다. 첫째, 그들의 내면에는 운명주의적 성향을 가지고 있다는 점이다. 그들은 농사일 가운데 흉년이 되는 것은 신이 풍성함을 허락하지 않았다고 생각하면서 운명적으로 여긴다. 또한 비즈니스에서 계약이 성사되지 않고 프로젝트가 잘 되지 않은 것은 자신들의 잘못했다고 생각하지 않고 오히려 신이 성공적인 계약과 프로젝트를 원하지 않았기 때문이라고 생각해 버린다. 그것은 이미 운명적으로 정해져 있다고 인식하는 성향이 강하다.

둘째, 신분제인 카스트제도는 인도인의 일상과 업무가 분업화되는 기준이 된다. 인도인은 태어날 때부터 자신의 신분이 정해지고 업무가 주어진다고 믿는다. 자신의 계급에 따라 직업이 정해지는데, 예를 들어 바이샤 계급으로 태어난 인도인들은 사업가 계층으로서 경영과 물질을 다루는데 능숙하고 사업에서 이윤을 최대한 내는 것이 신神이 자신들에게 부여한 종교적 의무라고 여긴다. 많은 인도인들이 이러한 신분적 제도를 사회적 혁파의 대상으로 여기지만 그 역사와 차지하는 비중이 너무 커서 단순한 운동으로는 개혁하기 어렵다.

셋째, 인도는 가부장적 사회이다. 가정에서 중요한 문제에 대해 아버지가 홀로 결정하는 것이 일반적이다. 가부장의 역할로서 중요한 결정을 하고 내부적 조정을 하는 식이다. 이러한 성향은 비즈니스에도 투영되는데, 중요한 결정은 기업 최고 경영자에게 미루는 경향이 강하다는 것이다. 이는 무역 거래와 같은 국제비즈니스 진행에 있어 반드시 최고경영자와 계약을 진행하는 것이 최고 중요하다는 것을 기억해야 한다.

넷째, 인도의 헌법 전문에는 '인도는 사회주의 공화국'라고 되어 있다. 이는 역사적으로 볼 때 기원 후 8세기경부터 시작된 샹카라 차리아 운동으로부터 시작된 힌두교의 순수성 회복과 브라만 계급의 각성운동이 불교를 쇠락의 길로 보내고 다시 힌두교가 융성하게 되는 계기를 마련하였다. 이러한 각성운동인 힌두 사회운동은 훗날 인도사회에 사회주의적인 성향을 갖게 만들었다. 이러한 사상은 비베카난다·네루·암베드카르 등에 사상적으로 영향을 많이 끼치게 된다. 영국으로부터 인도가 해방된 후 첫 수상인 네루는 인도가 사회주의 국가가 되어야 한다고 하였다. 이는 헌법 전문에 표기되기에 이르렀다. 이런 부분은 사실 일반적으로 잘 알려져 있지 않다. 인도의 숨겨져 있는 모습이라고 보이며, 인도와 국제무역 거래를 하는 것에 있어 반드시 기억해야 한다. 또한 인도인은 국제사회에서 자신들의 문화와 역사가 상당히 깊고 풍부하다는 것에 자부심이 매우 커서 자존심을 상하게 하는 것은 비즈니스에 좋지 못한 결과를 불러올 것이다. 그러므로 상대방의 문화를 존중하고 문화적으로 풍부함을 칭찬하는 것은 반드시 기억해야 하는 덕목 중에 하나이다.

(2) 인도 시장 진출 전략

인도는 다양한 지역과 언어, 소비자 계층이 상존하는 시장이다. 그 종류와 범위는 상상을 초월할 정도이다. 그러므로 넓은 인도 시장을 하나의 시장으로 파악하는 것은 상당히 위험한 전략이 될 수 있다. 그러므로 아래와 같은 방법으로 인도 시장에 접근하는 것은 의미가 있는 진출 전략이 된다고 판단된다. 첫째, 인도에 수출하는 데 있어 가장 걸림돌은 높은 관세 및 세금 부과에 있다고 본다. 과도하게 높은 관세 및 기타 조세 비용은 해외에서 오는 수입품의 가격을 급격하게 높이는 것으로 작동한다. 이러한 점에서 장기적으로 거대한 인도 시장에서 살아남기 위해서는 현지 공장 설립 또는 현지 기업과의 합작 등을 통해 현지 공급을 하는 방향으로 진출 전략을 세워야 한다. 단기적인 수출에 만족한다면 굳이 진출할 필요가 없지만 긴 세월 동안 인도 시장에 살아남기 위해서는 현지화 전략이 상당히 중요하다. 둘째, 신제품을 출시할 경우 그들의 문화 및 종교와 부딪히지 않도록 하는 것은 상당히 중요하다. 마케팅 전략에서 홍보 및 유통의 측면에서 반드시 그들의 문화와 사상을 존중하고 반영해야 한다. 셋째, 인도 시장은 가격에 과도할 징도 민감하므로 최내한 가격 경생력을 갖추기 위해 노력해야 한다. 넷째, 인도의 인프라infra 건설은 전방위적으로 이뤄지고 있어 인도에 진출하고자 하는 기업 중에 플랜트·건설·건설장비 등의 관련 기업은 인도 시장의 빠르게 성장하고 있는 점과 인프라 구축에 따른 정부정책을 제대로 파악하여 그 정책 대응을 고려하여 전략 수립해야 할 것이다. 다섯째, 빠르게 성장하고 있는 인구밀도와 환경오염으로 인도는 환경오염 개선을 위해 정부 차원의 대규모 전환을 하고 있는 시점이므로, 인도 진출하고자 하는 기업들은 친환경사업을 중심으로 진출 전략의 변화를 모색해야 할 것이며, 디지털과 친환경화 제품과 산업에 더 집중하는 경영 및 마케팅 전략이 필요하다고 본다.

인도의 대표적 건축물, 타지마할

해외 진출 위한 외부 환경 이해

해외 시장을 대상으로 마케팅을 하는 수출·입 기업이 해외 진출을 위해 반드시 알아야 하는 것은 아래와 같이 외부 환경을 정확히 아는 것은 정말 중요하다. 그러므로 글로벌 시장에 대해 마케터로서 무역기업이 알아야 하는 외부 환경에 대해서는 4가지로 구분하여 설명하고자 한다.

1. 진출하려는 국가의 경제적 환경

국제적으로 시장을 확장하고자 하는 기업은 해당 국가의 거시적 환경인 지역경제 통합, WTO World Trade Organization 가입 여부를 확인하고 경제체제와 시장 발전 단계를 확인해야 한다. 또한 1인당 국민소득 수준과 구매력을 파악하고 인구수를 확인해야 할 것이며, 물가 수준과 물가상승률에 대한 검토를 통해 제품 개발이나 선정이 가능할 것이다. 해당 국가의 국제수지 현황과 인프라 구축 실태를 파악하여 물류비와 발전 가능성을 체크 가능할 것이다.

2. 진출하려는 국가의 사회·문화적 환경

한 국가에 진출하기 위해 사회·문화적 환경에 대한 이해는 우선적으로 실시되어야 한다. 그 분석틀로서는 문화, 사회 계층, 준거집단, 가족의 구성을 정확히 확인하는 것이 필요하다. 문화를 이루고 있는 언어(숫자, 비언어적 요소), 종교, 가치관, 시간관, 미적 감각에 대해 차이점을 검토하여 분석하는 것은 향후 국제마케팅을 적용함에 있어 상당히 중요하다. 또한 현지 국가의 사회 계층을 파악하는 것은 마케팅 적용에 있어 해당 제품에 대한 소비자의 행동을 알아내는 것이므로 매우 중요하다. 제품 판매를 위해 기업은 진출하려는 국가에서 준거집단을 발견하는 것도 마케팅 전략을 효율적으로 수립하는 데 필요한 수단이 된다. 마지막으로 가족의 구성과 소비자 행동에 있어 영향력 등을 세부적으로 분석하는 것은 향후 전략 수립에 상당히 중요한 점이다.

3. 진출하려는 국가의 정치적 환경

해당 해외 국가로 진출하기 위해서는 현지 정치적 위험을 확인을 반드시 해야 한다. 정치적 위험으로 기업이 겪을 어려움은 회복이 불가능할 정도로 치명적이다. 기업의 소유권 제한, 영업권 제한, 몰수, 추방 등의 강력한 조치가 일어나는 국가도 상당수가 있다는 사실이다.

현지 국가의 위험을 예측 방법으로는 일반적으로 계량적 분석 방법으로 PSSI Political System Stability Index와 델파이기법 중 BERI Business Environment Risk Index가 사용된다. PSSI는 크게 사회·경제적 지수, 사회적 갈등지수 및 정치적 과정지수를 사용하여 해당 국가의 정치적 위험을 측정한다. BERI는 15가지 변수를 사용하여 해당 국가가 얼마나 정치적 위험이 큰가를 판가름하는 잣대이다.

정치적 위험을 관리하는 방안으로 회피 전략, 보험 전략, 협상 전략, 좋은 기업 시민정책 등으로 정치적 위험을 다양한 전략이 있다. 기업은 이러한 전략으로 정치적 위험을 방지하고 관리하는 것이다.

4. 진출하려는 국가의 법률적 환경

해당 국가의 지적 재산권, 상표권, 기타 상거래법 등에 대한 명확한 법률을 파악하는 것은 시장 진출 전 반드시 해야 하는 활동 중에 하나이다.

만일 법률을 잘 이해하지 못하고 영업에 뛰어든 다음에 문제가 발생한다면 법적 소송에 휘말리고 기업 활동에 커다란 치명타를 입을 것이 분명하다. 제품의 브랜드와 상표권 등의 있어서도 국가별로 상이하게 되어 있는 경우가 많아 세심한 주의가 요구된다.

제2장

수출 통관과 수입 통관

1. 수출 통관의 의미

수출 통관은 선적 전 반드시 거쳐야 하는 절차 사항으로 주권국가로서 당연히 행사하는 권한이다. 국경선을 넘어가는 제품들이 통과증을 받아야 하며 사람이나 물품이 국경을 넘을 때 반드시 받아야 하는 허가증과 같은 것이다. 또한 통관을 통해 대외적 신뢰도를 유지하는 목적이 있다. 수출 전량을 모두 검사할 수가 없으므로 수출의 최종 점검 단계인 통관을 통해 절차상 기록을 남기는 차원이라고 할 수 있다. 간혹 관세청에서 물품에 대해 무작위로 선정하여 검사 품목으로 정하고 수량과 제품 확인 후 통관 허가를 주기도 한다. 간략히 요약한다면 이는 국가의 신뢰도를 유지하는 목적이다.

1) 수출 신고 방법

통관 절차는 포괄적으로 설명하면 세관에 수출신고서를 작성하고 제출하여 물품검사 단계를 거치는 모든 일련의 단계를 의미한다. 한국의 관세법에서는 수출신고자의 자격을 화주 또는 관세사로 규정하고 있는데 현재 업계의 대부분은 통관 절차를 관세사에 맡겨 통관을 진행하고 있다. 왜냐하면 통관부서를 운영하는 인력 운영 비용이 상대적으로 관세사에게 비용(통관수수료)을 지불하는 것보다 높기 때문이다.

관세사에게 통관을 맡기지 않고 회사가 따로 관세사를 고용하고 '자가통관'하는 경우에도 법적으로 인정된다.

2) 수출 신고 시 필요한 서류와 EDI 시스템

앞서 언급한 바와 같이 수출 신고 시 필요한 서류는 아래와 같다.

① 상업송장Commercial invoice 사본
② 물품적재장packing list 사본
③ 세관용 E/L Export License 사본(수출 제한 승인품인 경우에 한함)
④ 수출검사 합격증(수출검사법에 의한 검사 대상 물품인 경우에 한함)
⑤ 수출허가 추천서(타 법령에 의한 수출 제한 물품인 경우에 한함)

3) 수출신고필증

수출신고필증은 세관장이 세관특수청인을 전자적으로 서명하여 수출업자에게 전달된다. 여기에서 중요한 부분은 수출 신고가 수리된 (반)제품, 원재료 또는 상품들은 수출 신고 수리일로부터 30일 이내에 한국과 외국

간 왕래하는 운송 수단에 적재되어야 한다(관세법 제251조). 수출 신고가 수리되더라도 적재가 되지 않으면 수출로 인정되지 못한다.

　수출신고필증은 수출 신고를 위한 모든 구체적 사항을 정확하게 숨김없이 기재하여야 한다. 수출 신고를 위해서는 수출신고인으로는 화주, 완제품 공급자, 관세사 등이 될 수 있다. 완제품 공급자는 수출 물품을 선적할 때까지 수출 업무 처리를 조건으로 수출업자에게 물품을 제조하여 공급하는 경우가 많기 때문에 이들도 직접 수출 신고가 가능하다(관세법 제242조). 그러나 대개의 경우 수출 신고는 관세사, 관세사(합동) 법인, 통관취급법인에 위탁하여 처리한다.

　추가하자면 EDI Electronic Data Interchange 방식 수출 신고를 위해 필요한 컴퓨터 등 전송설비를 갖추지 못한 영세 무역업체는 무역협회 또는 주요 세관에서 운영하고 있는 수출신고지원센터를 통하여 수출 신고 가능하다.

　〈그림 4-1〉에서는 실제 수출신고필증의 내용을 담고 있다. 수출신고필증은 수출을 위해 가장 기본적인 사항으로 수출자는 관세청의 아래의 해당하는 내용을 직접 기재하거나 관세사에 의뢰하여 정확하게 기재되도록 하여야 한다. 수출신고필증에 기재되어야 하는 내용은 아래와 같이 간략하게 나타낼 수 있다. 모든 선적과 체결된 계약 내용은 빠짐없이 기재되어야 하며 수출 전 반드시 수출신고필증이 발행되어야 수출이 정상적으로 진행된다.

수출신고필증 기재된 내용 요약
① 수출자, 제조자 및 구매자
② 수출국과 도착지(출항지, 적재항, 도착항) 기재
③ 거래 구분, 결제 방법
④ 품명과 HS CODE 기재
⑤ 품목 수량과 중량(물품 단위 기재)

⑥ 품목의 가격과 총 금액(FOB 기준)

⑦ 운송 정보(컨테이너 번호, 운송신고인)

수출신고필증(적재전, 갑지)

KOREA CUSTOMS SERVICE UNI-PASS

※ 처리기간 : 즉시

제출번호 99999-99-9999999		⑤신고번호 999-99-99-9999999	⑥신고일자 YYYY/MM/DD	⑦신고구분 X	⑧C/S구분 X
①신　고　자 XXXXXXXXXXXXXXXXXXXXXXXXXXXXXX					

②수 출 대 행 자 XXXXXXXXXXXXXXXXXXXXXXXX		⑨거래구분 XX	⑩종류 X	⑪결제방법 XX
(통관고유부호) XXXXXXX-9-99-9-99-9　　　수출자구분 X		⑫목적국 XXXXXX	⑬적재항 XXXXXXX	⑭선박회사 XXXXXXX (항공사)
수 출 화 주 XXXXXXXXXXXXXXXXXXXXXXXX		⑮선박명(항공편명) XXXXXXX	⑯출항예정일자 XXXXX	⑰적재예정보세구역 XXXXXXX
(통관고유부호) XXXXXXX-9-99-9-99-9				
(주소) XXXXXXXXXXXXXXXXXXXXXXXXXXXX		⑱운송형태 XX XXX		⑲검사희망일 YYYY/MM/DD
(대표자) XXXXXXXXXXX　　　　(소재지) XXX		⑳물품소재지 XXX XXXXXXXXXXXXXXXXXXXXXXXX		
(사업자등록번호) 999-99-99999				

③제　조　자 XXXXXXXXXXXXXXXXXXXX	㉑L/C번호 XXXXXXXXXXXXXXXXX	㉒물품상태 X
(통관고유부호) XXXXXXX-9-99-9-99-9	㉓사전임시개청통보여부 X	㉔반송 사유 XX
제조장소 XXX　　　산업단지부호 XXX		

④구　매　자 XXXXXXXXXXXXXXXXXX	㉕환급신청인 X (1:수출대행자/수출화주, 2:제조자)
(구매자부호) XXXXXXXXXX	간이환급 XX

· 품명 · 규격 (란번호/총란수: 999/999)

⑥품　　　명 XXXXXXXXXXXXXXXXXXXXXXXXXXXXXXX				
㉗거래품명 XXXXXXXXXXXXXXXXXXXXXXXX		㉘상표명 XXXXXXXXXXXXXXXXXX		

㉙모델 · 규격	㉚성분	㉛수량	㉜단가(XXX)	㉝금액(XXX)
XXXXXXXXXXXXXXXXXXXXXXXXX▲XXXXXXXXXXXXX XXXXXXXXXXXXXXXXXXXXXXX 모델 · 규격의 갯수 및 길이에 따라 세로길이 가변적 ▽ XXXXXXXXXXXXXXXXXXXXXXX	XXXXXXXXXXXXXX XXXXXXXXXXXXXX XXXXXXXXXXXXXX XXXXXXXXXXXXXX	999,999,999,999(XX)	9,999,999,999.99	999,999,999.99

㉞세번부호 9999.99-9999	㉟순중량	999,999,999,999(XX)	㊱수량	999,999,999,999(XX)	㊲신고가격(FOB) ₩999,999,999
㊳송품장번호 XXXXXXXXXX	㊴수입신고번호	XXXXX-XX-XXXXXXX-X(XXX)		㊵원산지 XX-X-X	㊶포장갯수(종류) 999,999(XX)
㊷수출요건확인 (발급서류명)	X-XXXXXXXXXXXXXX (XXXXXXXXXXXXXX)		X-XXXXXXXXXXXXXX (XXXXXXXXXXXXX)	X-XXXXXXXXXXXXXX (XXXXXXXXXXXXXX)	X-XXXXXXXXXXXXXX (XXXXXXXXXXXXX)

㊸총중량 999,999,999(XX)	㊹총포장갯수	999,999 (XX)	㊺총신고가격 (FOB)	$ 999,999,999,999 ₩ 999,999,999,999,999
㊻운임(₩) 999,999,999	㊼보험료(₩)	999,999,999,999	㊽결제금액	XXX-XXX-999,999,999,999

㊾수입화물 관리번호	XXXXXXXXXXXXXXXXX	X	㊿컨테이너번호	XXXXXXXXX	X

※신고인기재란	51세관기재란
XXXXXXXXXXXXXXXXXXXXXXXXXXXXXXXX XXXXXXXXXXXXXXXXXXXXXXXXXXXXXXXX XXXXXXXXXXXXXXXXXXXXXXXXXXXXXXXX XXXXXXXXXXXXXXXXXXXXXXXXXXXXXXXX	XXXXXXXXXXXXXXXXXXXXXXXXXXXXXXXX XXXXXXXXXXXXXXXXXXXXXXXXXXXXXXXX XXXXXXXXXXXXXXXXXXXXXXXXXXXXXXXX XXXXXXXXXXXXXXXXXXXXXXXXXXXXXXXX

52운송(신고)인 XXXXXXXXXXXXXXXXXXXXXX	54적재의무기한	YYYY/MM/DD	55담당자 XXXXX(XXXXXX)	56신고수리일자 YYYY/MM/DD
53기간 YYYY/MM/DD 부터 YYYY/MM/DD 까지				

(1) 수출신고수리일로부터 30일내에 적재하지 아니한 때에는 수출신고수리가 취소됨과 아울러 과태료가 부과될 수 있으므로 적재사실을 확인하시기
　바랍니다.(관세법 제251조, 제277조) 또한 휴대탁송 반출시에는 반드시 출국심사(부두, 초소, 공항) 세관공무원에게 제시하여 확인을 받으시기 바랍니다.
(2) 수출신고필증의 진위여부는 관세청 인터넷통관포탈에 조회하여 확인하시기 바랍니다.(http://portal.customs.go.kr)

210mm×297mm(일반용지 60g/㎡(재활용품)

〈그림 4-1〉 수출신고필증

⑧ 수출신고필증 신고일자와 신고번호

⑨ 기타(환급 기관 및 검사 방법 기재)

4) 수출화물의 선적

(1) 운송 계약 체결

수출자는 고객과 계약 시 약정한 선적 일자가 다가오면 자신에게 가장 적합한 선박을 선정하여 선박회사와 운송 계약을 체결하고 수출 물품의 선적을 진행해야 한다.

운송 계약은 수출자가 직접 선박회사와 체결하기도 하며운송 주선업자(포워더forwarder)에게 운송과 선적에 있어서 전반적인 업무를 의뢰하기도 한다.

수출자는 선박회사 또는 운송주선업자에게 선적신청서Shipping Request, S/R를 보내어 개품운송 계약을 하게 되는데 팩스나 이메일로 서명을 상호 받게 된다. S/R에는 일반적으로 수출 품목, 수량, 품목, 선적 관련 내용 등의 구체적인 명세가 포함된다.

수출 물량이 컨테이너 화물로써 FCL인 경우 선박회사는 필요한 공空컨테이너를 수출자의 공장이나 작업지로 보내주고 수출자는 기기수도증Equipment Interchange Receipt에 서명해 준다. 수출자는 물품을 컨테이너에 적재한 후 봉인Sealing한 후 이를 선박회사에 인도하게 된다.

선박회사(선사)는 수출자의 S/R에 따라 물품을 확인하여 운송선박의 책임자(일등 항해사)에게 화물을 적재하도록 선적지시서Shipping order를 발급한다. 선적지시서에는 화물의 명세, 검수인檢數人, Tally man이 검수한 용적(물품의 부피), 중량증명, 수출자의 회사명, 양륙항揚陸港 및 선적항船積港 등이 기재되게 된다. 본선의 책임자는 선적지시서 목록을 작성한 후 본선 적치 계획을 수립하여 화물을 적재한다. 여기에서 선적지시서는 수출자에게도 교부되는데 이것은 선사가 수출자(화주貨住)에게 교부하는 선적승낙서가 되는 것이다.

(2) 본선 적재

수출자는 선적지시서를 본선에 제출하고 일등항해사chief mate로부터 서명을 받아 물품을 선적하게 된다. 수출자로부터 수출 물품이 운송되어 본선 적재 시 화물이 선적지시서대로 운송되었는지 확인하기 위해 검수인의 입회하에 화물의 수량과 화물 상태를 조사하여 그 결과를 검수표Tally sheet로 작성하여 일등항해사에게 보고한다. 일등항해사는 이를 근거로 선사에 본선수취증Mate's Receipt, M/R을 보내고 선박회사는 이를 바탕으로 선하증권Bill of Lading, B/L을 발급하게 된다. 만일 선적지시서에 기재된 내용과 불일치하거나 물품과 포장에 파손 등의 하자가 있는 경우에는 본선수취증의 비고란에 기재되어 사고부 본선수취증Foul M/R이 발급되고 선하증권도 마찬가지로 사고부 선하증권Foul B/L이 발급된다.

(3) 적하목록 제출

수출 품목의 선적이 완료되면 선사는 수출화물 적하목록Manifest을 정해진 기한까지 세관에 전자문서로 제출하게 된다. 적하목록의 제출 시기는 해상화물은 적재 24시간 전까지이고 근거리 지역 해상화물 또는 항공화물은 운송 수단에 적재하기 전까지이다.

Manifest는 선박 또는 비행기에 적재된 물품의 총괄 목록이고 선사 또는 forwarder가 작성하게 된다. 선사는 선하증권Master B/L의 자료를 입력하고 포워더Forwarder는 House B/L 자료를 입력하게 된다. 각각 입력한 선적 관련 자료는 적하목록취합시스템에서 취합이 되고 완료된 취합자료가 Manifest로 세관에 전송된다.

추가적으로 선사나 포워더가 입력하여 제출한 선하증권의 일련번호에 따라 화물관리번호가 선하증권마다 자동으로 부여된다. 화물관리번호는 고유번호로서 중요한 의미를 가진다. 세관에서는 화물관리번호를 통해 물품의 유통경로를 확인하고 관세 등 세금을 부과하게 된다.

수출 통관에 대한 전체적인 프로세스는 아래의 〈그림 4-2〉와 같이 나타낼 수 있으며 각 과정마다 적합한 내용으로 신고 및 승인 과정을 거친 후에야 선적 가능한 것이다. 정확한 수출신고를 위해 선적서류 및 각종 제품 상세 내역이 일치해야 한다. 수출신고필증의 신속한 발급을 위해 최대한 실수가 없도록 주의해야 하고 세부 내역이 빠짐없이 기재되어야 한다.

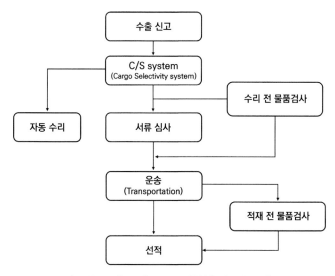

〈그림 4-2〉 수출 통관 절차(출처: 관세청)

2. 수입 통관 및 관세 납부

1) 수입 통관의 의의

수입 통관은 통상적으로 관세법에서는 규정하고 있는데, "수입 통관은 외국 물품을 우리나라에 반입(보세구역을 경유하는 것은 보세구역으로부터 반입하는 것을 말한다)하거나 우리나라에서 소비 또는 사용하는 것(우리나라의 운송 수단 안에서의 소비 또는 사용을 포함하며, 제239조 각 호의 어느 하나에 해당하는 소비 또는 사용은 제외한다)을 말한다"라고 규정되어 있다.

수입 통관은 외국 물품을 우리나라에 반입하는 것을 허용하는 세관장의 처분을 의미한다. 다시 말해서 수입 통관이란 외국 물품을 수입하고자 하는 자가 직접 또는 관세사 등을 통하여 세관장에게 수입 신고를 하고 동 수입신고자가 관세법의 규정에 의거하여 적법하게 신고된 것으로 인정되는 경우에는 이를 수리함으로써 수입자가 보세 구역에서 물품을 반출하여 국내 사용이 가능하도록 하는 것을 말한다.

2) 수입 통관의 준비

(1) 적화목록의 제출

선장 또는 기장 등은 외국무역선 또는 외국무역기가 입항하였을 때에는 선용품 또는 기용품목록, 여객명부, 승무원명부, 승무원휴대품목록과 적화목록을 기재하여 최대한 빠른 시점에서 세관장에게 입항을 보고해야 한다.

여기에서 적화목록Manifest은 화물을 운송하는 수단인 선박, 항공기 등에 적재된 화물의 총괄목록이다. 만약에 선사 또는 항공사가 Master B/L의 내역을 적은 선박 또는 항공기의 화물적재목록과 포워더Forwarder가 House

B/L의 내역을 작성한 경우에는 '혼재화물적화목록'이라고 한다.

　적화목록의 작성책임자는 다음과 같다. 수출입 화물을 집하 및 운송하는 경우에는 운항선사와 항공사가 작성해야 한다. 공동배선의 경우에는 용선한 선박회사 및 항공사(대리점 포함)가 작성해야 한다. 또한 혼재화물의 경우에는 국제물류주선인(대리점 포함)이 된다. 적화목록 작성책임자는 지연 제출에 대한 책임은 없지만 작성 오류로 인하여 적화목록 정정 신청 시에는 소정의 책임을 부담해야 한다. 이에 대하여 정정 기간(입항 후 60일)을 초과해서 정정하거나 명백한 품명 오류 등 과태료 부과 사유가 발생할 시에는 책임을 지게 된다. 아래와 같이 〈표 4-1〉은 운송형태별 작성책임자를 명시적으로 보여준다.

〈표 4-1〉 적화목록 작성책임자

운송 형태	작성책임자
수출입 화물을 집화·운송하는 경우	운항선사와 항공사
공동 배선의 경우	용선한 선박회사 및 항공사(대리점 포함)
혼재 화물의 경우	포워더(대리점 포함)

외국무역선의 경우에는 적재항에서 화물이 선박에 적재되기 24시간 전까지 선박 입항 예정지 세관장에게 전자문서로 제출해야 한다. 하지만 근거리 지역(중국, 일본, 대만, 홍콩, 러시아, 극동 지역 등)의 경우에는 적재항에서 선박이 출항하기 전까지, 산화물의 경우에는 선박이 입항하기 4시간 전까지 세관장에게 전자문서로 제출해야 한다. 외국무역기의 경우에는 항공기가 입항하기 4시간 전까지 항공기 입항 예정지 세관장에게 전자문서로 제출해야 하며 특송화물의 경우에는 1시간 전까지이다.

3) 하역 신고

(1) 하선(기) 의의

하선下船은 화물을 본선에서 양륙하여 하선 장소에 반입하는 것을 의미하며 적화목록 심사 완료 후에 하선작업이 가능하다. 선사가 화물을 하선하려고 하는 경우에는 Master B/L 단위의 적화목록을 바탕으로 하선 장소를 기록한 하선신고서를 세관장에게 전자문서를 제출해야 한다. 여기에서 하선신고서 제출 의무자는 기본적으로 운항선사 또는 공동배선사의 경우에는 용선선사가 되며, 운항선사(공동배선사)의 위임을 받은 하역업체가 된다.

(2) 하선 장소 결정

선박회사가 하선이 가능한 장소는 다음의 〈표 4-2〉와 같이 나타낼 수 있다. 단지 부두 내 보세구역이 존재하지 않는 경우에는 관할구역 내 보세구역 (보세구역 외 장치 허가를 받은 장소 포함) 중 세관장이 지정한 장소로 한다.
하선 장소의 결정은 화물의 운송 및 적재 형태에 따라 다르게 적용되며 컨테이너 화물의 경우에는 보세장치장인 CY, CFS에 하선하게 된다. 다만, 부두 사정상 컨테이너화물과 산화물을 동시에 취급하는 경우에는 보세구

〈표 4-2〉 하선 장소 결정

화물 형태	하선 장소
컨테이너화물	보세장치장(CY, CFS)
냉동컨테이너화물	냉동시설 갖춘 보세구역
산화물 등 기타 화물	부두 내 보세구역(ODCY 제외)
액체, 분말 등 특수저장시설로 직송되는 물품	해당 저장 시설 갖춘 보세구역

역 중 세관장이 지정한 보세구역에 하선을 하게 된다. 냉동컨테이너화물은 화주가 냉동컨테이너에서 화물을 적출 후 반입을 원하는 경우에는 냉동시설을 갖춘 보세구역에 하선한다. 산화물 등의 기타 화물은 부두 내에서 보세구역에 하선하는데 ODCYOff Dock Container Yard(부두에서 떨어진 컨테이너 야적장)는 제외한다. 또한 액체·분말 등의 형태로 본선에서 탱크 등 특수저장시설로 직송되는 물품의 경우에는 해당 저장시설을 갖춘 보세구역에 하선해야 한다.

(3) 하기 장소 결정

항공사가 물품 하기下機를 위한 장소는 항공기가 입항한 공항 항역 내 보세구역에 한한다. 예외적으로 인천국제공항은 김포공항 항역 내 보세구역도 포함한다.

(4) 하선 장소 내 물품 구분 장치

선박회사가 하선 작업을 하기 위해서는 다음 중 어느 하나에 해당하는 물품별로 하선 작업 계획을 수립하여 하선 장소 내에 구분 장치해야 한다.

하선 장소 내 구분 장치 필요 물품
① 하선 장소 내 통관할 물품
② 하선 장소 내 CFS 반입 대상 물품
③ 세관장이 지정한 장치장에 반입할 검사 대상 화물
④ 냉동, 냉장 물품
⑤ 위험 물품
⑥ 타 지역으로 보세 운송할 물품

⑦ 기타 세관장이 별도로 화물을 분류하도록 지시한 물품

(5) 하역 장소 물품 반입

하역업체는 입항일로부터 컨테이너 화물은 3일이며, 원목·곡물·원유 등 산화물의 경우는 10일 이내에 해당 물품을 하선 장소로 반입해야 한다. 항공화물의 경우에는 항공기가 입항한 후 24시간 이내에 지정된 하기下機 장소로 반입해야 한다. 물품을 인수받은 보세구역 관리인이나 운영인은 물품을 반입한 즉시 세관장에게 House B/L 단위로 반입 신고해야 한다. 단지 컨테이너 내장 물품으로 ① Master B/L 단위의 FCL 화물이나, ② LCL 화물 중 당해 컨테이너 장치장의 CFS에 화물을 적출하거나 반입 작업을 하지 않는 화물은 Master B/L 단위로 반입이 가능하다.

(6) 보세운송

선박 도착 후 물품이 부두 밖의 ODCY Off Dock Container Yard로 이송되고 그 일부가 다시 일반 보세창고로 이송되어 통관되는 경우에는 부두에서 보세 구역까지 보세 운송해야 한다. 보세 운송 신고 또는 승인 신청은 보세 운송하고자 하는 화물이 장치되어 있거나 입항 예정인 보세구역을 관할하는 세관(발송지 세관)장 또는 보세 운송 물품의 도착지 보세구역을 관할하는 세관(도착지 세관)장에게 해야 한다. 보세 운송 물품은 신고 수리(승인)일로 부터 해상화물은 10일, 항공화물은 5일 이내에 목적지에 도착하도록 하고 있다.

4) 수입 통관 절차

(1) 수입 신고

수입 신고는 수입화주 또는 관세사(통관취급법인 또는 관세사)의 명의로 한다.
　수입 신고를 하고자 하는 자는 관할 세관장으로부터 전자 방식(인터넷)
또는 EDI Electronic Data Interchange에 의한 수출입 신고 업무 처리를 위해 고유
의 신고자 부호Identification, ID를 받아야 한다. 인터넷 방식으로 신고하는 경
우에는 "국가관세종합정보망의 이용 및 운영에 관한 고시"에 의거하여 인
터넷 통관 포털 서비스 이용 신청을 하고 세관장의 승인을 요한다. 또한
전자문서로 기록된 신고 자료와 전자 신고 등으로 처리 불가능한 송품장,
선하증권 또는 항공화물운송장, 원산지증명서, packing list포장명세서, 기타
통관에 필요한 시류를 진자자료교환EDI 또는 인터넷 방식으로 관세청 통
관시스템에 전자 제출하거나 전자이미지로 전송해야 한다. 전자이미지나
전자 제출이 불가한 경우에는 서류로 제출이 가능하다.
　수입 신고는 선하증권B/L 1건에 대해 수입신고서 1건으로 처리된다. 단
지 아래에 해당하는 경우는 선하증권 분할 신고 및 수리가 가능하다.

선하증권 분할 신고 및 수리 가능한 경우
- 선하증권을 분할한 경우에도 물품검사 및 과세가격 산출에 어려움이 없는 경우
- 검사, 검역 결과 일부만 합격되고 일부 불합격인 경우 또는 일부만 검사, 검역
  신청하여 통관하는 경우
- 신고 물품 중 일부만 통관 허용되고 일부 통관이 보류된 경우
- 일괄 사후 납부 적용
- 비적용 물품을 구분하여 신고하는 경우

수입 신고 시기는 출항 전 신고, 입항 전 신고, 보세구역 도착 전 신고, 보세구역 장치 후 신고 중에서 필요한 신고 방법을 선택하여 적용 가능하다. 구체적 내용은 〈표 4-3〉으로 요약·정리하여 설명할 수 있다.

〈표 4-3〉 수입 신고 시기

유형	내용 요약
출항 전 신고	수입 물품의 선박 또는 항공기 운송에서 당해 물품을 적재한 항구 또는 공항에서 출항하기 전 수입 신고하는 것을 말함.
입항 전 신고	수입 물품이 운송 수단을 통해 입항(항공화물은 적화목록 제출 시점, 해상화물은 하역 신고 시점 기준)하기 전 신고하는 것을 말함.
보세구역 도착 전 신고	수입 물품을 적재한 선박 또는 항공기 등이 입항하여 통관하기 위해 반입하고자 하는 보세구역에 도착하기 전 수입 신고하는 것을 말함.
보세구역 장치 후 신고	수입 물품을 보세구역에 장치한 후 수입 신고하는 것을 말함.

수입 통관에서 수입 신고 기한은 수입 물품의 지정 장치장 또는 보세창고에 반입하거나 보세구역 외 장치 허가를 받아 보세구역이 아닌 장소에 장치하는 자는 그 반입일 또는 장치일로부터 30일 이내이다. 만약 관세청장이 정하는 보세구역에 반입된 물품에 대해서 반입일 또는 장치로부터 30일이 경과하여 수입 신고하는 때에는 당해 물품의 과세가격의 100분의 2(2%)에 상당하는 금액의 범위 내에서 과세가격 및 장치 기간을 고려하여 가산세를 납부해야 한다(관세법 제241조 제4항).

수입한 물품에 대한 납부할 관세 등은 화주가 세액을 산출하여 수입 신고 시에 동시에 신고하여야 한다. 수입 통관을 관세사에 위임하는 경우에는 관세사가 화주를 대신하여 납세 신고를 한다. 수입 물품의 과세가격 확인이 가능하도록 수입 신고 시 가격신고서도 같이 제출해야 한다. 관세청장이 가격신고서에 다음과 같은 과세 자료를 첨부해야 한다.

가격신고서 첨부 자료

- 송품장
- 계약서
- 각종 비용의 금액 및 산출 근거를 나타내는 증빙 자료
- 기타 가격 신고의 내용을 입증 가능한 자료

수입 신고를 한 후 부득이한 사정으로 수입하기 어려운 경우에는 세관장에게 수입신고취하승인신청서를 제출하여 정당한 사유를 입증하면 승인을 얻어 수입 신고를 취하 가능하다(관세법 제250조 제1항). 세관장이 수입 신고 취하를 승인할 수 있는 사유는 아래와 같다.

수입 신고 취하 가능 사유

- 재해 등 기디 부득이힌 사유로 수입 물품이 멸실되거나 세관의 승인을 얻어 폐기하고자 하는 경우
- 통관 보류, 통관 요건 불합격, 수입 금지 물품 등의 사유로 반송 또는 폐기하고자 하는 경우
- 수입 계약 내용과 상이한 물품, 오송誤送 물품, 변질 및 손상 물품 등을 해외 공급자 등에게 반송하고자 하는 경우
- 기타 그 밖의 정당한 사유가 있는 경우

마지막으로 세관장은 다음과 같이 특정한 사유에 의해 수입 신고를 각하할 수 있으며 신고를 각하할 때에는 즉시 그 사실을 신고인에게 통고하고 통관시스템에 등록해야 한다.

수입 각하 사유

- 멸각滅却, 폐기廢棄, 공매公賣 및 경매낙찰競賣落札, 몰수 확정沒收確定, 국고 귀속國庫

歸屬이 결정된 경우

- 출항 전 신고 또는 입항 전 신고의 요건을 갖추지 못한 경우
- 출항 전 신고 또는 입항 전 신고한 화물이 도착하지 않은 경우
- 사위詐僞, 기타 부정한 방법으로 신고한 경우
- 기타 수입 신고의 형식적 요건을 갖추지 못한 경우

(2) 신고서의 처리 방법 및 심사 사항

수입 신고된 물품에 대한 신고서의 처리 방법은 첫 번째로 물품검사 및 심사, 두 번째로 심사, 세 번째로 전자통관심사로 구분된다. 한편 수입 신고 처리 주무 또는 담당 과장은 ① 물품심사 및 심사, ② 심사에 해당하는 신고서에 대해 신고 물품에 대한 검사정보 등을 고려하여 신고서 처리 방법을 변경할 수 있다.

세관장은 무서류Paperless, P/L 신고 물품의 신고 사항을 검토 후 신고서에 의한 심사 또는 물품검사가 필요하다고 판단되는 경우에는 서류 제출 요구도 가능하다. 이 경우에는 세관장은 전송된 신고 자료에 대해(신고서에 의한 심사 또는 물품검사 필요한 경우) 신고인에게 아래의 사항을 통보하여야 한다.

- 접수 여부 및 서류 제출 대상 여부
- 통관시스템에 의한 검사 대상 여부
- 신고 대상 물품의 경우 납부서 번호
- 자동 배부의 경우 신고서 처리 담당 직원의 부호

수입 신고는 원칙적으로 전자 서류에 의한 P/L Paperless, 무서류 신고로 한다. 그럼에도 불구하고 다음의 사항에 해당하는 물품은 전산시스템에 의해

서류 제출 대상으로 선별한다.

- 관세 등의 감면 신청으로 수입 신고 수리 전에 세액 심사를 하는 물품
- 부과고지 대상 물품 및 합의세율 적용 신청 물품
- 관세법 제226조의 규정에 의한 세관장 확인 물품 중 요건 확인기관으로부터 요건 구비를 증명하는 서류를 통관시스템에서 전자문서로 전송받을 수 없는 물품
- 원산지 증명 서류 대상 물품(개성공업지구로부터 반입되는 임가공물 제외)
- 검사대상으로 선별된 물품
- 신고 취하 또는 신고 각하된 후 다시 수입 신고하는 물품
- 보세건설장에서의 수입 물품, 신고 수리 전 반출 승인 물품, 보세 판매장 반입 물품 및 선(기)용품, 수입 물품
- 일시수입통관증시A.T.A Carnet[30]에 의하여 수입하는 물품
- 기타 세관장이 서류 제출이 필요하다고 인정하는 물품

수입신고자는 세관장으로부터 서류 제출 대상으로 선별된 수입신고서에 대해 아래의 수입자의 수입 물품 및 수입 형태에 해당되는 서류를 수입신고서에 첨부하여 세관장에게 제출해야 한다.

- 송품장
- 가격신고서

---

30) 물품의 일시면세수입에 관한 절차가 용이하도록 물품의 일시수입에 관한 공통된 절차를 규정한 관세협약(1961.12.6. 브뤼셀에서 채택)으로 통상 협약에 의하여 발급된 일시수입통관증서를 A.T.A Carnet이라 한다.
A.T.A협약(Admission Temporaire-Temporary Admission;『지식경제용어사전』, 산업통상자원부, 2010.11)

- 선하증권 부본 또는 항공화물운송장 부본
  (전자적 방법으로 제출한 경우에는 제외)
- 포장명세서(세관장이 필요 없다고 인정하는 경우 또는 전자적 방법으로 제출한
  경우는 제외)
- 원산지증명서
- 관세법 제226조의 규정에 의한 세관장 확인 물품 및 확인 방법 지정고시 제3조
  의 규정에 의한 수입 요건 구비 서류
- 관세 감면(분납) 및 용도세율적용신청서
- 합의에 의한 세율적용 승인서
- 납세담보확인서
- 킴벌리프로세스증명서(국제평화 및 안전유지 등의 의무 이행을 위한 무역에 관
  한 특별조치고시 제1~2조): 다이아몬드 원석에 한함
- 할당, 양허관세 및 세율 추천 증명 서류 및 종축, 치어의 번식, 양식용 해당
  세율 증명 서류(동 내역을 전산으로 확인 불가능한 때에 한함)

수입신고서에 대한 심사는 신고된 세번, 세율과 과세가격 등 신고 사항의 적정성 여부, 법령에 의한 수입 요건의 충족 여부 등을 확인하기 위해 관련 서류나 분석 결과를 검토하는 것이다. 수입 심사는 아래의 내용을 중심으로 심사를 진행한다.

- 수입신고서 작성 요령에 따라 정확하게 작성되었는지 여부
- 제출 서류의 구비 및 신고서의 기재 사항과 일치 여부
- 분석 의뢰 필요성 유무
- 사전 세액 심사 대상 물품의 품목 분류, 세율, 과세가격, 세액, 감면, 분납 신청
  의 적정성 여부
- 관세법 제49조 제3호의 관세율을 적용 받는 물품의 품목 분류 및 관세율 적용

의 적정성 여부

- 관세법 제83조의 규정에 의해 용도세율 적용 신청 물품의 품목 분류 및 용도세율 적용 신청 유무
- 관세법 제226조 규정에 의해 세관장이 수입 요건을 확인하는 물품의 품목 분류 적정 여부, 용도의 신고 여부 및 수입 요건의 구비 여부
- 관세법 제230조의 규정에 따른 원산지 표시와 관세법 제230조의 2에 따르는 허위, 오인 표시 및 관세법 제235조에 따른 지식재산권 침해 여부
- 법령의 규정에 의한 감면신청서 및 세율적용추천서의 구비 여부
- 검사 대상 물품의 품목 분류 및 세율의 적정 여부
- 기타 수입 신고 수리 여부를 결정하기 위해 필요한 사항

신고 물품이 물리적·화학적 실험에 의해 그 내용을 확인해야 하고 전문적인 지식과 기술을 필요로 하는 경우에는 세관분석실에 분석 의뢰하거나 당해 물품의 전문가 의견을 수렴하여 처리 가능하다. 분석은 신고 수리 후 하는 것이 원칙이지만 다음에 해당하는 경우에는 신고 수리 전에 분석한다. 첫 번째, 관세채권의 확보가 곤란할 것으로 예상하는 경우이며 두 번째, 물품의 특성상 수입 제한 품목일 가능성이 높은 경우이다.

　신고인이 제출한 서류 및 자료에 대하여 심사 사항의 확인이 어려운 경우에는 보완 요구 사항을 통관시스템에 입력하고 보완요구서를 신고인에게 전자문서로 알려야 한다. 다음은 보완 요구해야 하는 사항을 정리한 것이다.

- 신고서 심사 결과 첨부 서류 누락으로 증빙자료 보완 필요한 경우
- 신고서 항목의 기재 사항이 미비한 경우
- P/L 신고를 서류 제출 신고로 변경하고자 하는 경우

(3) 물품검사

물품검사는 수입 신고된 물품 이외에 은닉된 제품이 없는지 여부와 수입 신고 사항과 현품이 일치하는지 확인하는 것이다.

물품검사 수입 신고 물품 중 검사 대상은 수입 신고 자료 접수 시 통관 시스템에 의해 선별하거나 신고 처리 방법 결정시 세관공무원에 의해 선별된다. 만약 수입 신고 전 물품 반출 신고하는 경우에는 반출 신고 시 검사 대상이 선별된다.

출항 전 신고, 입항 전 신고 또는 보세구역 도착 전 신고 물품으로 정부에서 직접 수입하는 경우에는 군수품 및 물자 수급 계획상 긴급 도입 물품과 선상에서 검사가 가능하다고 세관장이 인정하는 경우에는 물품의 선상에 적재한 상태에서 검사 가능하다.

검사 대상 물품은 전량 검사, 발췌 검사, 분석 검사 또는 과학 장비에 의한 검사 방법으로 검사가 이뤄진다. 아래에 해당하는 물품은 2인 이상의 검사자를 지정하여 검사를 진행한다.

- 우범성虞犯性 정보가 있는 물품
- 전량 검사 대상 물품 또는 기타 수량 과다 등으로 복수 검사 필요한 경우

(4) 수입 신고 수리

세관장은 수입 신고한 내용을 심사한 후 신고 수리하는 것으로 원칙으로 한다. 다만 출항 전 신고, 입항 전 신고, 보세구역 도착 전 신고 물품에 대해 〈표 4-4〉에 따른 요건이 완료되는 경우에는 신고 수리한다. 신고 수리의 효력발생 시점은 통관시스템을 통해 신고인에게 신고 수리가 통보된 시점이다.

《표 4-7》 신고 수리 요건

물품 종류	신고 수리 요건
출항 전 또는 입항 전 신고 물품	적화목록 심사가 완료된 때
보세구역 도착 전 신고 물품	수입 신고 심사가 완료된 때
세관장이 검사 대상으로 선별 또는 관리 대상 화물로 선별된 경우	해당 물품 검사가 종료된 후

원칙적으로 세관장은 수입 신고를 수리한 때에는 세관특수청인에 관한 규정에 따른 세관특수청인을 전자적으로 날인한 후 신고필증을 교부한다. 다만 다음과 같은 경우에는 다르게 적용이 가능하다. 첫 번째, 부득이한 사정으로 신고필증을 전자적으로 교부할 수 없는 경우에는 수입신고서에 세관특수청인을 직접 날인하여 교부하게 된다. 두 번째, 신고 물품의 규격 수가 50개를 초과하여 전산으로 입력하지 않고 신고서 및 신고필증에 상세 내역 사항을 별도의 붙임서를 첨부하여 신고하는 경우에는 세관 특수 청인을 전자적으로 날인한 증빙 서류를 수입, 납세신고정정신청서와 함께 보관하게 된다.

(5) 관세 납부

수입 신고한 물품의 화주는 물품에 대한 관세 등에 납세의무자가 된다. 신고 납부는 관세 납세의무자가 수입 신고 시에 스스로 과세표준 및 납부 세액 등을 결정하여 세관장에게 신고하여 납부하는 제도이기에 자진신고 납부제도라고 한다.

납세 신고를 한 자는 수입 신고가 수리된 날로부터 15일 이내에 관세 등을 국고 수납은행 또는 우체국에 납부해야 한다. 납부 시에는 통관시스템에서 부여한 납세서 번호와 세액을 기재한 납부서를 제출해야 한다. 납세의무자는 수입 신고가 수리되기 전에도 납부서를 출력하여 세액에 대해 납부 가능하다.

부과고지는 납세의무자가 세액을 정확하게 결정할 수 없는 물품의 경우 세관장이 세액을 결정하여 고지하고 납세의무자가 고지된 세액을 기일 내에 납부하는 제도이다. 세관장은 부과 고지 대상 물품에 대해 관세 등을 징수하려고 할 때에는 당해 물품의 세액을 확정하여 납부고지서를 납세의 무자에게 교부해야 한다. 이에 대한 고지를 받은 자는 접수한 날부터 15일 이내에 당해 세액을 국고 수납은행 또는 우체국에 납부해야 한다.

(6) 물품 반출

보세구역에 장치된 물품은 수입 신고가 수리된 날로부터 15일 이내에 반출해야 한다. 보세창고운영인은 수입 신고 수리된 물품의 반출 요청을 받은 때에는 세관화물정보시스템의 반출 승인 정보를 확인한 후 반출 전에 반출신고서를 전자문서로 제출해야 한다. 단지 자가용보세창고에 반입되어 수입 신고 수리된 경우에는 반출 신고는 생략 가능하다.

수입 제한 품목, 알아보자!

2021년 1월 6일자

정부는 원료 가치가 높은 폐배터리 또는 폐금속을 제외한 모든 폐기물에 대한 전면 수입 금지를 2022년부터 단계적으로 추진한다. 이번 조치로 지난해 398만 톤에 달했던 폐기물 수입 규모는 2025년까지 약 65% 가까이 줄어들 것으로 예상된다.

환경부는 2030년까지는 폐금속류 등 일부 품목을 제외한 모든 폐기물의 원칙적 수입 금지를 목표로 수입량이 많은 10개 품목에 대한 수입 금지·제한 '단계별 이행안Roadmap'을 마련했다고 밝혔다. 환경부는 2021년 2월까지 업계 의견 수렴 과정을 거친 뒤 확정할 예정이다.

우선 국내 폐기물로 대체 가능하거나 폐기물 수거거부 등으로 재활용 시장을 불안하게 한 폐플라스틱(20만 톤), 혼합폐지(36만 톤), 폐섬유(1만 8,000톤) 등은 2022년부터 수입이 전면 금지된다. 국내 대체 공급처가 필요한 석탄재(95만 톤)와 폐비닐로 전환할 수 있도록 시설을 개선해야 하는 폐타이어(24만 톤)는 2023년부터 수입을 막는다.

저급·혼합 폐기물이 포함돼 환경오염을 일으킬 수 있는 폐골판지(53만 톤), 분진(13만 톤), 오니(8만 톤) 등은 품질 기준을 충족하지 못할 경우 2023년부터 수입이 제한된다. 오니는 하수나 폐수 처리 과정에서 발생하는 찌꺼기(슬러지)를 말한다. 원료 가치가 높고 국내 수급이 어려운 폐배터리(56만 톤), 폐금속(12만 톤), 폐전기전자제품(4만 톤) 등은 수입을 허용하되 통관 검사를 강화하기로 했다.

환경부 자원순환정책관은 "폐기물 수입으로 인한 국내 폐기물 적체, 수거 거부 등 부작용이 반복되고 있어 국내 폐기물로 대체 가능한 경우 수입을 제한 가능하도록 최소한의 제도적 장치가 필요하다"며 "국산 대체재 활용과 업계 의견 수렴 등으로 수입 금지로 인한 국내 영향을 최소화할 계획"이라고 말했다.

—출처: https://www.sedaily.com/NewsView/22H5FY8ACl

제3장

관세법

1. 관세법의 정의 및 성격

관세는 국가가 재정 수입을 얻기 위해 관세 영역을 출입하는 물품에 대해 법률이나 조약에 의해 징수하는 금전적 급부이다. 관세는 기본적으로 국세 國稅이다. 원천적으로 국경선이나 항구에 해관을 통해 도로·도량·항만시설·창고 등의 사용에 대한 수수료의 형식으로 지불되었다. 그 이후에 수수료의 개념은 없어지고 습관적 지불Customary payments로 발전하였고, 관세에서 Customs는 이 Customs payments에서 유래한 것으로 보는 설이 있다.

관세는 지방세와 구분이 되며, 국가가 반대급부 없이 강제적으로 징수하는 세금이다. 전 세계 국가가 징수 가능한 과세권이 보장되어 있는 국가의 권한이다.

또한 관세는 재정 수입을 목적으로 한다. 국가는 매년 세출을 수행하기 위해 세입을 확보해야 하는데 이런 세입을 재정 수입이라고 일컫는다. 재정 수입은 조세와 세외 수입으로 나눈다. 조세는 다시 국세와 지방세로 구분되며, 국세는 내국세와 관세로 나눠진다.

관세는 역사적으로 가장 오래된 조세 중 하나이며 연역적으로 재정 수입을 주된 목적으로 징수되어 왔다. 관세의 주된 목적은 재정 수입이며 우리나라 관세법 1조에 "이 법은 관세의 부과, 징수 및 …. 관세 수입의 확보를 기함에 있다"라고 규정되어 있다.

2. 관세의 기능

1) 재정 수입의 확보

관세는 재정 수입을 목적으로 부과된다. 그러나 과도한 관세 부과는 일정한 한계가 있는 것이 사실이며, 지나친 고율의 관세는 수입을 억제하여 재정 수입의 감소를 초래하기도 한다. 이러한 결과 관세율의 변화와 수입량의 상관 관계를 잘 파악하여 국가는 적정한 관세를 부여하고자 한다.

2) 소비 억제

당연히 관세를 부과하면 수입 물품의 가격이 올라가 수요가 줄어들게 하는 효과가 있다. 이러한 현상을 관세의 소비 억제 효과라고 한다. 관세의 부담은 물품의 수요탄력도에 따라 가격에 영향을 미치고 가격 상승은 수요량을 감소시키고 수요량이 줄어듦에 따라 수입량도 줄어들게 만든다. 특히 국민생활에 큰 영향을 미치지 않는 고가의 사치품은 고율의 관세를 부가하여 사치풍조를 막기도 한다.

3) 국내 산업보호

수입 물품에 대한 관세를 부과하면 수입이 억제되고 자국의 동종업체의 경쟁상품 생산을 증대하는 효과가 있다. 생산이 증대되면 고용이 늘고 국내 산업이 발전하게 된다고 보는 효과는 국내 산업보호 효과라고 한다. 고율의 관세를 부과하면 수입이 억제되어 재정 수입이 줄어들지만 국내 산업이 보호되어야 하는 경우에는 관세를 높여 부과할 필요성이 있다.

최근의 세계경제는 지역주의와 블록화되어 가는 세계경제는 표면적으로는 자유무역을 부르짖지만 실질적으로 자국의 산업을 보호하기 위해 징벌적 관세[31]를 부과하기도 한다. 중국과 미국의 무역전쟁은 대표적인 예로서 자국의 산업을 보호하기 위해 반덤핑 관세를 부과함으로써 소비를 억제하고 자국의 생산품을 소비하도록 국가가 적극적으로 나서기도 한다.

4) 수입 대체, 소득 재분배 및 국제수지 개선

한 국가가 수입 상품에 대해 관세를 부과하면 가격이 상승하여 수입량이 줄고 그 제품은 국내 생산으로 대체 가능하다. 이것은 국내 생산을 통해 수입품이 국내품으로 대체되므로 '수입 대체'로 불린다. 이 수입 대체는 국내의 부가가치를 높이고 고용을 증대하게 한다. 이는 관세 부과에 따른 소득의 범위를 넓히고 재분배 효과가 있다.

또한 수입 대체는 국제수지에서 수입이 줄어들어 국제수지의 개선을 가져오게 한다. 그러나 역으로 국내 생산 대체가 불가한 제품의 경우에는 고율의 관세를 통해 수입 가격의 상승으로 인플레이션을 가져올 가능성이

---

31) 징벌적 관세(懲罰的 關稅): 일괄적 반덤핑 관세와 같이 자국의 산업 보호를 위해 특별히 고율의 관세를 가해 수입저지를 꾀하는 관세를 의미한다.

있다. 따라서 한 국가는 국내 생산 대체 가능 여부와 개발 잠재력을 고려하여 관세정책을 수립해야 한다.

국제수지표

국제수지표는 일정 기간 동안의 한 국가의 거주자와 비거주자 사이 발생한 모든 경제적 거래를 국제적으로 표준화되고 체계화된 방식으로 기록한 것을 말한다. 그 작성 방법에 있어 원칙은 ① 수출입은 모두 본선 인도(FOB가격) 적용, ② 경상계정은 총액주의, 자본계정은 순액주의로 기록, ③ 다양한 통화currency는 거래 당일의 실제 시장환율 적용, ④ 거래의 계상 시점은 발생주의 기준 적용, ⑤ 회계원칙은 복식부기 원칙double entry book-keeping system에 따른다.

국제수지표에는 거래 특성에 의해 **경상계정, 자본계정 및 준비자산증감계정**[32]으로 구분한다.

여기에서 **경상계정**은 다시 상품 수지, 서비스 수지, 소득 수지 및 경상 이전 수지의 4개 세부 항목으로 구분된다. 상품 수지는 수출액괴 수입액의 치액을 의미한다. 서비스 수지는 외국과의 서비스 거래로 수취한 돈과 지급한 돈의 차이를 의미하며, 소득 수지는 거주자의 받은 돈과 비거주자의 지급한 돈의 차이로서 급료 및 임금 수지와 투자소득 수지로 구성된다. 경상 이전 수지는 거주자와 비거주자 사이에 아무런 대가없이 주고받은 거래의 수지 차이를 의미한다.

자본계정은 투자 수지와 기타 자본 수지로 구성되어 있다. 여기에서 투자 수지는 다시 직접투자, 증권투자 및 기타 투자로 구분된다. 직접투자는 외국에 소재한 기업에 대해 경영 참여 등에 영속적 이익 취득을 위해 투자하는 것이며, 증권투자는 외국과의 주식, 파생 금융 상품 거래 및 채권 등에 투자한 것을 말한다. 기타 투자는 직접투자와 증권투자에 포함하지 않은 모든 국외 거래를 의미한다. 기타 투자에는 대출 및 차입을 포함하며 상품을 외상으로 수출하거나 수입할 경우 발생하는 무역 관련하여 신용·현금·예금 등의 금융거래를 포괄한다.

기타 자본 수지는 자본 이전과 비금융자산의 취득 및 처분이 기록된다. 자본 이전은 현금 또는 현물로 이뤄지며 현금의 경우 거래일방 또는 양 당사자의 고정자산 취득과 처분에 연관되거나 이를 조건으로 하는 해외 이주비, 투자보조금 등을 포함한다. 비금융자산의 취득, 처분의 경우 재화와 서비스의 생산에 사용되거나 필요하지만 그 자체로는 생산 불가한 토지나 지하자원 등의 유형자산과 특허권, 저작권, 상표권 등이나 임차권 등의 무형자산 취득과 처분이 기록된다.

　준비자산증감계정은 외환보유액 변동분 중에서 거래적 요인에 관련된 것만 포함하여 기록한다. 다시 말해서 외환보유잔액은 통화 당국의 이자소득, 외환매입 등의 거래적 요인에 의하여 변동될 분만 아니라 거래 없이 환율 변화 등에 의하여 변동하는데, 국제수지 통계에는 거래적 요인에 의한 외환보유잔액 변동분만을 준비자산증감 항목에 포함하여 계상한다.

3. 관세의 종류

관세의 종류를 서술하기 위해서는 분류 기준에 따라 나눠야 합리적으로 설명이 가능하다.

　첫째, 과세하는 기회를 기준으로 구분이 가능하다. 이 기준으로 관세는 수입세·수출세·통과세로 나누어진다. 수입세Import Duty는 다른 국가의 제품이 국내로 수입될 때 부과하는 관세를 의미한다. 국내 관세법 제3조에 "수입 물품에는 관세를 부과한다."는 규정으로 볼 때 대한민국은 오로지 수입세를 부과하고 있다.

　수출세Export Duty는 수출품이 국내를 통과하는 경우에 부과하는 관세를 의미하는데, 통상적으로 수출세를 부과하지 않는다. 이는 수출세를 부과함으로써 수출 경쟁력을 잃을 수도 있기 때문이다. 하지만, 독점적인 제품이거나 자국의 재정 수입의 지대한 영향을 미치는 제품인 경우에는 수출세를 부과하기도 한다. 예를 들면 브라질의 커피, 필리핀의 원목, 이태리의 유황 등이 대표적인 경우이다.

---

32) 자본계정 및 준비자산증감계정은 포괄적인 개념으로 자본계정으로도 해석된다.

한편 통과세는 관세 영역을 단순히 통과하는 제품에 대해 부과하는 것을 의미한다. 중계무역으로 수출국의 물품이 국내에 도착하였다가 다시 제3국으로 이동하는 경우에 단순히 통과하기 때문에 만약 관세를 부과한다면 통과세Transfer Duty를 부과하게 된다.

둘째, 과세하는 목적에 따라 구분되는데 재정관세Revenue Duty, 보호관세Protective Duty로 나눠진다. 재정관세는 국고 수입을 목적으로 하는 관세로 세율 책정에 있어서 국고 수입을 주목적으로 한다. 재정관세는 일반적으로 국내 생산이 거의 불가능하고 수입에 전적으로 의지하는 제품, 수입을 억제할 필요가 없으나 권장할 가치가 없는 제품, 이미 국내 산업이 확보되어 더 이상 보호할 필요가 없는 제품에 부과된다. 순수한 의미의 재정관세는 존재하기가 어렵지만 주된 목적이 재정수지이므로 재정관세라고 한다.

다른 관점에서 보호관세는 재정 수입의 한계를 넘어 국내 유치산업을 보호할 목적으로 부과하는 것이다. 보호관세의 주요 목적은 국내 유치산업 보호와 기존 산업의 육성이며, 타국의 경제공황 파급 방지, 타국 제품의 실질적 수입 금지를 하기 위함이다.

셋째, 과세하는 방법에 따라 구분이 가능하다. 관세를 '어떻게 현실적으로 부과하는 것인가'이다. 이는 종가세Ad Valorem Duty, 종량세Specific Duty, 혼합세Combined Duty로 구분된다. 종가세는 물품의 가격에 비례하여 부과되는 관세이다. 이는 단순하게 과세가격에 관세율을 곱하는 것이다. 이는 종량세에 비해 공평한 세 부담이고 인플레이션 시에는 세율의 변동 없이 세수입이 증가하는 장점이 있는 반면에 과세가격을 평가함에 있어 복잡한 절차와 비용이 많이 들고 같은 물품이라도 선적국船積國에 따라 관세액의 차이가 발생하는 단점이 있다. 참고로 대한민국은 종가세로 관세를 부과한다.

종량세는 물품의 개수·부피·중량·치수 등에 따라 정해진 관세액을 쉽게 곱하여 산출한다. 과세 방법이 용이하여 부과행정상 편리하다. 하지만, 일률적인 관세를 부과하여 가격을 반영하지 않아 불공평한 세 부담을 초래하며 가격 변동에 적응성이 없다.

　혼합세는 한 품목에 종가세율과 종량세액을 동시에 적용하여 그 중에 높게 산출되는 세액 또는 낮게 산출되는 세액을 선택하여 부과하는 방법 (선택세Alternative Duty)과 한 종목에 종가세율과 종량세액을 합하여 부과 방법(복합세Compound Duty)으로 실현되는 관세이다.

　넷째, 과세의 제도적 성격에 따라 구분한다면, 국정관세General Duty, 협정관세Conventional Duty가 될 것이다. 국정관세는 조세의 일종으로 자국의 경제 행정상의 필요에 따라 결정되는 관세율로서 기본 관세 또는 일반 관세라고 불린다.

　협정관세는 상호주의 원칙에 의해 그 개폐에 있어서도 상호주의 원칙이 적용되어 일방이 단독으로 개폐할 수 없는 것이다. 대한민국은 협정관세로 국내 산업이 중대한 피해를 입거나 상대방 국가에서 철회 및 수정하는 경우에는 철회, 수정이 가능하도록 관세법에 명시하고 있다.

"미국, 한국산 알루미늄 판재에 최고 5% 반덤핑 관세 판정"

미국 상무부는 한국산 일반 알루미늄 합금 판재common alloy aluminum sheet에 대해 업체별로 0.00%에서 5.04% 수준의 반덤핑 관세를 최종적으로 결정하였다.

2021년 3월 2일 미국 상무부가 반덤핑Anti-dumping 조사를 벌여온 브라질·바레인·독일 등 18개국에 대해 최고 242.80%의 최종 반덤핑 관세 부과 판정을 내렸다.

한국산韓國産에 대한 관세율은 업체별로 울산 알루미늄과 노벨리스 코리아 등 2개사는 0.00%, 나머지는 5.04%로 각각 결정됐다.

2020년 4월 미국 국제무역위원회International Trade Commission, ITC는 18개국으로부터 수입된 일반 알루미늄 합금 판재가 저가에 판매된다는 미국 업체들의 주장에 의거하여 조사를 실시하여 산업 피해 판정을 내렸다.

2019년 기준 미국의 일반 알루미늄 합금 상품 시장 규모는 74억 달러이며 이 가운데 수입산輸入産이 33억 달러를 차지했다. 미국 정부는 2018년에도 중국산中國産 알루미늄 판재에 대해 96.3~176.2%의 반덤핑 및 상계 관세 부과를 결정하였다.

—연합뉴스, 2021년 3월 4일자

국제무역 절차 정리

국제무역업을 시작하기 위해 무역업을 창업하고 고객 확보를 하여 사업의 진행을 진행함에 있어 수출을 진행하는 경우에는 다음과 같이 업무를 나눠서 설명이 가능하다.

고객으로부터 오더를 접수하고 오더 확정을 위해 offer sheet을 보내게 되며 고객의 확정을 득한 후에 생산 또는 제품 구매를 하게 된다. 매매계약의 체결에 있어 결제 조건 및 배송 조건 등의 구체적인 사항을 확인하고 진행해야 한다.

만약 생산 또는 제품 구매를 하여 제품 구비를 완료했다면 고객과 협의를 통해 선적을 진행하게 된다. 운송사 또는 포워딩 업체와 업무 진행을 통해 선적 스케줄을 받아 고객에게 보내서 선적을 진행하게 된다. 선적을 완료한 후 각종 서류와 증빙 서류를 고객에게 전달하고 매매계약 체결 시 약정한 결제 기일에 입금이 완료되는지 체크해서 입금이 되면 모든 수출 절차가 완료되는 것이다.

수입의 경우에는 해외 공급처에 매매계약을 체결하고 수량과 제품가격 등을 정확하게 확인하여 약정을 하여 수입 계약은 시작된다. 수입국 공급업체에서 물품 준비가 완료되면 선적 스케줄을 통보받아 적합한 일자에 선적되도록 조치하면 되고, 관련 서류와 증빙 서류를 요청해야 한다. 계약서에 언급한 바와 같이 선적 조건이 잘 이행되는지 확인하고, 관세를 납부하여 수입하게 된다. 또한 각종 서류와 증빙 서류를 접수한 후 계약한 일정대로 결제를 하면 모든 수입 행위는 종료가 된다. 하지만 제품이 관세청에서 수입 검사가 있는 경우에는 국가 수입 법규에 따라 관련 규정을 정확하게 준수해야 수입이 가능하다.

관세의 경제적 효과

관세의 미치는 경제적 효과는 다음과 같이 다양하며 경제 전반적인 부분에 걸쳐 일어난다.

1. 소비 효과

관세를 부과함에 따라 수입 상품의 가격을 상승시킴으로써 소비를 억제하는 효과가 있으며, 관세율이 높을수록 소비 억제 효과가 나타나게 된다.

2. 재정 수입 효과

관세를 부과함으로써 국가의 재정 수입을 증가하게 된다. 관세의 재정 수입 효과는 국민소득이 낮고 내국세비중이 적은 저개발국일수록 더욱 커진다.

3. 보호 효과

수입품에 대한 관세 부과로 인해 수입품의 가격 인상이 발생되어 자국 제품의 국내 시장에서 가격 경쟁력을 확보하게 되어 외국 세품의 수입을 억제하며 국내 제조품의 공급을 증대시키게 된다. 이로 인해 국내 산업은 보호 및 육성되는 효과를 불러온다.

4. 재분배 효과

수입 제품에 대한 관세 부과로 가격 인상이 일어나게 되어 국내 생산품의 가격도 동시에 인상이 된다. 이로 인해 소비자들의 실질소득의 감소가 되는 반면에 국내 제조업자들의 실질소득이 증가하게 된다. 이를 소비자의 소득이 제조업자의 소득으로 재분배되게 된다.

5. 경쟁 효과

수입품에 대한 관세 부과로 인해 국내 제조품은 외국 제품과의 치열한 경쟁을 피하게 되어 경쟁력을 가질 수 있게 된다. 하지만 경쟁 효과의 단점으로 소비자는 국내 제조품이 경쟁을 피하게 되어 가격은 비싸고 품질은 낮은 제품을 구매하게 될 수도 있다.

6. 교역 조건 효과

수입국에서 수입품에 대한 관세로 인해 가격 상승으로 수입량은 감소하게 된다. 이로 인해 수출국은 수출을 늘리기 위해 가격을 인하하게 되고 무역 거래 상대국은 낮은 가격으로 수입품 수입이 가능하게 된다. 이로 인해 교역 조건 효과가 개선되는 것이다.

7. 국제수지 효과

수입품에 대한 관세 부과로 수입품 가격이 인상된다. 이로 인해 수입량이 감소하게 되어 국가의 대외 지출이 감소하게 되므로 국제수지가 개선된다.

8. 소득 효과

관세의 국제수지 효과의 발생으로 대외 지출이 감소한 만큼 국내 소비가 증가하게 되어 국내 고용을 증가시키게 되고 국내 소득이 증가하게 된다고 본다.

토론 문제

1. 수출 통관 절차는 어떻게 되는지 설명해 보라.

2. 수입 통관 절차는 무엇이며 수입 각하되는 사유는 무엇인가?

3. 관세의 기능은 어떤 것이 있는가?

4. 관세의 종류를 서술하라.

제4부
무역지원제도

제1장

관세 환급

1. 관세 환급의 개요

한국의 수출 형태는 원자재를 대부분 해외에서 수입하여 이를 가공한 후 다시 수출하는 가공무역의 비중이 훨씬 높다. 이러한 가공무역에서 수출업자를 지원하고 수출 경쟁력을 향상시키기 위해 수출용 원재료를 수입하는 경우에 수입 시 납부했던 관세를 환급해 주는 관세환급제도를 실시하고 있다. 제조업의 경우 원재료 수입할 때 납부했던 관세를 환급받을 수 있어 수출에 더욱 매진할 수 있도록 지원해 주는 것이다.

다시 말하면 관세환급제도는 수출 물품의 가격 경쟁력을 떨어뜨릴 우려가 있는 수출용 원재료에 대한 관세 부담을 덜어줘서 수출을 촉진하기 위한 세제상 지원제도이다.

관세환급제도에서는 수출업자가 납부한 관세를 되돌려 받을 수 있기 때문에 결과적으로 면세 효과가 있지만 관세 납부에 따른 자금 부담이 있고 관세를 환급 받기 위한 서류 절차상 복잡한 과정이 있다. 이에 따라 기초 원재료 납세증명제도, 사후정산제도, 평균세액증명제도 등을 신설하여 관세환급제도의 미비한 부분을 보완하고 있다.

2. 관세 환급 대상의 원재료

관세 등의 환급을 받을 수 있는 수출용 원재료는 아래의 하나에 해당해야 환급이 된다(관세환급특례법 제3조).

원재료 형태	환급 요건
수출 제품을 생산한 경우	• 수출 물품에 물리적·화학적 결합되는 물품 • 수출 물품 생산 시 공정에 투입되어 소모되는 물품 • 수출 물품의 포장용품
수입한 상태 그대로 수출한 경우	해당 수출 물품
수출 물품 생산 시 국내산, 수입산의 구분이 되지 않을 경우	수출용 원재료가 사용된 것으로 간주

3. 환급 대상 수출 범위

수출용 원재료에 대한 관세 등을 환급받을 수 있는 수출의 범위는 아래와 같이 한정적이다.

첫째, 관세법의 규정에 의하여 수출 신고가 수리된 수출이다.

둘째, 한국 내 대가를 외화로 받는 판매 또는 공사 중 기획재정부령으로 정하는 수출이다.

셋째, 관세법에 의한 보세구역 중 기획재정부령으로 정하는 구역 또는

'자유무역지역설치법'에 의한 자유무역 지역 안의 입주 기업체에 대한 공급의 경우다.

넷째, 기타 수출로 인정되어 기획재정부령으로 정해진 것이다.

4. 관세 환급의 방법 및 신청

1) 관세 환급 방법

(1) 개별 환급

개별 환급은 관세환급신청자가 수출 품목에 대한 원재료의 소요량을 계산한 소요량 계산시를 작성하여 일일이 환급액을 산정하여 환급을 신청하는 방법이다. 다만 소요량 계산서 작성업체는 수출 품목명, 소요량 산정 방법, 산정의 기준이 되는 기간 및 적용 기간 등을 관할 세관장에게 신고해야 한다. 개별 환급 방식은 정확한 산출을 가능케 하지만 환급금 산출에 많은 시간이 걸리는 단점이 있다.

(2) 간이정액 환급

개별 환급을 진행할 능력이 없는 중소기업의 수출을 지원하기 위하여 환급 절차를 간소화하였다. 관세청에서 HS CODE별로 고시한 간이정액 환급율표에 의거 일정한 액수를 환급하는 방법이다. 즉, 수출신고필증에 의거 세관에서 물품을 수출했다는 사실만 증명하면 환급이 가능하며 소요원재료의 직수입, 국내 공급 등에 관계없이 환급이 된다. 하지만 모든 수출이 환급 대상인 것은 아니며 관세청에서 고시한 간이정액환급율표에 등재된 제품에 한하여 간이정액 환급이 된다. 간이 정액 환급 대상이 되는 중소 제조업체는 환급 신청일이 속하는 연도의 직전 2개년간 매년도 환급액이 6억 원 이하인 경우에 해당된다(중소기업기본법 제2조).

2) 관세 환급 신청

관세 환급을 신청하고자 하는 자는 대통령령에 의거하여 물품이 수출 등에 제공된 날로부터 2년 이내에 관세청장이 지정한 세관에 환급을 신청해야 한다.

(1) 환급신청인

환급신청인은 일반적인 수출의 경우에는 수출자, 수출 위탁업자 혹은 수출 물품의 생산자 중에 수출신고필증에 환급신청인으로 기록된 자이다.

(2) 일괄 환급 신청의 원칙

동일 수출 물품에 대해 관세 등의 환급 신청은 당해 수출 물품의 생산에 소요된 모든 원재료에 대해 일괄 신청해야 한다.

(3) 추가 환급 신청의 대상

다음의 경우는 추가 환급 신청의 대상이 된다(관세 등 환급 사무 처리에 대한 고시).

- 원재료를 수입할 때 세율 적용 착오 등의 사유로 추징된 관세 등이 환급 신청

시 누락되었거나 환급 결정된 후에 추징된 경우

- 일괄하여 환급을 신청하였으나 세관장의 착오로 일부 환급금이 부족하게 지급된 경우
- 환급 신청 시 수출 가격을 착오로 과소하게 기재하거나 수출 신고 시에 수출 가격을 착오로 과소 신고하여 간이정액 환급을 과소하게 받은 경우
- 환급신청인의 착오로 인하여 소요 원재료와 규격이 상이한 원재료로 환급을 받아 당해 원재료에 대한 관세 등이 추징되고 정당한 원재료로 추가 환급을 신청하는 경우
- 관세 등의 환급을 받은 당해 물품에 대한 기납증(기초 원재료 납세증명서) 및 분증(분할증명서)의 세액이 정정된 경우
- 환급 신청한 소요 원재료의 소요량 산정 시 단위 실량의 과소 선정 또는 소요 원재료의 수량 단위를 착오로 기재하여 과소 환급된 경우
- 기디 휜급 신청 시점에 환급신청인의 귀책사유 없이 과소 환급된 경우로 세관장이 추가 환급함이 타당하다고 인정되는 경우

(4) 무서류paperless, P/L 환급 신청

환급신청인은 환급신청서를 작성하여 전자문서의 형태로 관세환급시스템에 전송하여야 한다. 관할 세관장은 서류 제출 심사 대상 여부, 접수번호 등을 기재한 접수통지서를 신청인에게 전자문서로 통지해야 한다. 만일 서류 제출 심사 대상으로 결정된다면 환급신청서, 수출신고필증 등의 서류를 접수 통지 받은 날로부터 3일 이내에 제출해야 한다.

(5) 환급 후 심사

환급 심사는 우선 환급한 후에 환급 대상 물품의 특성, 업체의 신뢰도와

성실도 등을 감안하여 선별 심사한다. 하지만 환급 전 심사 대상의 경우는 환급 심사 사항을 정밀하게 심사하여 환급금을 결정 및 지급을 진행한다.

(6) 환급금의 지급

환급신청인은 체신관서 또는 금융기관에 법인 또는 대표자 명의의 계좌를 개설하고 관할 세관장에 통보해야 한다. 관할 세관장이 관세 환급금을 지급하고자 하는 경우 한국은행에 환급금 이체 및 지급요구서를 전자문서로 송부하면 한국은행은 환급신청인의 계좌에 관세 환급금을 입금하고 당해 세관장에게 관세 환급금 이체 및 지급필통지서를 전자문서 형태로 송부한다. 당해 세관장은 관세 환급금 결정금액과 한국은행의 이체 및 지급필통지서가 일치하는지 여부를 관세환급시스템으로 확인 가능하다.

5. 관세환급보완제도

1) 평균세액증명제도

관세환급제도에서는 수출 물품을 제조할 때 사용한 원자재와 수입할 때 관세 및 기타 세금 등을 납부한 원자재는 동일하거나 정확하게 관련성을 갖추어야 한다. 이러한 내용들이 관세 환급과 연관된 모든 서류에 적합하게 기재되고 제출되어야 환급이 가능하다.

　하지만 품명, 규격 등이 다양하고 복잡하게 표기되어 있는 물품인 경우에는 이러한 원칙에 맞도록 관련 서류를 작성하고 업무 관리하는 데 많은 어려움이 있는 것이 사실이다. 이러한 이유로 모든 원자재의 납부 세액과 수량을 HS Code 10단위별로 통합하여 환급 진행할 때 평균 세액을 간편하게 적용하도록 하여 복잡한 규격 확인을 간략하게 하고 복잡한 부분을 생략하여 관리하기 위해 평균세액증명제도가 운영되고 있다. 이 제도는 원하는 기업에만 적용되는 임의제도이며, 기업이 원하는 품목에만 한정적으로 적용도 가능하다.

2) 기초 원재료 납세증명제도

수출자가 수출용 원자재를 외국에서 직접 수입하고 수출 물품을 가공한 뒤 수출한 경우에 개별 환급을 신청하려면 원자재를 수입할 때 납부했던 관세 등을 증명하는 증빙자료인 수입신고필증을 제출해야 환급이 가능하다. 하지만 수출자가 수출용 원자재를 모두 외국에서 공급받는 것은 아니며 국내 업체가 기초 원자재를 수입한 뒤 가공한 중간 원자재를 조달받아 이를 제조 및 가공하여 완제품을 수출하는 형태도 있다. 이런 경우에는 최종 수출자가 완성품을 수출한 후 관세를 환급 받을 수 있도록 원자재 수입 시 납부한 관세 등을 증명해 주는 자료가 기초 원재료 납세증명제도 이다.

기초 원재료 납세증명서는 환급을 신청할 때 수입신고필증을 대신하여 신고 가능하다. 만일 국내 공장에서 제조 과정이 여러 단계가 있는 경우 그 제조 단계에 따라 전단계前段階 기초 원재료 납세증명서를 바탕으로 2차, 3차 기초 원재료 납세증명서를 발급받을 수 있다. 그 기한은 수입 신고 수리일 또는 전단계 거래일로부터 1년 내에 거래되어야 한다.

3) 일괄납부제도(사후정산제도)

관세 환급에서는 수출용 원자재의 수입 시에도 우선적으로 관세를 납부해야 했으며 환급을 받을 때까지 수출자의 관세 부담이 가중되어 왔다. 이러한 부담을 경감하기 위해 관세를 6월의 범위 안에서 대통령령이 정하는 일정 기간(일괄납부 기간—括納付其間)별로 일괄하여 납부 가능하다.

관세 일괄납부제도는 일괄납부업체로 지정받은 수출자가 수출용 원자재를 수입할 경우 일정 기간 이내 수출 등에 제공할 조건으로 관세 등을 부과하되 징수를 하지 아니한 상태에서 통관하여 물품 생산이 가능하도록 하는 것이다. 그 후 물품이 수출된 후에 환급받아야 할 금액과 관세 등을 상계 처리 가능하다. 이러한 제도는 수출용 원자재 수입에 따른 관세 부담을 일정 부분 면제시켜 수출을 촉진하도록 하는 수출 지원책이다.

일괄납부업체로 지정받기 위해서는 일정한 자격 조건을 갖추어 해당 관할 세관장에게 지정신청서를 제출하면 된다. 이때 담보를 제공하거나 신용담보업체로 지정을 받아야 한다.

일괄납부업체는 수출용 원자재에 대한 관세 등을 6월의 범위 내 대통령령이 정한 기간별로 일괄 납부가 가능하다. 이 경우 일괄납부업체는 수출용 원재료의 수입 신고 수리일이 속하는 분기가 종료되는 달의 다음 달 15일까지 관할 세관장에게 일괄 납부할 관세 등과 지급이 보류된 환급금을 정산해야 한다. 그 내역을 기재한 신고서도 관할 세관장에게 제출해야 된다.

<서식 4-1> 관세환급신청서

환 급 신 청 서 (갑)

①환급신청인	신청인부호		⑤※접수번호		처리기간 : 3일
주 소			기관부호	연도	일련번호
상 호	사업자등록번호				
성 명					

② 신청관세사 _____   ⑥ ※접수일자 _____

③ 제출번호 _____   ⑦ 환 급 구 분 _____

(1 : 연산품정액. 2 : 간이(₩). 3 : 개별. 4 : 자동간이)

④제조자	통관고유부호	⑧ ※	
주 소		결정일자	
상 호	사업자등록번호	⑨	
성 명		추가환급	

⑩ 수 출 물 품 규 격			세 종	금 액
			⑰ 관 세	
			⑱ 특 소 세	
			⑲ 교 통 세	
⑪ H S	⑫ 부 호	⑬ 형 태	⑳ 주 세	
			㉑ 교 육 세	
⑭ 수 출 금 액(FOB)	⑮ 수 출 물 량	⑯ 단 위	㉒ 농 특 세	
㉔ 지급 은행	은 행 명	본(지)점	㉓ 계	
	코 드 번 호		㉕ 목 적 국	
	온리인구좌번호		[EU, US(미국), CN(중국), ZZ(기타)] 총 ( )행	

ⓐ행번호	수 출 신 고 번 호					ⓕ수리일자	ⓖ 수출물량	ⓗ수출금액 (FOB)
	ⓑ 세 관	ⓒ 과	ⓓ 신고번호		ⓔ 란			

결재	담 당	주 무	과 장	세관장

471-01541 민
97. 7. 2 승인

210 × 297m/m
일반용지 60g/m²

간이정액환급 [　]적용 [　]비적용
승인신청서

※ [　]에는 해당되는 곳에 √표를 합니다.

접수일자			처리기간 즉시
①신청인	상호		대표자
	통관고유번호		사업자등록번호
	주소		대표자 생년월일

②사업장 내역 (사업장이 2 이상인 경우 전부 기재)			
사업장명	사업자등록번호	통관고유부호	소재지

③[　]적용 [　]비적용 신청사유

　「수출용원재료에 대한 관세 등 환급사무처리에 관한 고시」 제32조에 따라 간이정액환급 [　]적용 [　]비적용 승인을 신청합니다.

20　년　　　월　　　일

신청인

(서명 또는 인)

○ ○ 세 관 장 귀하

첨부서류 없음		수수료 없음

처리 내역	승인일	
	전산등록일	
	전산등록자	

담당	주무	과장

210mm×297mm[일반용지 60g/㎡]

제2장

무역보험

1. 무역보험의 정의

무역 거래에서 발생 가능한 다양한 위험을 담보하는 보험으로서 1920년
부터 각국에서 정책적인 차원에서 시행되는 정책보험의 성격이 강한 보험
이다. 무역보험은 해상보험에 비해 역사가 짧지만 국제 거래의 많은 위험
을 대비해 주는 측면에서 수출업자와 수입업자에게는 상당히 중요한 버팀
목이 되는 것이다.

무역 거래에서 수출업자들이 처할 수 있는 위험은 실로 다양하다. 기존
고객과의 거래도 있지만 현실적으로 신규 고객을 유치하여 진행하는 무역
인 경우에 고객과 계약을 체결한 후 물품 준비를 다 해 놓은 상태에서
고객과의 연락이 두절되는 경우에는 수출업자에게는 큰 손실로 다가온다.

수입국의 예측하지 못한 정치적인 격변기나 내전 상황이 찾아와 선적을
앞두고 있는 상황에서 국내에도 팔지 못하는 제품인 경우에 수출업자는

회복하기 어려운 문제를 안게 된다. 또한 선적을 완료한 상태에서 대금 결제 송금을 기다리고 있는 상황에서 수입업자의 연락 두절이나 사소한 문제를 하자로 제기하면서 대금 결제를 의도적으로 지연시키는 상황은 중소 수출업체에게 회복 불가능한 문제를 안기기도 한다.

만약 주요 자원과 핵심 시설재를 수입하는 수입업자는 선급금을 해외 거래처에 주고 물품 납품을 기다리고 있는데, 해외 공급업체의 도산이나 신용 문제, 수출국의 전쟁 또는 자연재해 등과 같은 예측 불가한 문제로 인해 수입업체의 연쇄도산으로 이어질 가능성이 높다. 다만 수입보험의 경우에는 다소 제한이 있는데, 원유·가스 등의 주요한 자원 및 시설재 등의 전략물자의 장기 안정적 확보를 위해 국내 수입업체가 선급금 지급 조건 수입 거래에서 신용 위험 또는 비상 위험으로 선급금을 회수할 수 없게 된 경우에 발생하는 손실을 보상하는 제도이다. 그러므로 상당히 제한적이며 무역보험은 주로 수출에 대한 보험이 거의 대부분이라고 할 것이다.

이러한 국제무역 거래상 수반되는 위험 중에서 해상보험 등의 통상적 보험으로는 담보하는 것이 불가한 위험인 전쟁, 정치적 격변(쿠데타·내란 등), 및 환거래의 금지 등의 비상 위험과 무역 상대방의 신용 위험에 실제적으로 피해를 입은 수출업자, 수입업자 및 (피해를 본 수입업자 및 수출업자에게 융자해 준) 금융기관의 손실을 보상해 주는 것으로 수출 진흥을 지원하는 비영리 정책보험이 무역보험제도이다. 한국은 1968년에 수출보험법을 제정하였다. 이후 수입 거래에서 발생하는 위험을 담보하는 수입보험을 운영함과 동시에 수출보험을 무역보험으로 변경하였고 2010년에 이를 담당하는 기관을 수출보험공사에서 무역보험공사K-SURE로 명칭을 변경하였다.

2. 무역보험 기능

무역보험은 앞서 언급한 바와 같이 수출업자와 수입업자가 예상치 못한 위험에 대비하여 국가정책적인 목적으로 손실에 대해 보상해 주는 비영리 보험제도이다. 이러한 목적으로 수립된 무역보험의 기능은 아래와 같이 정리해 볼 수 있다.

① **수출 진흥의 기능**: 수출업자의 위험 요소 제거로 수출 진작을 위한 지원이 가능하다.

② **금융의 기능**: 만일의 사태에 대비함으로써 수출자에게 신용 공여와 자금 지원을 통해 수출업을 지속하게 한다.

③ **위험 요소 제거 기능**: 수출자/(일정 요건) 수입자에게는 비상 위험과 신용 위험의 요소를 제거하는 기능을 하게 된다.

④ **무역관리제도의 기능**: 무역보험은 수출자에게 위험의 범위, 보험료, 보상율, 보상 범위 등을 조정하여 수출자의 수출금액을 늘리기도 줄이기도 한다.

⑤ **신용 조사 기능**: 보험 사고를 미연에 방지하는 차원에서 해외 수출상의 신용 상태를 점검하는 기능도 하게 된다.

⑥ **위험 요소 파악 기능**: 수출업자들의 보험 약관과 보상 범위, 보상율 등에 대한 구체적 위험 요소를 파악함으로써 해당 비즈니스상 위험을 인지하고 사전에 방지책을 스스로 자각 및 대처 능력 향상하게 된다.

3. 무역보험 종류

1) 중장기성 보험

(1) 중장기 수출보험

결제 기간이 2년을 초과하는 중장기 수출 계약의 수출 불능 상황으로 인해 손실을 입는 수출업자에게 그 손실금액을 담보하는 보험이다.

중장기 계약의 수출은 일반적으로 선박, 플랜트 및 설비산업 등으로 수출금액이 거액이며 수출 지역은 정치적으로 불안하고 내전과 같은 상황이 빈번한 곳이다. 이러한 특성을 갖춘 중장기 수출의 경우 무역보험은 기본적으로 선적 전 자금 공여 방식에 따른 공급자 신용 및 구매자 신용으로 나눠진다.

첫째, '중장기 수출보험-선적 전'은 상품의 제작 과정에서 일어날 가능성이 높은 수입국의 지급 불능, 국가 비상 상황 및 계약 파기로 인해 입은 손실을 보상해 주는 것이다.

둘째, '중장기 수출보험-공급자 신용'은 수출업자가 수입업자에게 직접 신용을 공여하는 형태로서 2년을 초과하는 연불 조건으로 자본재를 수출하여 손실이 발생한 경우에 손실금액을 보상해 주는 보험이다.

셋째, '중장기 수출보험-구매자 신용'은 수입업체가 국내외 금융기관으로부터 자본재 등을 2년 초과 연불 조건으로 수입하는 경우에 중장기 수출보험으로 대출금을 회수하지 못해 발생하는 손실에 대해 보상해 주는 보험으로 금융기관이 보험계약자가 된다. 만약 수입업체의 신용 또는 비상 위험의 발생으로 도산하는 경우에 국내외 금융기관이 자금 회수를 못해 금융기관의 부실화될 수도 있다. 이것을 대비하기 위해 금융기관은 '중장기 수출보험-구매자 신용'을 통해 위험 요소를 제거할 수 있게 된다.

(2) 수출보증보험

중장기 수출은 자본재 등을 수출하는 것으로 단순한 상품 수출과는 차이가 크다. 또한 많은 시일이 요구되기 때문에 발주자發注者는 공급자에 대한 신뢰성을 갖기 위해 보증서保證書를 요구하게 된다. 이 보증서는 자금이 튼튼하고 공신력이 있는 은행이나 보험회사 등의 금융기관이 발행하는 보증서인 본드bond를 말한다.

만일 수주자(수출자)가 약정된 계약서에 의해 의무를 이행하지 않으면 본드를 발행한 금융기관이 대신 발주자(수입자)의 청구에 의거하여 보증금을 지급하게 된다. 다시 금융기관은 본드에 의해 보증 의무를 수행한 후 본드를 발행 의뢰한 수주자에게 그 손해를 구상求償 청구하게 된다.

(3) 해외사업금융보험

해외사업금융보험은 국내외 금융기관이 해외에서 외국인에게 외화 획득 또는 수출 증진에 혜택이 기대되는 해외 사업에 요구되는 자금을 2년 초과 조건으로 제공되는 계약을 체결 후 대출금 원리 상환이 되지 않아서 입게 되는 손실을 보상하는 보험을 의미한다.

(4) 해외자원개발펀드보험

해외자원개발펀드가 해외 자원 개발 사업에 투자하여 투자를 받은 국가의 내란과 전쟁, 외환 송금 금지 등과 같은 비상 상태 및 개발업자들의 신용 문제 발생에 따른 손실에 대해 보상하는 보험을 의미한다. 한국과 같은 자원이 부족하고 장기적으로 국가산업 발전과 유지를 위해 핵심 자원 확보와 안정적 공급이 절대적으로 필요한 국가로서는 해외 자원 개발은 무엇보다도 중요하다. 그러므로 국가정책 지원이 상당히 중요한 지점이며 해당 보험은 이러한 자원 확보 차원에서 필요한 보험이다.

(5) 해외공사보험

해외공사보험은 해외 공사 계약의 상대방의 비상 위험 발생과 신용 위험의 발생에 수반된 손실을 보상해 주는 보험이다. 해외 공사에서는 다양한 위험이 동반되는 것이 일반적이다. 공사 발주 시 발생 가능한 신용 위험과 해외 공사의 긴 시간 동안에 생길 가능성이 높은 국가 비상 상황과 신용 위험은 투자한 기업에게는 불확실한 상황의 연속이다. 만약 이 과정에서 환거래의 금지, 불가항력적인 비상 위험의 발생은 곧바로 해외 공사를 발주한 국내 업체에 직격탄이 되어 큰 손실을 가져오게 되는데, 해외 공사보험에서는 이러한 손실을 일부 보상해 주는 역할을 하게 된다. 이러한 보험을 통해 국내 업체는 위험을 일부 제거하고 해외 공사 발주에 나서게 되는 것이다.

위의 5가지의 무역보험 외에도 이자율변동보험이 있다. 이자율변동보험은 결제 기간이 2년을 초과하는 수출 계약에 있어 무역보험공사와 구매자 신용으로 중장기 무역보험에 가입한 경우 금융기관이 이자율 변동에 의해 손실이 발생하면 보험자가 보상받게 된다. 하지만 보험자가 이자율 변동에 따라 이익을 얻게 되면 금융기관의 이익은 환수된다.

2) 수입보험

수입보험은 주요 전략물자인 원유, 가스 등과 시설재(공장 자동화 물품, 산업기술연구·개발용 물품)의 안정적 공급과 확보를 위해 국내 수입기업이 선급금 지급 조건 거래에서 신용 위험 및 비상 위험 등으로 인하여 선급금을 회수 불가능한 상황에 처하여 발생하는 손실을 보상하는 보험이다.

수입보험에 가입하기 위해서는 수입보험청약서, 수입보험 pooling 특약 청구서, 선급금지급내역통지서, 내용변경승인신청서를 제출해야 가입이 가능하다.[33)

3) 단기성 보험

단기성 보험은 중장기성 보험과는 달리 2년 이하의 수출 계약을 하고 물품 수출하는 경우에 보장하는 보험으로 〈표 4-1〉과 같이 여러 가지 단기성 보험이 있으며 각 보험은 나름대로의 특징을 지니고 있으며 단기적 성격이 있는 수출지원보험이다.

〈표 4-1〉 단기성 보험

단기성 보험 종류	세부 설명
중소중견 plus+ 보험	수출 중소중견기업의 전체 수출 거래에 대해 위험별로 보상 책임 금액을 설정하는 보험이며 보험계약자는 약정한 책임 한도액에서 보상을 받게 된다.
농수산물 수출보험	농수산물에 대한 수출 계약 후 국내 가격 상승으로 기존 계약 가격을 초과하여 수출 계약 이행에 따른 손실을 보상해 준다. 또한 수출 계약 후 수출이 불가한 상황 발생 또는 수출 대금을 회수하지 못하여 발생한 손실도 보상하는 보험이다.
농수산물 패키지보험	농수산물 패키지보험은 수출 시행에 따른 대금 회수 불가한 상황에 대한 보상을 기본 계약으로 하고 선택 계약(가격 상승 위험, 수입업자 계약 파기 위험, 수입국 검역 위험 등)을 추가적으로 가입하여 보상받을 수 있다.

---

33) 수입보험의 주요 계약 내용은 보험증권 유효 기간, 보상한도, 부보 방식, 선급금 지급통지, 보험료, 보험 기간 등이 기재되며 한도 책정 방식과 Pooling 특약 방식으로 구분되어 있다.

단기성 보험 종류	세부 설명
수출신용보증 (선적 後)	수출자가 수출 계약 이행으로 선적 진행 후 발행한 기한부 환어음을 외국환 은행이 매입 가능하도록 한국무역보험공사가 수출신용보증서를 발행해 주는 것을 의미한다.
해외 마케팅 보험	수출자가 해외 시장 신규 개척을 위해 마케팅 비용을 지출한 경우 효과가 경미하여 지출 비용을 회수하지 못할 때 보상하는 보험이다. 담보 대상(고유 브랜드 개발 비용, 해외 마케팅 기획 비용, 해외 마케팅 실행 비용 등)이며 부보율은 지출 비용 또는 보험가액 한도의 70%이고 해외 마케팅 활동 기간은 2년 이내, 비용 회수 기간은 3년이다.
단기 수출보험 (선적 前)	수출업체가 금융기관으로부터 자금 차입이 필요한 때, 한국무역보험공사가 수출신용보증서를 발행하여 연대보증하는 보험이다.
단기 수출보험 (선적 後)	수출 계약(결제 기간 2년 이하) 체결하여 수입국에 수출 완료하였으나, 수입자의 신용과 비상 위험 발생으로 대금 지급 불가를 예방하기 위한 보험이다. (가입 대상 거래: 일반 수출, 위탁 가공무역, 중계무역, 재판매)
단기 수출보험 (Forfaiting)	Forfaiting 포페이팅은 수출자가 발행한 기한부 어음을 forfaiter 포페이터가 매입 또는 할인해 주는 금융기법이다. 여기에서 단기 수출보험은 포페이팅 수출금융을 취급한 은행이 신용장 개설은행으로부터 만기 회수가 되지 않아 발생한 손실에 대해 보상해 주는 보험이다. 보험계약자는 은행이 된다.

출처: 한국무역보험공사 자료 참조. https://www.ksure.or.kr/insur/sei_shipment01.do

무역보험 사례

한국무역보험공사K-SURE가 국내 기업의 해외 건설 수주 프로젝트 지원에 힘쓰고 있다. 무역보험공사는 모 건설이 참여하는 영국 실버타운 터널 건설 프로젝트에 약 3억 5,000만 파운드(약 5,320억 원) 규모의 수출금융을 지원한다고 2019년 11월 26일 밝혔다. 해당 프로젝트는 영국 런던 동부 지역 교통 시스템 개선을 위해 실버타운과 그리니치 지역을 템스강Thames river 아래로 잇는 터널을 건설·운영하는 것으로, 총 사업비는 약 10억 파운드(약 1조 5,000억 원)이다.

한국의 모 건설은 해외 기업 4곳과 컨소시엄을 구성해 공동 사업주로 참여하고 무역보험공사는 해외사업금융보험으로 총 사업비 중 3억 5,000만 파운드를 지원한다. 영국 실버타운 터널 건설 프로젝트는 선진국 민관 협력Public-Private Partnership, PPP 사업에 무역보험공사가 금융 지원을 한 첫 번째 사례다. 무역보험공사는 한국 기업의 참여를 전제로 입찰 단계부터 발주처인 런던교통공사에 적극적이면서 효과적인 지원 의사를 밝혔다.

한국무역보험공사 핵심 관계자는 "안정적인 자금 조달이 투자개발형 프로젝트 수주를 결정짓는 핵심 요소임을 고려해 입찰 난계부터 발수저를 설득하여 한국 모 건설의 금융 경쟁력을 뒷받침해 프로젝트 수주에 기여했다"고 말했다.

이번 사업은 발굴부터 사후 관리까지 일괄 수주하는 투자개발형 방식으로 건설만 맡던 단순 도급형과 달리 높은 이익을 거둘 가능성이 높고 향후 비슷한 프로젝트를 추가 수주하는 데도 유리하게 작용할 것으로 예상된다.

—헤럴드신문, 2019년 11월 26일자

제3장

무역금융

1. 무역금융의 정의

무역금융은 광의의 뜻에서 무역 거래에서 발생하는 모든 금융을 말하지만 일반적인 의미에서 무역금융은 정부정책으로 무역에서 필요한 자금을 여러 방면에서 지원해 주는 것이다.

한국의 가공무역 구조에서는 수출업체의 막대한 자금이 요구되어 선진국에 비해 자금 규모가 크지 않은 국내 금융기관에게 있어 정부 지원은 필수적 조건이다. 또한 수출업체의 여신을 통한 자금 확보에 있어서도 이자율이 높아서 정부 지원 없이는 이자 부담이 너무 과도하다. 이러한 점에서 한국 정부는 자금 지원과 이자 감축 등의 정책 지원으로 수출기업들의 수출 진작을 위해 지원해 왔다.

하지만 WTO 하에서 자유무역 기조는 각 정부의 지원금 상쇄를 위해 상계관세 및 덤핑방지관세, 쿼터제도 등과 같은 방법으로 규제가 더욱 강화되고 있어 한국 정부는 주로 아래와 같이 상업적 차원에서의 금융으로 전환하고 있다.

정부 지원 방식	세부 내용
중앙은행의 자금 지원	중앙은행이 금융기관에 우대금리로 지원하여 금융기관이 개별 기업에 지원하는 방식이다.
포괄적 융자 대상	건설, 물품, 기타 용역의 수출에 직·간접적 연관된 기업들은 무역금융의 수혜 대상이 된다.
용도별, 시기별 무역금융 지원	무역금융은 용도별·시기별(생산 자금, 원자재 수입 자금, 완제품 구매 자금 등) 구분하여 자금 수요 시기에 맞게 지원한다.
지원 기준별 무역금융 지원	과거 수출금액이 기준이 되거나 신용장, 외화물품수출계약서 등의 기준으로 금융기관을 통해 무역금융의 지원을 받게 된다.
수출 이행 의무화	무역금융 지원을 받기 위해서는 수출을 의무적으로 이행해야 하며, 만약 자금만 수여하고 수출 불이행 시는 불이행 이자를 추징당하게 된다.

2. 무역금융의 종류

1) 금융중개지원대출 무역금융

금융중개지원대출 무역금융은 수출 경쟁력과 수출 증진을 위해 정책적인 면에서 지원을 하는 무역금융을 의미한다. 이것을 뒷받침하는 법은 "한국은행의 금융기관에 대한 대출 규정"으로, 이 법에 근거하여 "한국은행의 금융중개지원대출 관련 무역금융 지원 프로그램 운용 세칙" 및 동 취급 절차에 따라 이루어진다.

무역금융은 신용장 기준과 실적 기준으로 구분되고 자금의 용도에 따라 생산 자금, 원자재 자금 및 완제품 구매 자금으로 분류된다. 추가적으로 중소기업들이 수출 자금을 신청 시 편리하게 활용하기 위해 자금 용도를 구분하지 않는 포괄금융제도도 운용하고 있다.

무역금융의 대상은 대상 업체, 대상 수출, 융자 대상 제외 거래로 구분이 가능하다. 첫째, 대상 업체는 금융중개지원대출 관련 무역금융의 대상은 중소기업법에 정하는 중소기업이 그 대상이다. 하지만 주채무 계열 기업 소속 기업체, 최종 부도 거래처 및 폐업업체에 대한 무역금융은 지원에서 제외된다. 여기에서 금융기관 자체의 자금으로 무역금융을 지원하는 경우에는 융자 대상 업체에 대한 중소기업으로만 한정되지 않는다.

둘째, 대상 수출은 수출신용장, 선수출계약서가 있어야 한다. 또한 외화 표시의 용역·물품·건설 등을 수출하는 것은 그 대상이 되며, 내국 신용장에 의해 수출용 원자재 및 완제품을 국내 공급하는 경우도 포함된다. 마지막으로 위탁 가공 무역 방식의 수출과 보세판매장에서 외국인에 판매한 실적과 외화 입금 실적(외항 항공, 외항 해상 운송, 선박 수리업체)도 대상 수출에 해당한다.

셋째, 융자 대상 제외 거래는 아래와 같이 금융의 중복이나 진정한 수출 이행이 아닌 경우이다.

① 한국수출입은행의 수출 자금 대출을 이미 받은 경우
② 한국수출입은행이 개설한 내국 신용장인 경우
③ 해외 수입업체로부터 선수금으로 받은 단순 송금 방식의 수출
④ 전액 선수금 조건의 전대신용장Red Clause L/C[34]의 수출
⑤ 기타(중계무역 방식 수출, 중장기 연불 수출 방식 수출신용장 등)

---

34) Red Clause L/C(전대신용장): 수입업자가 계약 물품의 생산에 필요한 자금을 수출업자에게 융자하는 결과이기에 전대신용장이라고 하며, 수출업자는 수출 대금을 미리 찾을 수 있다는 의미에서 수출선수금신용장이라고도 한다. 이 신용장의 경우 수출업자는 선적하기도 전에 수출 대금을 미리 찾을 수 있다(구종순, 2019).

2) 무역어음

무역어음은 수출자가 수출신용장에 의거하여 선적 전 발행한 기한부 어음(무역어음)을 금융기관이 인수하고 이를 중개기관을 통하여 할인 또는 매각을 하여 그 자금으로 수출 자금으로 활용하도록 지원하는 것이다. 이 제도는 1989년부터 시작되어 현재까지 이르고 있다.

무역어음제도는 수출자가 수출에 필요한 자금을 선적 전 조달하는 점에서는 일반 수출입 금융과 유사하지만 자금 조달 방법에서 무역어음을 발행하는 점에서 차이가 있다. 일반 수출입 금융은 자금 재원의 일부분이 한국은행으로 확보되지만 무역어음제도는 은행 등 금융기관의 자체 조달 자금 또는 할인, 매입한 무역어음을 일반 투자가에게 재매각함으로써 자금을 조달하는 점에서 다르다.

3) 수출환어음 담보대출

수출자가 선적 후 발행한 수출환어음(기한부어음)을 금융기관에 제시하여 금융기관이 수출신용장, 선수출계약서를 확인하여 매입해 주어 수출자는 수출 대금을 확보 가능하게 하는 것을 수출환어음 담보대출이라고 한다.

수출환어음에 대해 매입은행이 자금 부담을 덜어주기 위해 만기일까지의 이자를 할인하여 미리 수출 대금을 지급하고 매입은행은 일정 기간 후 개설은행 및 수입자를 통해 자금을 회수하게 되는 과정을 거치게 된다.

매입은행은 추심 완료 전에 기한부어음을 매입함으로써 자금 부담이 따르기 마련이다. 이것의 부담을 덜어주기 위해 한국은행에서는 매입한 수출환어음을 담보로 환어음에 해당하는 외화를 대출해 주는 수출환어음 담보대출제도를 시행하고 있다. 이러한 것을 통해 금융기관은 한국은행의 담보대출 조건에 맞는 환어음을 매입하여 추심 전 매입으로 인한 자금 부담을 일부 해소하고 있다.

4) 내국 수입 Usance 제도

한국의 수입업자가 연지급으로 수입하는 경우에는 해외 수출업자로부터 일정 기간 후에 수출 대금을 회수함으로 인해 이 기간의 이자를 물품 가격에 포함시키게 된다. 이로 인해 한국 수입업자는 대금 결제 능력이 없어 다소 비싼 가격으로 수입하게 되고 불필요한 외화가 더 유출된다. 이를 해결하기 위해 금융기관이 연지급 수입액의 금액을 지원하여 해외 공급자로부터 일람불 조건으로 결제되도록 하여 정상 가격으로 수입하도록 지원하는 것이다. 연지급 수입 대상 품목은 종량세 대상 품목이 아닌 제품으로 실행관세율이 100분의 10이 초과되지 않은 원유 또는 액화천연가스 등이 해당된다. 연지급 수입 기간은 수출용 또는 내수용의 용도별로 구분되며 기업 규모(대기업 또는 중소기업)별로 차등 적용된다. 하지만 180일을 초과해서는 안 된다.

5) 기타

정부의 수출기업에 대한 금융 지원은 다양한 방식으로 이뤄지는데 기한부 원화수출환어음 담보대출, 외화대출, 연불수출금융 등이 있다.

여기에서 첫 번째, 기한부 원화수출환어음 담보대출은 2008년 외환위기 이후 은행들은 기한부 수출환어음 매입을 기피하여 수출기업들은 자금 조달에 어려움을 겪었다. 이러한 점을 고려하여 금융기관들은 D/A, Usance 등의 기한부 수출환어음을 담보로 취급하는 원화 대출금에 대해 한국은행이 원화 자금을 지원하는 형태를 조성하였는데, 이것을 기한부 원화수출환어음 담보대출제도라고 한다. 여기에서 적용되는 금리는 각 외국환은행이 자율적으로 정하고 있다.

　두 번째, 외화대출은 국민경제 생활의 발전과 국제수지 개선에 기여하는 주요 물자를 수입하는 경우에 필요한 자금을 지원하는 금융융자제도이다. 외화대출의 융자 비율은 소요 자금의 이내로 제한되며 융자 기간은 외국환은행이 자금 용도 및 신용도 등을 고려하여 자율적으로 정한다. 하지만 융자 대상은 제한되는데, 아래의 경우에 외국환은행에서 외화대출이 가능하다(다만, 한국수출입은행은 불가하다).

　① 대외 외화 차입금 원리금 상환 자금인 경우
　② 물품의 수입 또는 기술 도입대가 및 용역비 지급과 관련된 대외 외화 결제 자금인 경우
　③ 해외 직접투자 자금인 경우
　④ 한국수출입은행과의 협조 융자 자금인 경우
　⑤ 국산 기계 구입 자금인 경우

융자금액은 소요자금의 70~80% 내에서 정해지며 별도로 인정되는 경우에는 소요 자금 내 가능하다.

　세 번째, 연불수출금융은 중장기 연불 방식의 수출입을 지원하기 위해 수출입은행의 자금으로 운용된다. 수출입은행은 일반적으로 선박·기계류·산업설비 등의 품목 수출을 확장하기 위해 수출에 소요되는 장기 자금을 국내 생산자 또는 수출자에게 지원하게 된다. 수출입은행자금은 차주가 누구인가에 따라 공급자 신용Supplier's credit과 구매자 신용buyer's credit으로 구분된다.

　공급자 신용은 수출입은행이 국내 수출업체에 대해 자금을 공여하는 방식으로 실행되고 수출업체는 이러한 자금 지원을 수여받아 수입업체에게 연지급 조건으로 수출한다. 구매자 신용은 해외 수입업체 혹은 수입국

에 융자하여 한국 산업설비 등을 수입할 수 있도록 하는 방식이다. 한국에서는 자본재 또는 기술의 수입에 필요한 자금을 수입업체에 직접 대출하는 소위 직접 대출Direct loan과 외국의 실수입업체에게 전대轉貸를 목적으로 수입 국가의 은행 등의 금융기관에 공여하는 전대자금대출Relending facility로 구분된다.

지금까지 무역금융의 개념과 종류에 대해 알아보았다. 정부는 무역을 영위하는 기업들을 위해 중앙은행의 직접 자금 지원, 포괄적 융자 대상, 용도별, 시기별로 무역금융 지원 등의 방식으로 상업적 차원에서 금융지원을 하고 있다.

무역금융을 하는 근본적 이유는 한국 경제의 버팀목인 무역업을 운영하는 기업들이 치열해지고 있는 국제 경제 상황과 팬데믹과 같은 국제적 위기에서 기업의 생존과 발전을 기하기 위함이다.

특히 중소무역업체의 생존력은 외부 환경으로부터 영향을 직접 받기 때문에 금융을 국가에서 지원하는 것은 위기 상황에서 긴급 수혈 효과를 기대할 수 있다. 중소기업들의 자금력은 매우 한정적이고 자칫 국제무역 거래에서 해외 바이어들의 연쇄 도산이나 수입 규제 상황 등과 같은 비정상적인 상황은 중소기업들에게 자금의 부족 사태로 이어져 국내 중소기업들도 휘청할 수도 있다.

무역금융의 지원은 이러한 어려움을 겪고 있는 중소기업들에게 큰 힘이 된다. 그러므로 중소기업들에게 실제적으로 지원이 되도록 지원프로그램이 수립되어야 하고, 금융 위기, 팬데믹 상황 등과 같은 세계적인 위기 상황에서 정부의 역할은 더욱 중요하다.

무역지원제도 정리

관세 환급은 수출을 하기 위해 원자재를 수입하여 가공해서 다시 수출하는 경우에 납부했던 관세를 환급해 주는 것으로 수출을 지원하는 정책이다.

관세 환급 신청은 개별 환급과 간이정액 환급 방법으로 나눠지면 개별 환급은 관세환급신청자가 일일이 소요량 계산서를 작성하여 환급액을 산정하여 신청하는 방법이다. 간이정액 환급은 개별 환급을 진행할 능력이 없는 중소기업을 위해 환급 절차를 간소화한 것으로 HS Code 별로 고시한 간이정액환급율표에 의거하여 일정한 액수를 환급해 주는 방법이다.

국제무역지원제도로서 무역보험은 수출업자 및 수입업자들이 처할 수 있는 위험을 국가정책적인 목적으로 손실에 대해 보상해 주는 비영리보험제도이다. 무역보험의 기능은 수출 진흥 기능, 금융의 기능, 위험 요소 제거의 기능, 무역관리제도의 기능, 신용 조사의 기능 및 위험 요소 파악의 기능 등이 동시에 있다.

국제무역금융은 정부정책으로 국제무역 거래에서 필요한 자금을 여러 방면에서 지원해 주는 금융이며 중앙은행의 자금 지원, 포괄적 융자 대상, 수출 이행 의무화 등의 정부 지원 방식은 이뤄신다. WTO 하에서 각 정부의 지원금 상쇄를 위한 상계 관세, 덤핑 방지 관세 등이 규제가 더욱 강화되어 한국정부는 상업적 차원의 금융으로 전환해서 지원하고 있다.

국제무역금융의 종류는 금융중개지원대출 무역금융, 무역어음, 수출환어음 담보대출, 내국 수입 Usance 제도 및 기타의 종류가 있다.

무역금융 지원 사례

한국무역보험공사는 2021년 1월 7일 사우디아라비아 재무부Ministry of Finance에 약 3조 3,000억 원(약 30억 달러)의 중장기 금융을 지원한다고 발표하였다.

이번 금융 지원은 무역보험공사와 사우디 재무부가 2020년 2월 리야드에서 만나 합의한 절차에 따라 추진되는 것이다. 사우디 정부가 추진하는 경기 부양 프로젝트인 Neom Smart City 건설 등에 한국 기업이 참여하는 것을 전제로 약 3조 3,000억 원의 해외사업금융보험을 제공하게 된다.

국내 수출기업이 참여하는 해외 사업과 관련, 대출금을 제공한 금융기관이 사우디 재무부의 원리금 미상환으로 손실을 보게 되는 경우 한국무역보험공사에서 손실을 보상해 방식이다. 한국무역보험공사가 제공하는 해외사업금융보험을 담보로 설정하고 실행하는 대출금은 국내 기업의 공사 관련 기자재 수출 대금 결제 등에 사용된다.

무역보험공사 사장은 "이번 금융 지원은 코로나19 재확산으로 해외 수주 환경이 여전히 어려운 상황에서 국내 기업에 적지 않은 힘이 될 것으로 예측된다"며 "중동 지역 등에서의 대규모 경기 부양 프로젝트가 국내 기업의 수주 회복을 위한 신호탄이 되도록 우량 발주처와의 전략적 협력 체계를 확대하는 등 선제적인 금융 지원 활동을 펼쳐나갈 것"이라고 하였다.

—아주경제신문, 2021년 01월 07일자

토론 문제

1. 관세 환급의 정의는 무엇인가?

2. 관세 환급 절차를 설명해 보라.

3. 무역보험의 의의를 설명해 보라.

4. 무역보험의 종류는 무엇이며 각 무역보험의 특징은 어떠한가?

5. 무역금융의 정의를 말하고 종류를 나열하라.

제5부
원산지 증명

원산지증명서 개요

1. 원산지제도 의의

제품의 원산지 개념은 1883년 파리협정에 기원하고 있으며, 세계무역기구
인 WTO World Trade Organization 원산지 규정에 관한 협정 제1조에는 "어떤 제
품이 성장했거나 생산, 제조 또는 가공된 지역으로 정치적 정체성을 지닌
국가를 의미하나 식민지, 속령 또는 보호령과 중국 귀속 후의 홍콩 등과
같이 독립적 국가가 아닌 지역도 원산지가 될 수 있다. 원산지 규정은 각국
이 상품의 원산지 국가를 결정하는 데 필요한 법률, 규정 및 일반적으로
적용되는 행정적인 판정 기준이나 절차를 의미한다."라고 되어 있다.

원산지 규정은 적용 목적에 의해 특혜원산지규정 preferential rules of origin과
비특혜원산지규정 non-preferential rules of origin으로 구분한다. 특혜원산지규정
은 1994년 제정된 GATT 제1조에 규정된 최혜국대우원칙 most favored nation
treatment, MFN의 적용을 하지 않고 일방적 혹은 쌍방으로 관세 혜택을 부여

하는 데 적용되는 규정으로 관세상 특혜_{關稅上 特惠}를 부여하는 것이다. 비특혜원산지규정은 특혜 원산지 외의 모든 통일원산지규정이며 상계관세 countervailing duty, 반덤핑관세anti-dumping duty, 긴급 수입 제한 조치safeguards 등과 같이 무역 거래에서 제품들의 원산지를 구분하기 위해 사용된다.

2. 원산지 결정 기준

원산지 결정을 위해 크게 일반적 기준, 보충적 기준, 역외 가공으로 구분된다. 여기에서 일반적 기준은 다시 완전 생산 기준과 실질적 변형 기준으로 나눠진다.

1) 일반적 기준

(1) 완전 생산 기준

완전 생산 기준wholly obtained criterion은 원산지 판정에 있어 가장 우선적으로 적용되는 기준이 되며 일반적으로 농산물·축산물·광물 등의 1차 상품이 한 국가에서 생산이 완료되는 상품에 적용된다.

자유무역협정FTA에서 적용되는 완전생산품의 기준은 ① 일국 완전생산품, ② 완전생산간주물품, ③ 역내 완전생산품으로 되어 있다.

현재 한국과 체결된 FTA협정에서는 완전 생산 기준의 개념에서 거의 유사하다. 역내에서 채굴된 광산물, 재배 및 수확한 농산물, 어로작업 및 수렵에 의한 물품이 완전 생산 기준에 해당하는 것이다. 가축 등 축산물은 산동물의 경우 역내에서 번식되어 사육된 것만으로 완전 생산 기준이 적용된다(live stock).

수산물의 경우에는 영해 내에서 포획한 것은 선박의 국적에 상관없이 연안국을 원산지로 인정된다. 만일 외국에서 치어稚魚를 수입하여 사육한 경우에는 자국 원산지가 인정된다.

한편 자국산 선박의 범위를 판단하는 기준은 각 FTA 협정별로 다소 차이가 있다. 첫째, EFTA는 등록 요건과 관련하여 당사국 국기를 게양하는 경우에 역내 선박으로 인정된다. 둘째, 한−EU 및 한−터키 FTA협정에서는 선박이 당사국으로 등록되어야 하고, 당사국 국기 게양과 함께 소유 요건이 충족되어야 역내 선박으로 인정된다. 셋째, 한−칠레, 한−싱가포르, 한−미, 한−인도 및 한−페루 FTA의 경우에는 선박이 당사국 등록과 당사국 국기 게양을 하면 역내 선박으로 인정 요건을 갖추는 것이다.

여기에서 선박을 이용한 어획물의 경우에는 그 선박이 당사국에 등록되고 조업 당시 당사국 국기를 게양하고 있으면 공해상이나 다른 국가의 영해상에서 잡은 경우에도 역내 완진 생산품으로 인정된다. 그러나 한−EU와 한−터키 FTA는 양 당사국 중 하나에 있고 양 당사국의 하나의 공공기관에 의해 적어도 50%를 소유되거나 그 본점과 주 영업소가 양 당사국 중 하나에 있고 양 당사국의 하나의 공공기관에 의해 적어도 50%를 소유하고 있는 회사의 선박 및 가공선박으로 그 자격을 제한하고 있다.

(2) 실질적 변형 기준

실질적 변형 기준은 제품 생산 과정에서 제품의 근원적인 성격을 부여하는 국가를 원산지로 하는 것을 말한다. 실질적 변형 기준을 다시 3가지 기준으로 나눌 수 있는데, 세번 변경 기준Change of tariff heading criterion, CTH, 부가가치 기준valorem percentage criterion or value added criterion, 가공 공정 기준processing operation criterion이 있다.

① 세번 변경 기준

세번 변경 기준은 세번tariff heading을 활용하여 물품의 제조 및 생산 과정에서 투여된 원재료 또는 부품의 세번과 이들을 이용하여 생산된 물품의 세번이 다르다면 공정이 이루어진 국가에 원산지를 인정하는 것이다. 다시 말해서 어떤 제품이 몇 개의 국가에서 공정이 발생하는 경우 물품에 고유의 세번HS code, Harmonized System code이 변경되는 공정이 최종적으로 이루어진 국가에서 실질적 변형이 되었다고 간주하고 원산지를 부여하는 것이다.

② 부가가치 기준

부가가치 기준은 물품의 생산 과정에서 일정 수준에서 부가가치가 발생되는 경우 해당 공정이 일어난 국가를 원산지로 인정하는 것이다. 부가가치 기준의 원산지 판정 방법은 원자재와 부품의 가격 파악이 쉽고 계량화가 가능한 장점이 있기는 하나 원자재의 가격과 환율이 크게 변동되어 제대로 된 원가계산이 어렵다는 단점도 있다.

부가가치 기준에 의한 원산지 판정 방법은 RC 방식Regional Contents Method과 MC 방식iMport Contents Method이 이용된다. 첫째, RC 방식은 '특정국가에서 일어난 부가가치가 일정 비율 이상일 것'과 같이 규정한 것이며, 그 방식에 있어서는 집적법, 공제법 및 순원가법으로 나눠진다.

ⓐ 집적법Build-up Method
제조자가 상품의 생산 과정에 투입되는 원산지 재료비가 상품의 가격에 차지하는 비율을 역내 가치로 보는 방법이다. 그러므로 원산지 재료비의 비중이 높은 경우에는 쉽게 부가가치 비율 산출이 가능하다.

$$\text{부가가치 비율(RVC)} = \frac{\text{원산지 재료비(VOM)}}{\text{상품 가격(AV)}} \times 100$$

RVC(Regional Value Content): %로 표시된 부가가치 비율
AV(Adjusted Value): FOB 가격으로 재산출 상품 거래 가격/공장도 가격(한-캐 FTA)
VOM(Value of Originating Material): 제조자가 물품 생산에 사용한 원산지 재료 가격

ⓑ 공제법Build-down Method

상품 가격에서 비원산지 재료의 가격을 제외한 나머지 부분을 역내 가치로 보는 방법이다. 그러므로 원산지 재료비 비중이 낮고 가공비 비율이 높은 경우에는 유리한 방식이다.

$$\text{부가가치 비율(RVC)} = \frac{\text{상품 가격} - \text{비원산지 재료비(VNM)}}{\text{상품 가격(AV)}} \times 100$$

RVC: %로 표시된 부가가치 비율
AV: FOB 가격으로 재산출 상품 거래 가격
VNM(Value of Non-Originating Material): 제조자가 물품 생산에 사용한 비원산지 재료 가격

ⓒ 순원가법

공제법과 유사하지만 순원가법은 상품 가격에서 판매비용(판촉, A/S, 로열티 등)을 공제한 가격으로 한다는 점에서 공제법과 다소 차이가 있다. 순원가에서 비원산지 재료비를 제하고 순원가(NV)로 나눈 값을 부가가치 비율로 한다.

$$\text{부가가치 비율(RVC)} = \frac{\text{순원가} - \text{비원산지 재료비(VNM)}}{\text{순원가(NC)}} \times 100$$

RVC: %로 표시된 부가가치 비율
NC: 순원가는 총비용에서 각종 비용(판촉,A/S, 운송, 포장 등)을 공제한 것
VNM: 제조자가 물품 생산에 사용한 비원산지 재료 가격

둘째, 여기에서 MC 방법은 비원산지 재료비가 상품 가격의 일정 비율 이하이어야 하는 방식으로 한—EFTA FTA, 한—EU FTA 및 한—터키 FTA 에서 MC 방식으로 원산지 판정을 한다.

$$\text{부가가치 비율(MC)} = \frac{\text{비원산지 재료비(VNM)}}{\text{공장도 가격(EXW)}} \times 100$$

MC: %로 표시된 부가가치 비율
EXW: EX-Work 가격으로 재산출 상품 거래 가격(공장도 가격)
VNM: 제조자가 물품 생산에 사용한 비원산지 재료 가격

③ 가공 공정 기준

가공 공정 기준은 불완전생산품에 대하여 원산지 결정 기준 중 제품별 기준의 한 형태로 제품의 생산 공정에서 각 제품에 대해 높은 우선순위로 인정되거나 당해 제품의 중요한 특징을 발생시키는 가공작업 및 기술적 제조 과정을 나열하여 지정된 제조공정이 역내에서 수행된 경우 원산지로 인정하는 방법이다.

한국은 섬유 또는 의류산업에 한하여 일부 FTA에서 세변 변경 기준과 병용하기도 하고 선택적으로 사용하고 있다. 한—미 FTA에서는 원사 기준[35]을 원산지 기준으로 채택하고 있다.

〈표 5-1〉한국과 FTA협정국(공정 기준 비교)

품명	HS code	칠레	싱가포르	EFTA	인도	미국
의류	61~62류	국산 원단 요건 + 재단 기준	재단 기준	재단 기준	재단 기준	원사 기준
직물	50~60류	CC (HS 2단위 변경)	CC	CTH(세번 변경), 염색, 날염	세번 변경 + 40%	품목별로 규정

관세청 Yes! Trade 웹사이트 참조.

2) 보충적 원산지 결정 기준

(1) 누적 기준

누적 기준accumulation rule은 원산지 제품의 역내 누적 및 제조자들에 의한 비원산지 재료의 역내 제조 누적을 기준으로 한다. 누적 기준을 두는 이유는 원산지 영역을 확대하여 역내산域內産 재료 사용 및 역내 가공을 확대하여 시장 통합의 효과를 높이기 위한 것이다.

(2) 미소 기준

미소 기준De Minimis rule은 역외산域外産 재료인 비원산지 재료 가격이 당해 물품의 전제 가격에서 차지하는 부분이 미미할 경우 원산지 기준에서 정하고 있는 세번 변경 기준 등의 원산지 요건을 충족하지 못하더라도 예외적

---

35) 원사기준(yarnforward rule)은 협정 당사국 간 실을 이용하여 직물을 제직 또는 편직하고 직물 및 의류 등 섬유완제품을 재단, 봉재해야만 제품의 원산지를 인정하는 제도이다. 미국은 NAFTA 에도 동일한 기준을 적용하여 FTA를 체결하였다.

으로 원산지를 인정하는 제도로서 최소 허용 기준tolerance rule이라고 한다.

(3) 직접 운송 원칙

직접 운송 원칙은 해당 제품이 수출 당사국에서 수출되어 중간에 다른 국가를 경유하지 않고 바로 수입국으로 운송되는 경우에 한하여 특혜를 부여한다는 원칙이다. 그렇지만 비당사국을 경유하더라도 그 국가에서 단지 환적 등의 운송에 요하는 작업만 진행하는 경우에는 일정 조건 하에서 특혜를 주는 예외가 인정된다는 원칙이다. 직접 운송 원칙을 두는 이유는 역내 운송업 이용을 촉진하고 운송 과정에서 비체약국 물품이 체약국 원산지 물품으로 둔갑하는 것을 방지하는 목적도 있다.

3) 역외 가공

역외 가공 방식outward processing, OP은 역내에서 가공된 제품을 FTA 영역 밖의 역외 가공 지역域外加工地域으로 수출하여 일정 수준의 가공을 한 뒤 다시 역내域內로 재수입再輸入하거나 단순히 경유하여 최종 수출을 진행하는 것을 말한다. 다시 말해서 역외 가공은 제조품의 원산지 판정 시 FTA 협정상 영역의 원칙을 벗어나 FTA 당사국 영역이 아닌 역외 지역에서 제조, 가공된 물품 등을 일정 조건에 의거하여 원산지상품으로 인정하거나 그 상품을 단순히 일방一方 당사국과 경유하여 다른 국가로 선적, 수출되는 제품에 대하여 역내산으로 인정해 주는 여러 유형의 방식을 광범위하게 포함한다. 기본적으로 역외 가공 방식은 크게 일반적 역외 가공 방식, 통합 인정 방식Integrated Sourcing Initiative, ISI, 자격 인증 산업지대 방식Qualified Industrial Zones, QIZs으로 구분된다.

제2장

원산지증명서 종류

1. 일반 원산지증명서

1) 의의

일반 원산지증명서는 수출품이 우리나라에서 재배, 사육, 제조, 제도製圖, drawing 또는 가공된 것임을 증명하는 문서이다. 이 서류는 주로 통관, 수출품의 적성국 판명, 수입관세율 적용 등에서 사용되는 수출 물품의 원산지 Country of Origin를 증명하는 무역 서류 중 하나이다. "세관 절차의 간소화 및 조화에 관한 국제협약"으로 교토협약Kyoto Convention에 의거하여 아래의 품목에 한하여 원산지를 대한민국으로 판정 가능하다. 수입국이 만약 별도의 원산지 판정 기준이 있는 경우 예외로 적용될 것이다.

• 대한민국 영토 내에서 수확된 농산물, 임산물, 사육 생산된 축산물, 포획물

- 대한민국 영토 내에서 채굴한 광물
- 대한민국 영토 밖의 해상이나 지층에서 채취한 광물 및 수산물(단, 대한민국이 당해 해상이나 지층개발전유권이 있는 경우 해당)
- 공해상에서 대한민국 국기를 달고 있는 선박이 포획한 수산물(가공물)
- 대한민국에서 생산된 재료를 사용하며 가공, 제조한 물품
- 외국산 원자재를 사용하여 가공, 생산된 물품으로 가공 과정에서 새로운 상품적 특성이 부여된 물품

2) 형태

(1) 일반(상공회의소) 원산지증명서

다음 〈서식 5-1〉과 같이 대한상공회의소의 규격 양식으로 발행되는 일반 원산지증명서Certificate of Origin를 말하며 웹 인증시스템과 EDI를 이용하여 전자문서로 발행하고 있다.

(2) 수출자(제조업자) 원산지증명서

수입자의 요청으로 수출자 또는 제조자가 자체 양식으로 작성한 원산지증 명서로서 대한상공회의소 원산지증명서와는 상이하지만 중요한 항목은 반드시 기재되어야 한다. 최종적으로 수출자(제조자)가 서명, 날인하여 대 한상공회의소 인증 후에 수입자에게 송부한다.

(3) 특정국 원산지증명서

대한상공회의소 소정 양식을 사용하지 않고 특정국에서 요청하는 특정

양식을 사용하여 발급하는 원산지증명서이다. 예를 들면 멕시코의 ANEXO III, 남아프리카의 DA59, 뉴질랜드의 FORM59A 등이 있다. 수출자는 대한상공회의소 웹 인증시스템에서 지원하는 특정국 서식을 선택하여 신청이 가능하다.

(4) 남북 교역 물품 원산지증명서

남한과 북한이 2003년에 채택한 "남북 사이에 거래되는 물품의 원산지 확인 절차에 관한 합의서"에 의거하여 북한으로 반출되는 물품에 대하여 발급하는 원산지증명서이다. 한글 또는 영문을 동시에 기재 가능하며 전국 상공회의소 및 세관에서 발급 가능하다. 반출 승인을 요하는 물품에 대해 통일부 장관의 승인을 득해야 하며 승인받은 항목을 변경하고자 하는 경우도 마찬가지다.

(5) 제3국 원산지증명서

2003년 3월에 한국이 가입한 교토협약에서 원산지 증명 서류에 관한 부속서(D2) 10조에 의거하여 물품의 원산국으로부터 수입하여 제3국으로 수출 또는 중개 무역할 경우 물품 원산국에서 발행한 원산지증명서를 근거로 제3국에서 재발행하는 원산국 원산지증명서를 의미한다. 제3국 원산지증명서 발행 신청은 웹 인증시스템을 활용하여 일반 원산지증명서 'Country of Origin' 항목에 실제 원산지 국명을 정확하게 기록한 후 발급 가능하다.

2. FTA 원산지증명서

1) 의의

자유무역협정Free Trade Agreement, FTA 원산지증명서는 FTA 체결국가 간 관세의 부과, 징수 및 감면, 수출입 물품의 통관 등을 진행할 때 협정에서 정해진 기준에 의거하여 물품의 가공·생산·제조 등이 진행되었음을 증명하는 서류이다. 한국의 FTA 관세특례법상 원산지 증빙 서류는 수출입 물품의 원산지를 증명할 수 있는 내용으로는 작성자, 기재 사항, 유효 기간 등 대통령령으로 정하는 요건을 갖춘 공식 문서는 원산지증명서 또는 원산지 신고서 등이 이에 해당된다.

    FTA를 체결할 때 품목의 원산지를 판정하는 기준 및 이를 증명하는 절차에 대한 명확한 원산지 규정을 협의하게 된다. FTA 협정세율을 적용하기 위해 거래 대상 물품이 원산지 규정에 맞는 원산지 상품인지 여부를 명료하게 판정하고 이를 증명하는 원산지 증빙 서류를 수출자는 수입자에게 전달해야 한다.

    FTA 원산지증명서의 서식, 유효 기간, 제출 방식 등은 FTA별로 서로 상이하다. 한-EU FTA 원산지증명서는 송품장 또는 기타 상업 서류에 당해 물품의 원산지를 바로 기재하는 간편한 방식Invoice declaration을 사용하고 있다.

2) 증명 방식

FTA 원산지증명서의 증명 방식은 크게 원산지 자율증명제, 기관증명제, 인증수출업자제도로 나누어진다. 각각에 대한 설명은 아래와 같다.

(1) 원산지 자율증명제

자율증명제는 수출품의 원산지를 FTA 협정에 의거하여 수출체약국에서 생산 제조된 사실을 수출자가 스스로 증명하며 관련 원산지 서류를 자체 발급하는 방식이다.

원산지 발급 업무를 주로 수출자가 하기 때문에 발급 절차가 신속하고 편리하다. 또한 수출자가 직접 발급하므로 증명서 발급 비용을 절감할 수 있다. 그러나 원산지를 허위로 증명할 가능성도 내재해 있기 때문에 원산지 입증 책임, 허위 증명에 대한 처벌, 현지검증제도 등 여러 가지 보완제도가 뒷받침되어야 한다.

한국에서의 자율증명제는 한-미 FTA, 한-EU FTA, 및 한-칠레 FTA 등에서 채택되어 운용되고 있다.

(2) 원산지 기관증명제

원산지 기관증명제는 공공기관에서 공식적으로 발급하는 방식이다. 이 방식은 수입자나 수출자가 스스로 발급하는 원산지증명서에 비하여 상대적으로 공신력이 높아 우회 수입을 방지하는 효과가 있다.

하지만 원산지 서류 발급 시간과 비용이 들고 수출 신고 등과 같은 수출 부대 업무와 중복되는 불필요한 요식 행위로 인식되기도 한다. 최근 체결되고 있는 FTA에서는 주로 원산지 자율증명 방식이 채택되고 있지만, 한-아세안 FTA, 한-인도 CEPA Comprehensive Economic Partnership Agreement 등에서 원산지 기관증명제를 채택하고 있다.

(3) 인증수출업자제도

인증수출업자제도는 원산지 기관 발급과 자율 발급을 혼합한 형태로서 인증수출업자 자격을 취득한 수출자에 한정하여 자율적으로 원산지증명서를 발급하도록 허용하는 제도이다. 현재 한—EU FTA와 한—EFTA FTA에 도입되어 운용 중에 있고 원산지 증명 및 검증 대응 능력이 인정되는 수출자에게 인증을 부여하고 5년 동안 원산지증명서를 자율적으로 발급하도록 허용하고 있다.

3. 기타 관세양허 원산지증명서

1) 일반 특혜관세원산지증명서

일반 특혜관세제도Generalized System of preferences, GSP는 선진국이 개발도상국을 원산지로 하는 공산품 및 반제품, 농수산물 등에 대해 일반 관세율보다 상대적으로 낮은 관세율을 적용하거나 무관세를 적용하는 관세상 특혜제도이다. 이러한 일반 특혜 관세의 목적은 개발도상국의 수출 확대를 도모하고 공업화의 촉진을 돕기 위한 것이다.

GSP 혜택을 받기 위해서는 선진국으로 수출한 제품이 GSP 원산지 기준, 직접 운송 요건 등에 해당하는지를 증명하는 공식 서류를 제출해야 발급이 가능하다. 한국의 경우 그동안 많은 혜택을 받았지만 현재는 대부분 그 혜택 기간이 지난 경우가 대부분이다. 다만 뉴질랜드·노르웨이·우크라이나·카자흐스탄 등 몇몇 품목에 대해서는 일반 특혜 관세 규정이 적용된다. 이들 국가로 수출하는 한국 기업들은 해당 제품이 혜택 물품인지 확인해야 하고 일반 특혜에 해당할 경우에는 일반 특혜관세원산지증명서를 대한상공회의소로부터 일반 특혜관세원산지증명서를 발급 받을 수 있다.

2) 개도국 간 특혜관세원산지증명서

개도국 간 특혜무역제도Global System of Trade Preferences among developing countries, GSTP는 개발도상국 간 무역 거래에서 상호 관세 양허를 하는 제도이다.

제2차 세계대전 이후 국제무역 질서를 주도해 온 GATT 체제가 선진국 위주로 운용되었고 선진국 간 국제무역질서 재편에 불과하였다는 자각이 일어났으며 개도국 간 실제적이고 효과적인 무역 체계의 확립의 필요성이 제기되었다. 이러한 배경으로 1988년 4월 세르비아 수도인 베오그라드 Beograd에서 개최된 각료회의에서 개도국 간 교역 증진을 위하여 상호간 관세, 비관세장벽 철폐 또는 완화를 통해 고용 및 생산 향상을 도모하기 위한 GSTP 협정이 체결되었다.

3) 개도국 간 관세양허협정에 따른 원산지증명서

이것은 관세 및 무역에 관한 일반 협정General Agreement of Tariffs and Trade에 의하여 관세양허협정을 체결한 개도국 간의 관세 혜택이다. 대상국들은 방글라데시·브라질·칠레·이집트·이스라엘·파키스탄·우루과이 등이며 대상 물품은 GATT 개발도상국 간 관세양허협정의 협정국에서 한정한 국가별 관세양허품목이다.

4) 아시아 – 태평양 무역협정에 따른 원산지증명서

아시아–태평양 무역협정Asia-Pacific Trade Agreement, APTA은 회원국가 간 무역에서 다른 나라와의 무역보다도 상호 관세를 인하해 줌으로써 교역을 확대하기 위한 협정이다. 1976년 최초 회원 국가는 한국·방글라데시·인도·라오스·스리랑카 등 5개국이었다. 2002년에는 중국이 가입하여 현재 법적 협약국은 6개국이다. 라오스는 자국 양허안을 통보하지 않아 현재 법적 가입국가는 아니지만 회원국으로부터 관세 특혜를 받고 있다.

원산지 증명이 글로벌경제에 핵심적인 이슈로 떠오르고 있는 근원적인 원인은 지역 블록화地域block化 현상[36]에서 찾아야 할 것이다. 경제적·지리적 또는 국제정치적 요인으로 각 국가들은 경제적·정치적·사회적·문화적인 이득을 극대화하기 위해 상호 협정을 맺어 자유무역협정 혹은 경제통합 등의 다양한 방식으로 블록화를 하고 있다.

이러한 배경에서 어떤 나라에서 제품이 제조되었는지는 중요한 이슈가 되는 것이다. 그래서 우리는 제5부에서 원산지를 판정하는 기준과 다양한 형태에 대해 학습하였다. 또한 원산지 의의와 발급 방식에 대하여 알아보았다.

현재 국제경제질서에서 원산지 판정 기준과 증명하는 방식을 제대로 파악하는 것이 매우 중요하다. 전 세계 국가들은 각 국가의 이익을 위해 여러 지역 블록을 새롭게 구성하고 있어 지역 회원국가가 아닌 경우에는 혜택을 누리지 못한다. 따라서 글로벌비즈니스를 시작하기 전에 반드시 원산지 증명에 따른 혜택과 향후 전망까지도 연구하여 글로벌 무역활동을 진행하는 것은 필수적이다.

---

36) 지역 블록화 현상: 地域block化현상으로 외래어와 한자어의 혼합으로 생겨난 신조어이다. 이는 여러 지역이나 국가가 사회적·경제적·정치적인 이득을 얻기 위해 뜻을 같이 하기 위해 행동이나 뜻을 함께 하는 현상을 말한다.

〈서식 5-1〉 일반 원산지증명서(출처: 한국무역협회)

일반 원산지증명서 양식

1. Exporter(Name, address, country)	**ORIGINAL**
	CERTIFICATE OF ORIGIN issued by THE KOREA CHAMBER OF COMMERCE & INDUSTRY Seoul, Republic of Korea
2. Consignee(Name, address, country)	3. Country of Origin
4. Transport details	5. Remarks
6. Marks & numbers ; number and kind of packages ; description of goods	7. Quantity
8. Declaration by the Exporter The undersigned, as an authorized signatory, hereby declares that the avove-mentioned goods were produced or manufactured in the country shown in box 3. (Signature) (Name)	9. Certification The undersigned authority hereby certifies that the goods described above originate in the country shown in box 3 to the best of its knowledge and belief. ------------------------------ Authorized Signatory Certificate No.

GSP특혜용 원산지증명서(Form A)

1. Good consigned from(Exporter's business name, address, country) 수출자(상사명, 주소 및 국명)	Reference No.번호 **Generalized System of Preferences** **Certificate of Origin** **특혜관세용 원산지증명서** (Combined declaration and certificate) (신고 및 증명 겸용)
2. Goods consigned to(Consignee's name, address, country) 수입자(상사명, 주소 및 국명)	Issued in _____ (Country)

3. Means of transport and route(as far as known) 운송수단 및 경로	4. For official use 공용란

5 . Tariff item number HS번호	6. Marks and numbers of packages 포장기호 및 번호	7. Number and kind of packages : description of goods 포장 수량 및 종류; 상품명	8. Origin criterion (see notes overleaf) 원산지기준 (뒷면참조)	9. Gross weight or other quantity 총중량 또는 기타 수량	10. Number and date, of invoices 송장번호 및 일자

11. Certificate 증명
  It is hereby certified, on the basis of control carried out, that the declaration by the exporter is correct.
심사결과, 수출자의 신고가 정당다는 것을 증명함
 	
_____
  Place and date, signature and stamp of certifying authority
증명발급지, 발급년월일, 증명발급기관의 서명 및 소인
	12. Declaration by the exporter 수출자의 신고
	  the undersigned hereby declares that the above details and statements are correct : that all the goods were produced in
	아래의 자는 상기 기재내용이 정확하며, 모든 물품이 (국가명)에서 생산되고,
	
	_____
	(country)
	
	and that they comply with the origin requirements specified for those goods in the Generalized Special Preferences for goods exported to
	일반특혜관세규정상 하기 수입국의 원산지기준에 합치한다는 것을 신고함
	
	_____
	(importing country)
	
	_____
	  Place and date, signature of authorized signatory
	작성지, 작성년월일, 서명권자의 서명

〈서식 5-3〉 한·미 FTA 원산지증명서(출처: 한국무역협회)

미합중국과의 협정에 따른 원산지증명서의 서식

Certificate of Origin
Korea-US Free Trade Agreement

1.Exporter (수출자)	Name		2. Blanket Period					
	Address							
	Telephone		YYYY MM DD YYYY MM DD					
	Fax		(년) (월) (일) (년) (월) (일)					
	E-mail		From: _ _ _ _/_ _/_ _ To: _ _ _ _/_ _/_ _					

3.Producer (생산자)	Name (성명)		4.Importer (수입자)	Name (성명)	
	Address(주소)			Address (주소)	
	Telephone (전화)			Telephone (전화)	
	Fax (팩스)			Fax (팩스)	
	E-mail (전자주소)			E-mail (전자주소)	

5. 원 산 지 증 명 대 상 물 품 내 역

Serial No.	Description of Good(s)	Quantity & Unit	HS No.	Preference Criterion1)	Country of Origin

6. Observations:

I certify that:
본인은 다음 사항을 확인합니다.
- The information in this document is true and accurate and I assume the responsibility for proving such representations. I understand that I am liable for any false statements or material omissions made on or in connection with this document.
  상기 서식에 기재된 내용은 사실이고 정확하며, 기재된 사항에 대한 책임은 본인에게 있습니다. 이 증명서 또는 이와 관련한 허위 진술 또는 중대한 사실 누락에 대해서는 본인에게 책임이 있음을 확인합니다.
- I agree to maintain, and present upon request, documentation necessary to support this Certificate, and to inform, in writing, all persons to whom the Certificate was given of any changes that would affect the accuracy or validity of this Certificate.
  본인은 이 증명서를 입증하는데 필요한 문서를 보관하며, 요청이 있을 경우 이를 제출할 뿐 아니라, 이 증명서의 정확성이나 유효기간에 영향을 미치는 여타 변동사항에 대해서 이 증명서를 받은 관계자들에게 서면으로 통보할 것에 동의합니다.
- The goods originate in the territory of one or both Parties and comply with the origin requirements specified for those goods in the Korea -United State of America Free Trade Agreement.
  해당 물품은 대한민국과 미합중국간의 자유무역협정에 따른 원산지결정기준을 충족하고 있음을 확인합니다.
  This Certificate consists of _____ pages, including all attachments.
  이 증명서는 첨부서류를 포함하여 총___장으로 구성되어 있습니다.

7. Authorized Signature (서명권자의 서명)	Company (회사명)
Name (작성자 성명)	Title (직위)
YYYY MM DD (년) (월) (일) _ _ _ _/_ _/_ _	Telephone : (전화번호) Fax: (팩스번호)

1) Originating goods in accordance with Article 6.1(a) of the Agreement(미합중국과의 협정 제6.1조 가호에 따른 원산지물품): WO
   Originating goods in accordance with Article 6.1(b) of the Agreement(미합중국과의 협정 제6.1조 나호에 따른 원산지물품): PSR
   Originating goods in accordance with Article 6.1(c) of the Agreement(미합중국과의 협정 제6.1조 다호에 따른 원산지물품): PE
 * 수입자, 생산자 란은 기재 생략 가능하며, 한글본과 영문을 선택하여 사용할 수 있음

<서식 5-4> 한·EU FTA 원산지증명서(출처: 한국무역협회)

유럽연합당사자와의 협정에 따른 원산지증명서에 기재할 사항
(제9조의6제1항 관련)

상업서류에 기재할 신고문안 (영어본)	The exporter of the products covered by this document (customs authorisation No ...[1]) declares that, except where otherwise clearly indicated, these products are of ...[2] preferential origin. ....[3] (Place and date) .... (Signature of the exporter, in addition the name of the person signing the declaration has to be indicated in clear script)
작성방법	위 문안을 송품장 등의 상업서류에 다음과 같이 작성합니다. 다만, 언어는 영어본 이외에도 아래의 22개 언어본도 사용할 수 있습니다. 1) 인증수출자의 인증번호를 적습니다. 인증수출자가 아닌 경우에는 　빈칸으로 두거나 생략할 수 있습니다. 2) 해당 물품의 원산지를 적습니다. 세우타 및 멜리야를 원산지로 하는 　물품인 경우에는 "CM"으로 표기합니다. 3) 원산지증명서를 작성한 장소 및 작성일을 적습니다. 　다만, 이들 정보가 상업서류 자체에 명시된 경우에는 생략할 수 있습니다. 4) 수출자의 이름을 정확하게 적고, 서명을 합니다. 　다만, 유럽연합당사자와의 원산지 관련 의정서 제16조제5항에 따라 　원산지 인증수출자가 수출국 관세당국에 서면확인서를 제출한 경우에는 　성명과 서명을 기재하지 않을 수 있습니다. 5) 유럽연합당사자와의 원산지 관련 의정서 부속서 2-가에 따라 　별표 9 제5호에 규정된 원산지결정기준을 적용받기 위해서는 　"Derogation - Annex Ⅱ(a) of Protocol"이라는 문구를 기재합니다.

<서식 5-5> 한·인도 CEPA 원산지증명서(출처: 한국무역협회)

인도와의 협정에 따른 원산지증명서의 서식
Certificate of Origin
Korea-India Comprehensive Economic Partnership
Agreement
Original (Duplicate/Triplicate/Quadruplicate)

1. Exporter (name, address, country, e-mail address, telephone number, fax number)	Reference No.: KOREA-INDIA COMPREHENSIVE ECONOMIC PARTNERSHIP AGREEMENT **PREFERENTIAL CERTIFICATE OF** **ORIGIN** (Combined Declaration and Certificate) Issued in _____(Country) _____
2. Producer (name, address, country) (optional)	
3. Importer (name, address, country) (optional)	5. For Official Use
4. Means of transport and route (optional) Departure date: Vessel's name/Aircraft etc.: Port of Discharge	6. Remarks

7. HS Code (6 digit)	8. Description of goods, including quantity	9. Grossweight and value (FOB)	10. Origin criterion	11. Number and date of Invoices

12. Declaration by the exporter	13. Certification
The undersigned hereby declares that the above details and statement are correct; that all goods were produced in .... (Country) ... and that they comply with the origin requirements specified for these goods in the KOREA-INDIA Comprehensive Economic Partnership Agreement for the goods exported to .... (Importing Country)................... .... Place and date, signature of authorised signatory	It is hereby certified, on the basis of control out, that the declaration by the exporter is correct. .... Place and date, signature and stamp of issuing authority

14. □Third country invoicing(name, address, country)

210mm×297mm[보존용지(1종) 70g/㎡)]

아세안회원국과의 협정에 따른 원산지증명서의 서식

(앞쪽)

Original(Duplicate/Triplicate)	
1. Goods Consigned from(Exporter's business name, address, country)	Reference No. **KOREA-ASEAN FREE TRADE AREA PREFERENTIAL TARIFF CERTIFICATE OF ORIGIN** (Combined Declaration and Certificate) FORM AK Issued in --------------- (country) See Notes Overleaf
2. Goods Consigned to(Consignee's name, address, country)	
3. Means of transport and route(as far as known) Departure date: Vessel's name/Aircraft etc.: Port of Discharge	4. For Official Use ☐ Preferential Treatment Given Under KOREA-ASEAN Free Trade Area Preferential Tariff ☐ Preferential Treatment Not Given (Please state reason/s) .... Signature of Authorised Signatory of the Importing Country

5. Item numbe r	6. Marks and numbers on packages	7. Number and type of packages, description of goods(including quantity where appropriate and HS number of the importing country)	8. Origin Criterion (See Notes overleaf)	9. Gross weight or other quantity and Value (FOB only when RVC criterion is used)	10. Number and date of Invoices

11. Declaration by the exporter	12. Certification
The undersigned hereby declares that the above details and statement are correct; that all goods were produced in .... (Country) and that they comply with the origin requirements specified for these goods in the KOREA-ASEAN Free Trade Area Preferential Tariff for the goods exported to .... (Importing Country) .... Place and date, signature of authorised signatory	It is hereby certified, on the basis of control carried out, that the declaration by the exporter is correct .... Place and date, signature and stamp of certifying authority

13. ☐ Third Country Invoicing   ☐ Exhibition   ☐ Back-to-Back CO

210㎜×297㎜[백상지 80g/㎡(재활용품)]

〈서식 5-7〉 한·칠레 FTA 원산지증명서(출처: 한국무역협회)

칠레와의 협정에 따른 원산지증명서의 서식

KOREA-CHILE FREE TRADE AGREEMENT
CERTIFICATE OF ORIGIN

Issuing Number:

1: Exporter (Name and Address) Tax ID No.		
2: Producer (Name and Address) Tax ID No.		3: Importer (Name and Address)

4. Description of Good(s)	5. HS No	6. Preference Criterion	7. Regional Value Content	8. Country of origin

9. Remarks:

10: Certification of Origin

I certify that:

● The information on this document is true and accurate and I assume the responsibility for providing such representations.
   I understand that I am liable for any false statements or material omissions made on or
   In connection with this document

● I agree to maintain and present upon request, documentation necessary to support this certificate, and to inform, in writing, all persons to whom the certificate was given of any changes that could affect the accuracy or validity of this certificate.

● The goods originated in the territory of the Parties, and comply with the origin requirements specified for those goods in KOREA-CHILE FREE TRADE AGREEMENT, and there has been no further production or any other operation outside the territories of the Parties in accordance with Article 4.12 of the Agreement.

Authorized Signature	Company Name
Name (Print or Type)	Title
Date (MM/DD/YY)	Telephone / Fax / E-mail

210mm×297mm[보존용지(1종) 70g/㎡)]

원산지증명서 정리

원산지 규정은 적용 목적에 따라 특혜 원산지 규정과 비특혜 원산지 규정으로 구분된다. 원산지 결정 기준은 완전 생산 기준, 실질적 변형 기준 및 보충적 원산지 결정 기준으로 설명이 가능하며 완전 생산 기준은 일국 완전생산품, 완전 생산 간주 물품, 역내 완전생산품으로 되어 있다. 실질적 변형 기준은 제품 생산 과정에서 제품의 근원적인 성격을 부여하는 국가를 원산지로 한다. 보충적 원산지 결정 기준은 누적 기준, 미소 기준, 직접 운송 원칙, 역외 가공으로 구분해서 결정하게 된다.

원산지의 종류는 일반 원산지증명서, FTA 원산지증명서 및 기타 관세양허원산지증명서가 있다.

일반 원산지증명서는 일반(상공회의소) 원산지증명서와 수출자(제조업자) 원산지증명서가 있다.

FTA 원산지증명서는 자유무역협정에 의거하여 체결 국가 간 관세의 부과, 징수 및 감면, 수출입 물품의 통관 등을 진행할 때 정해진 기준에 의해 물품의 가공·생산·제조 등이 해당 국가에서 진행되었음을 증명하는 서류이다.

기타 관세양허원산지증명서는 일반 특혜관세원산지증명서, 개도국 간 특혜관세원산지증명서, 개도국 간 관세양허협정에 따른 원산지증명서, 아시아 – 태평양 무역협정에 따른 원산지증명서가 있다.

원산지 위반 사례

　최근 조사에 의하면 농산물 원산지 표시 위반 사례 4곳 가운데 1곳은 김치 관련 업체인 것으로 밝혀졌다. 특히 식당 등 대부분 업체들이 국내산 김치 사용을 주장하고 있지만, 정작 수입량은 큰 변동이 없어 중국산 김치 사용이 여전하다.

　농산물 원산지 표시와 축산물 이력 위반정보는 관련법에 따라 적발 이후 12개월 간 인터넷(국립농산물품질관리원 홈페이지 등)을 통해 공개하도록 돼 있는데, 2022년 3월 30일 기준 공표된 위반 사례 1586곳 가운데 394곳(24.8%)은 김치의 원산지 또는 김치에 들어가는 고춧가루의 원산지를 허위로 표시한 것이다.

　위반이 적발된 곳은 대부분 식품접객업인 것으로 드러났다. 중국산 '알몸 절임배추' 파동과 중국의 김치 종주국 주장 등으로 인해 중국산 김치에 대한 거부감이 커지자 많은 업체들이 '국내산 김치' '국내산 배추' '국내산 고춧가루' 사용을 주장해왔지만, 여전히 외식업에서 중국산 사용 비율이 높다는 것을 의미한다.

　실제 관세청에 따르면 '알몸 절임배추' 파동이 일어난 2021년 3월 이후 2022년 2월까지 국내에 수입된 김치는 총 23만3773t으로 전년 같은 기간(2020년 3월~2021년 2월)의 27만8799t에 비해 다소 감소했다. 하지만 감소폭이 그지 않은 것에 비해 대다수 식당들은 여전히 국산 김치를 사용한다고 표시하고 있는 만큼 원산지 표시 위반 사례는 더 많을 것이란 지적이 나온다.

　이 같은 상황에 경남도에선 특별조치까지 단행키로 했다. 경남도 특별사법경찰은 김치 원산지 위반과 불량 식재료 사용 등 위법행위를 차단하기 위해 국내산·수입 김치를 대상으로 기획 단속에 나선다고 최근 발표했다. 특사경 측은 "지난해 중국산 '알몸 절임배추' 파동으로 중국산 수입 김치 소비가 감소하면서 국내산 김치 수요는 증가해 김치 재료 원산지 위반행위가 늘어날 것으로 예상된다"며 "수입 김치를 국산으로 허위 표시해 판매하는 행위, 원재료의 원산지를 허위 표시 제조·판매하는 행위, 국산과 외국산을 혼합하여 국산으로 위장 판매하는 행위 등을 집중 단속할 것"이라고 하였다.

　한편 이 같은 단속에도 중국산 김치 공세는 쉽게 줄어들지 않을 것이란 관측도 나온다. 최근 중국산 김치 가격이 올라가면서 중국산의 가격경쟁력이 떨어졌는데도 김치 수입량은 크게 줄어들지 않았다. 2022년 1~2월 김치 수입량은 3만5858t으로 2021년 동기 대비 6800t가량 줄었지만, 수입액은 2616만달러로 지난해(2402만달러)보다 오히려 늘어났다.

—농민신문, 2022년 4월 1일자 참조

토론 문제

1. 원산지 결정 기준은 무엇이 있는가?

2. 실질적 변형 기준으로는 무엇이 있으며 각각 설명하라.

3. 원산지증명서의 종류는 무엇이 있는가?

4. 원산지 증명 방식은 원산지 자율증명제와 원산지 기관증명제, 인증수출업자제
   도가 있는데, 각각에 대해 설명해 보라.

5. 기타 관세양허 원산지증명서에는 어떤 것이 있는가?

제6부
무역 클레임, 상사 중재

제1장

무역 클레임

1. 무역 클레임의 의의

클레임의 의미는 당연한 권리를 요구, 청구 또는 주장 가능한 것을 의미하지만 원칙적으로 무역 거래의 클레임은 피해자가 가해자에게 손해 배상을 청구하는 것이다. 다시 말하자면 무역 거래 당사자 중 일방이 고의나 과실로 계약의 일부 또는 전부를 이행하지 않음으로 인해 발생된 손해를 구제받기 위해 상대방이 손해 배상을 청구하는 것이 클레임이다.

무역 거래에서 클레임은 대체로 선적 지연, 상품의 품질 및 수량, 선적 불이행 등으로 수입자가 수출자에게 제기하는 경우이며 수출자가 수입자에게 클레임을 제기하는 것은 대금 결제 불이행, 대금 결제 금액 등의 문제이다.

2. 클레임의 원인

1) 선적 관련 클레임

국제무역 진행에 있어 많은 문제가 내재되어 있는 것이 사실이다. 무역은 주로 항공기나 선박으로 운송을 진행하기 때문에 물품을 공항이나 항구로 가는 중에 화물 파손이나 포장재의 손상 등으로 일차적으로 제품의 훼손이 발생하기도 한다. 또한 화물을 운송 수단에 옮겨 싣는 중에 물품의 파손이나 낙하 등의 문제가 발생하여 클레임이 발생하기도 한다. 해상과 항공 선적 진행 중에 기상 악화, 기기 결함에 따른 문제로 물품의 전손이나 파손이 발생하기도 한다. 이에 따른 물품 손상 및 훼손에 대해 수입자가 수출자에게 금전적인 보상을 요구하게 된다.

선적과 관련되어 계약서에 명시된 일자 내 선적 불이행에 따른 수입자의 손실이 발생하기도 한다. 계약서 작성 시 상호 가능한 일정으로 협의를 하는 것이 우선적으로 중요하며 만약 일정 내에 선적이 불가한 사정이 발생한 경우에는 지체 없이 수출자는 수입자와 협의하여 일정을 조율해야 향후 더 큰 클레임과 재정적 손실을 예방할 수 있다.

2) 결제 관련 클레임

결제와 관련된 클레임은 주로 수출자가 수입자에게 제기하는 경우가 대부분이다. 무역은 원천적으로 대금 결제에 대한 두려움과 불확실성이 크게 높은 비즈니스의 형태이다. 수입자가 계약서에 상호 합의한 일정 내에 입금을 하지 않거나 정확한 금액이 아닌 송장 금액보다 적은 금액을 입금하는 경우에 수출자는 수입자에 대하여 클레임을 제기하게 되는 것이다.

신용장 개설을 통한 무역 진행에 있어 수출자는 신용장에 나와 있는

데로 서류를 준비하여 은행에 네고를 진행하였으나 개설 은행에서 수입자가 고의에 의해 서류 하자를 핑계로 입금을 미루는 경우에는 무역 결제에 있어 크게 곤란한 상황인 것이다. 이러한 결제에 있어 발생할 수 있는 문제를 예방하기 위해서는 무역 진행에 앞서 수입자의 신용도와 업계 평판 등을 조사하여 진행하는 것이 차후에 문제 소지를 막을 수 있는 방법 중 하나이다.

3) 마켓 클레임

무역상 시장 상황이 좋지 않을 때 수입자가 사소한 하자를 걸어서 클레임을 제기하는 것이 마켓 클레임Market claim이라고 한다. 만약 수입국의 시장 가격이 폭락한다면 수입자는 상업송장 및 기타 운송 서류의 조그마한 하자를 문제 삼아 대금 지급을 거부하는 경우도 있다. 호황기에는 관습적으로 허용되던 서류상의 사소한 하자의 경우도 불경기가 되면 클레임을 제기하기도 한다. 그러므로 수출자는 이러한 문제의 소지에 대비하여 철저한 서류 작성과 여타 다른 문제가 발생할 부분을 미리 찾아내어 대비하는 것이 더욱 필요하다.

4) 계약 불이행 관련 클레임

수출자와 수입자는 사업 개시 전 사전에 계약서를 상호 합의 하에 체결하게 된다. 통상적으로 매번 계약서를 작성하기도 하지만 특수한 형태의 사업은 최초에 사업상 모든 내용을 다루는 일반 계약서를 상호 체결하고 수출 및 수입을 진행하는 경우도 많다. 이런 경우에 Warranty term하자 보증 기간, Payment term 결제 기간 및 required shipping term 요청 선적 기한 등의 주요한 부분을 체결하였으나 시간이 지나면서 차츰 계약을 위반하거나 일방적으로 변경하는 경우도 실제 무역 거래는 자주 발생하기도 한다. 계약 불이행 관련 클레임은 이러한 계약 사항을 지키지 않은 경우 수출자나 수입자는 해당 부분을 지적하면서 클레임을 제기하는 형태이다. 이러한 계약상 위반을 하지 않기 위해서는 상호 계약 시 철저한 검토와 협의를 거쳐 합의를 해야 하며, 한 번 맺은 계약은 무슨 일이 있어도 지키려는 신의성실信義誠實의 원칙原則으로 최선을 다해야 한다.

5) 클레임 청구 내용

(1) 대체품 청구

수입자는 수입 상품의 품질과 수량이 계약상 합의한 바와 같이 공급이 되지 않은 경우에는 클레임을 제기하게 된다. 이때 수출자에게 수입자는 계약서와 다른 만큼의 대체품을 요청하거나 추후 선적분에서 부족한 수량만큼을 실어줄 것을 요청하는 형태이다. 이런 경우에는 상호 신뢰가 있고 단골 거래인 경우가 많다.

(2) 매매계약의 취소 또는 해약

매매계약을 완전 취소하거나 잔여 계약을 해약하는 경우이다. 계약서상 약정한 기일에 미선적하는 경우 선적 중지 요청과 동시에 계약 자체를 취소하면서 계약 불이행에 대한 손해배상금을 별도 요청하는 클레임이다.

(3) 손해배상금 청구

수출자 또는 수입자가 상대방의 고의나 과실로 인해 입은 손실을 금전적으로 보상해 달라고 요청하는 것이다. 무역 거래에 있어 클레임 청구 중 금전 보상이 가장 많다. 왜냐하면 환차손, 운임의 미회수, 수수료의 미지급 등은 금전 외에는 보상할 방법이 거의 없기 때문이다. 또한 대체품으로 해결될 수 있는 클레임이지만 수입국 시장 상황이 좋지 않은 경우에는 금전 보상을 더 선호하기 때문이다.

(4) 대금 지급 거절

수입자가 수입 물품을 확인한 후 하자가 있다고 판단하고 대금 지급을 거절하는 클레임 제기 형태이다. 신용장 거래에서는 독립성, 추상성에 의해 수입자는 반드시 결제를 해야 하지만 무신용장 방식인 인수도 조건 Document Against Acceptance, D/A의 경우에는 기한부 조건으로 물품을 수입하는 것이이시 대금 지급 거질과 같은 클레임이 세기되기도 한다. 이에 대비하여 수출자는 철저한 품질 관리 및 선적 진행으로 하자가 발생하지 않도록 주의해야 하며, 첫 비즈니스 진행시 수입자가 신뢰성과 사업성을 계약 전 확인하는 것은 필수 조건이다.

3. 클레임 제기 및 해결

1) 클레임 제기

클레임을 제기하기 위해서는 계약서에 합의한 바와 같이 적합한 절차에 따라 제기해야 법률상 보상을 받을 수 있다. 무역계약 시 계약서상 클레임에 관련된 내용이 있는 경우에는 약정한 바대로 클레임을 제기하면 된다. 만약 계약서에 언급이 없는 경우에는 클레임은 국제상관습, 국제규칙, 국내법 등을 적용하게 된다.

클레임 제기를 위해서는 클레임 진술서, 손실명세서, 검사보고서 등의 증명자료가 있어야 한다. 클레임 진술서에는 클레임의 원인, 클레임 대상이 되는 거래 내용 및 명세, 클레임의 해결 방법 등이 기재되어야 한다. 손해 배상 청구를 위한 손실명세서를 세부적으로 작성하여 거래 상대방에게 명확하게 송장 금액과 배상 금액을 표시하고 손실의 구체적 내역과 부대 비용도 기재한다. 추가적으로 국제적으로 권위 있는 검정기관의 검사보고서와 같은 증빙자료는 클레임의 정당성을 높인다.

2) 클레임 접수

무역 거래의 상대방으로부터 클레임이 제기되면 클레임의 제기 내용을 검토한 후 상대방에게 해당 내용에 대해 해결 방안과 확인을 위한 요구 사항을 전해야 한다.

클레임에 대한 통지를 접수한다면 클레임이 계약서에 명기된 약정 기간 내에 제기되었는지를 검토해야 한다. 약정 기간이 지난 뒤에 제기된 클레임은 법적인 시효를 상실했다고 보는 것이 타당하며 클레임을 거절할 수도 있다.

클레임진술서에 언급된 내용을 정확하게 확인해야 하며 클레임이 정당성을 갖추고 있는지 검토하기 위해 아래의 사항을 우선순위로 파악해야 한다.

① 클레임이 적법한 기간 내에 제기되었는지 여부
② 하자를 증명하는 객관적 증빙자료인지 여부
③ 본인이 클레임의 직접 책임 당사자인지 여부
④ 클레임이 계약 조건의 미비로 인한 것인지 여부

⑤ 공인검정기관이 인정한 물품검사인지 여부

⑥ 하자의 정도가 계약상 또는 관습상 허용되는지 여부

⑦ 손해배상청구액이 합리적 산출 근거에 기초한 것인지 여부

⑧ 해당 계약의 특성을 충분히 감안한 것인지 여부

⑨ 기타 제기한 내용이 계약서상 조건에 부합 여부

클레임의 내용을 조사한 후 클레임 분석 내용과 해결 방안에 대해 최대한 빠른 시일 내에 상대방에게 전달해야 한다. 해결 과정에서 첫 대응은 향후 해결 방향을 정하는 것으로서 상당히 중요하므로 클레임을 접수한 기업의 입장을 정확하게 전해야 한다.

클레임 대응에 있어서 상대방과 지속적으로 거래할 당사자일 경우 또는 거래 관계를 계속 유지하고자 하는 상대방인 경우에는 최대한 상호 이해 가능하고 우호적 해결 태도를 견지하는 것이 필요하다.

반면에 상대방의 의도가 불분명하고, 사소한 하자로 클레임을 제기하는 마켓 클레임에 대해서는 합리적 반대 자료를 작성해서 대응해야 한다. 책임 당사자의 애매모호한 답변이나 클레임을 인정하는 것 같은 의사 표시는 자칫 클레임 처리에 있어 불리해질 가능성이 높아 주의를 요한다.

제2장

상사 중재

1. 대안적 갈등 해결

대안적 갈등 해결Alternative dispute resolution, ADR은 재판 외의 다양한 갈등 해결 수단을 총칭하는 명칭이다. 무역 거래에서 발생하는 분쟁을 법원의 재판에 의하지 않고 다른 방법으로 해결하는 제도이다. 대표적인 방법이 알선·조정·중재 등이 있다.

법원에서 해결하지 않고 다른 방법으로 중재하는 대안적 갈등 해결은 아래와 같은 장점이 있다.

① 분쟁 당사자 간 합의를 존중한다. 즉 ADR은 재판을 하지 않고 합의에 의해 절차를 개시하고 분쟁 해결을 유도한다.

② 개인의 비밀이 보장된다. ADR은 절차를 공개하지 않아 개인의 비밀, 영업상 비밀이 보장되는 장점이 있다.

③ 시간과 비용의 절감을 가져온다. 소송과 다르게 ADR에서는 변호사를 반드시 대리해야 할 필요가 없다. 또한 일심一審으로 해결되는 경우가 많아 시간과 비용이 절감된다.

④ 전문성이 보장된다. 법관에 의한 판단이 아니라 분쟁의 내용에 따라 해당 분야의 전문가들이 판정하기 때문에 분쟁의 전문성이 담보된다.

2. 알선

알선은 객관적이고 공정한 제3자의 개입으로 분쟁 중인 당사자 간 합의가 이루어지도록 조언하고 분쟁을 해결하는 방법이다. 제3자는 단순히 당사자의 일방 또는 쌍방의 의뢰로 클레임에 개입하지만 형식적 절차를 거치지 않는다. 민약 알선의 경우 당사자들의 협력 없이는 실패할 가능성이 높다. 알선이 성공한다면 쌍방의 비밀이 보장되고 거래 관계를 계속 유지한다는 것이 장점이다. 하지만 알선은 쌍방의 자발적 합의를 통한 해결이기에 그 효력은 법률적 구속력이 없다. 만일 당사자 간 합의가 이루어지지 않는다면 불가피하게 중재로 해결하거나 소송으로 가야 한다.

알선은 일반적으로 중재 합의가 없는 경우에 이용되고 있으며 한국에서는 대한상사중재원의 직원이 개입하여 쌍방의 의견을 경청하고 해결·합의를 조언하거나 타협을 유도한다. 알선 절차에 소요되는 모든 경비는 전부 무료이다.

3. 조정

조정Mediation은 당사자 일방 또는 쌍방의 요청으로 객관적이고 공정한 제3자를 조정인으로 선정한 후 조정인이 제안한 조정안을 양 당사자들이 합의함으로써 클레임을 해결하는 것이다. 알선은 형식적 절차를 거치지 않지만 조정은 절대적으로 조정인을 선정하는 공식적 절차를 거친다.

일반적으로 조정인은 해당 분야에 전문적 지식을 갖추고 경험이 풍부한 전문가로 구성된다. 조정인은 전문적 지식을 바탕으로 거래 관행, 상관습 등을 적용하여 쌍방이 만족할 만한 조정안을 제안하여 스스로 양 당사자들이 해결하도록 도와준다.

대한상사중재원에서는 대외무역법에 의거한 무역 분쟁 조정과 "부품·소재 전문기업 등의 육성에 관한 특별조치법"에 의거한 신뢰성 분쟁 조정을 시행하고 있다.

1) 무역 분쟁 조정

무역 분쟁 조정은 대외무역법에 의거하여 아래의 분쟁이 발생한 경우 대한상사중재원에서 조정위원회를 구성하여 분쟁에 관한 적합한 조정안을 제시하여 분쟁을 처리하는 절차이다.

① 무역거래자 상호간 또는 무역거래자와 외국 업체 간에 물품 등의 수출, 수입과 관련하여 분쟁이 발생한 경우(대외무역법 제44조 제4항)
② 선적 전 검사와 관련하여 수출업자와 선적 전 검사기관 간에 분쟁이 발생한 경우(대외무역법 제45조 제2항)

대한상사중재원에서는 조정 사건을 접수한 뒤 7일 이내에 조정위원들 중에서 3인을 조정위원으로 위촉하여 조정위원회를 구성한다. 조정위원회 구성이 완료되면 20일 이내 조정위원회를 개최하여 분쟁 내용을 검토한다. 이를 통해 당사자가 적절한 합의에 이르도록 조정안을 제안해야 한다. 이때 양 당사자들은 조정안을 접수한 이후 7일 이내 수락 여부를 서면으로 조정위원회에 통지해야 한다.

당사자들 간 조정회의 중 합의에 이르거나 조정안 제시에 따라 모두 수락한 경우 조정이 성립한다. 이때 합의서가 작성되며 그 순간부터 효력이 발생된다. 만일 양 당사자가 합의대로 이행하지 않는 경우에는 이후 중재·소송 절차에서 그대로 인용될 가능성이 크다.

2) 신뢰성 분쟁 조정

신뢰성 분쟁은 신뢰성 보장사업과 관련해서 빌생되는 분쟁을 의미한다. 다시 말해서, 신뢰성 인증을 득한 부품·소재를 이용하여 제품을 생산하거나 생산된 제품을 사용한 자가 그 부품·소재의 하자瑕疵 발생으로 손해를 입은 경우, 신뢰성 보장사업자, 지정평가기관, 지정인증기관, 피보험자 혹은 기타 이해관계자 간 발생하는 분쟁을 말한다.

신뢰성 보장사업과 관련된 분쟁은 전문적인 지식을 요하기 때문에 최대한 조정에 의하여 신속한 해결이 되도록 유도한다. 대한상사중재원에서는 사건의 접수와 함께 3인의 조정인을 선정하고 조정부를 구성한다. 조정회의를 통하여 양 당사자들은 자신의 입장을 개진하고 조정인들은 법률 관계, 사실 관계에 대한 검토 및 양 당사자가 원만하게 분쟁을 해결하도록 의견을 제시한다. 조정부는 분쟁 해결 합의를 위해 서면으로 조정안을 작성하여 양 당사자에게 수락을 권고한다. 당사자들은 조정안 수락 권고를 받은 때에 이를 수령한 날로부터 10일 이내 수락 여부를 통지해야 한다. 양 당사자가 모두 수락 의사를 나타낸 경우 조정안에 따라 조정이 성립된 것으로 해석한다.

4. 상사 중재

상사 중재arbitration는 분쟁 당사자들의 신청에 의해 법관이 아닌 객관적이고 공정한 제3자를 중재인으로 선정하고 중재인의 판정으로 종국적으로 복종함으로써 쌍방의 분쟁을 원만하게 해결하는 방법이다.

중재의 특징은 아래와 같이 정리할 수 있다. 중재는 민간인에 의한 자주적인 분쟁 해결 방법이며 중재인은 해당 분야의 전문지식을 갖춘 전문가들이며 해당 분쟁의 성격과 특징에 따라 분쟁 당사자들에 의해 선정된다.

① 중재는 양 당사자의 신청으로 성립된다.
  (조정은 일방도 가능함)
② 당사자들이 법원 소송 절차에 의하지 않고 자신들이 클레임을 해결하는 것이므로 중재 계약이 되려면 재판을 받을 권리를 포기하는 것이다.

대한상사중재원에서 하고 있는 중재는 법원과 비교해서 장점이 있는데 아래와 같이 요약 가능하다.

① 분쟁 당사자들은 자신들의 분쟁에 적합한 중재인 선정이 가능.
② 분쟁을 신속하게 해결 가능하고 시간과 비용이 절감됨.
③ 중재 판정은 외국에서도 효력이 인정되고 집행이 보장됨.
④ 비공개로 진행되어 사업상 비밀이나 회사 명성도 유지 가능.

1) 중재 합의

중재는 분쟁 당사자들이 상호 합의한 중재 합의에 의거하여 성립되는데, 중재 합의는 법정 소송을 배제하고 중재에 의해 분쟁을 원만히 해결하도록 쌍방의 중재를 합의하는 중재 계약을 의미한다. 즉 중재 계약은 당사자 간 합의를 전제로 하고 법원에 의해 재판받을 권리를 포기해야 하며 제3자인 중재인의 판정에 복종하는 것을 원칙으로 한다.

2) 중재 절차

중재 절차는 중재 계약으로 명시해 놓을 수도 있으나 당사자 간 합의가 없거나 의사가 불분명한 경우에는 상사 중재 규칙에 따른다. 상사 중재 규칙에 의한 절차는 이레와 같이 간략하게 요약 가능하다.

① 중재 신청: 당사자는 대한상사중재원(사무국)에 중재 신청
② 중재 신청의 접수 통지: 사무국은 중재신청서 접수 후 중재 규칙 제10조의 규정에 적합한지를 파악하고 양 당사자에게 접수되었음을 통지함과 동시에 중재인 선정을 의뢰함으로써 중재 절차 개시됨(이때 피신청인 측에 중재신청서 1부를 보냄)
③ 답변서 제출 및 반대 신청: 피신청인은 수령일로부터 국제 중재 30일 이내(국내 중재 15일 이내)에 사무국에 답변서를 제출해야 한다. 피신청인이 반대하는 경우 반대의 중재 신청도 가능함.
④ 중재판정부 구성: 1인 혹은 수인의 중재인으로 구성됨
⑤ 심리 절차: 비공개를 원칙으로 하며 허가를 받은 자는 심문 출석 가능함.
⑥ 중재 판정: 심리 종결일로부터 30일 이내 판정. 중재 절차 시 주장되었으나 중재 판정에 포함되지 아니한 청구에 대한 추가 판정은 60일 이내 판정한다.

중재 진행을 위한 중재신청서와 중재합의서는 아래의 〈서식 6-1〉과 〈서식 6-2〉와 같다.

무역을 진행하다 보면 부득이 하게도 포장 파손, 수량 부족 등의 사소한 문제부터 심각한 품질 문제가 발생하기도 한다. 왜냐하면 무역 거래에 있어 상당히 많은 위험 요소들이 도처에 산재해 있기 때문이다. 이러한 이유로 무역 거래에서 완벽하게 모든 문제를 예방해서 발생하지 않도록 조치하는 것은 불가능에 가깝다.

이러한 관점에서 볼 때, 클레임을 줄일 수는 있어도 완전하게 제거할 수는 없다는 것이다. 따라서 클레임이 고객으로부터 접수된다면 합리적인 방식으로 해결하는 것이 매우 중요하다.

클레임이 접수되면 해당 제품의 귀책사유가 수출기업이라고 판정이 되면 가급적이면 합의를 통해 클레임에 대한 보상을 합리적이고 원만하게 해결하는 것이 필요하다.

그럼에도 불구하고 양 당사자 간 합의가 되지 않는다면 중재 절차를 밟아야 하는 것이다. 그나마 상사 중재를 통한 분쟁 조정은 법원에서의 소송보다는 시간이 상대적으로 훨씬 짧고 비용면에서도 저렴하다. 따라서 양 당사자 간 무역 분쟁 해결을 위해 되도록 상사 중재를 진행하는 것이 바람직하다.

만약 양 당사자가 뜻을 굽히지 않고 중재 절차마저 거부하는 상황이라면 법정 소송으로 분쟁 해결하는 수밖에 없는 것이다. 앞서 언급한 바와 같이 소송은 해결을 위한 시간과 비용에 있어 상당한 지출이 불가피하며 소송 중에는 사업을 계속할 수가 없기 때문에 비즈니스에 큰 차질을 불러일으킨다. 또한 장기적 관점에서 향후 비즈니스에도 악영향을 줄 수 있으므로 소송은 권장할 만한 수단이 되지 못한다.

중 재 신 청 서

1. 당사자의 성명 및 주소

(가) 신 청 인

법 인	법인명칭		법인주소 전화번호	
	대 표 자 성 명		대 표 자 주 소	
개 인	성 명		주 소 전화번호	
대리인	성 명		주 소 전화번호	

(나) 피신청인

법 인	법인명칭		법인주소 전화번호	
	대 표 자 성 명		대 표 자 주 소	
개 인	성 명		주 소 전화번호	

2. 중재신청의 취지(별지기재):
3. 중재신청의 이유 및 입증방법(별지기재):

20   년   월   일

위 신청인 ＿＿＿＿＿＿＿＿＿ 인

(구비서류): 가. 중재신청서 ………………………………………………………… 5부.
　　　　　　나. 중재합의를 인증하는 서면의 원본 또는 사본 ………………………… 5부.
　　　　　　다. 중재신청에 주장하는 청구의 근거를 증명하는 서증의 원본 또는 사본……… 5부.
　　　　　　라. 법인등기등본(개인인 경우 주민등록등본) ……………………………… 1부.
　　　　　　마. 대리인 신청시는 위임장 및 인감증명서……………………………… 1부.
　　　　　　바. 소정의 중재비용

사단법인 대 한 상 사 중 재 원 귀 중

중 재 합 의 서

여기 당사자들은 아래 내용의 분쟁을 대한상사중재원의 중재규칙 및 대한민국법에 따라 대한상사중재원에서 중재에 의하여 해결하기로 하며, 본 분쟁에 대하여 내려지는 중재판정은 최종적인 것으로 모든 당사자에 대하여 구속력을 가지는 것에 합의한다.

(1) 분쟁내용 요지:
(2) 부가사항(중재 인수나 위 규칙 제8장에 따른 신속절차 등에 관하여 합의할 수 있음):

당 사 자(갑)   당 사 자(을)

상 사 명 : -----------------------------------
위 대표자 -----------------------------------
주   소 : -----------------------------------
전화번호 : -----------------------------------
서명또는
기명날인 : -----------------------------------
일   자 : -----------------------------------

사단법인 대 한 상 사 중 재 원 귀중

조 정 신 청 서

1. 신청인
회사명:
주　소:
대표자:
대리인:

전　화:
팩　스:
이메일:

2. 피신청인
회사명:
주　소:
대표자:
전　화:
팩　스:
이메일:

3. 신청취지
(1)
(2)

4. 신청이유
(1)
(2)
(3)

5. 입증방법
가. 조정신청서 .... 3부.
나. 조정합의를 인증하는 서면의 원본 또는 사본 3부
다. 조정신청에 주장하는 청구의 근거를 증명하는 서증의 원본 또는 사본 .... 3부.
라. 법인등기등본(개인인 경우 주민등록등본) .... 1부.
마. 대리인 신청시는 위임장 .... 1부.
바. 소정의 조정비용

20 　 년 　 　 월 　 　 　 일
위 신청인＿＿＿＿＿＿＿＿＿＿＿인

대한상사중재원 귀중

클레임과 상사 중재 정리

무역 클레임은 무역 거래에서 발생한 피해에 대해 피해자가 가해자에게 손해 배상을 청구하는 것이다. 무역 당사자 중 일방이 고의나 과실로 발생한 손해를 구제받기 위해 상대방이 손해 배상을 청구하는 것이다.

무역 클레임의 원인으로 일반적으로 선적 관련 클레임, 결제 관련 클레임, 마켓 클레임, 계약 불이행 관련 클레임으로 구분이 가능하다. 클레임의 청구 내용은 대체품 청구하거나 매매계약의 취소 또는 해약, 손해배상금 청구, 대금 지급 거절 등이 된다.

중재는 대안적 갈등 해결로서 알선, 조정 및 상사 중재로 나눠진다. 중재의 절차는 중재 신청, 중재 신청의 접수 통지, 답변서 제출 및 반대 신청, 중재판정부 구성, 심리 절차 및 중재 판정으로 마무리된다.

대한 상사 중재에서 하는 중재는 법원과 다른 점이 있는데 분쟁 당사자들은 자신들의 분쟁에 적합한 중재인 신청이 가능하고, 분쟁을 신속하게 해결이 가능하다. 또한 중재 판정은 외국에서도 효력이 인정되고 비공개로 하기 때문에 사업상 비밀이나 회사 명성도 유지 가능하다.

무역 클레임과 중재 사례

중국 개방정책 추진과 더불어 한국의 대중對中 교역이 증가하고는 있지만 중국 업체가 수출 상품에 대해 일방적으로 계약 내용을 지키지 않아 국내의 수입상이 피해를 입는 사례가 늘고 있다.

특별히 중개무역에서 중국 업체의 일방적 계약 불이행은 제3국에 대한 한국 모 업체들의 신뢰도를 떨어뜨리는 결과를 초래하고 있다.

1990년 12월 6일 무역업계에 따르면 중국은 최근 들어 고밀도 폴리에틸렌과 시멘트를 한국 상사에 수출키로 계약을 체결한 후 선적을 앞두고 일방적으로 가격을 올려버려 계약 내용을 지키지 않거나 품질이 낮은 저급품을 공급하는 경우가 늘어나서 국내 수입업체들이 피해를 보고 있다.

1990년 8월에 한국 모 기업의 경우 홍콩 무역상을 통해 중국으로부터 약 2백만 달러 상당의 고밀도 폴리에틸렌 2천 톤을 수입, 이를 인도로 수출키로 하였으나, 중국 업체에서 선적일을 앞둔 1990년 11월 국제 원유가의 인상을 들어 예고 없이 가격을 톤당 22%씩이나 인상했다.

이러한 이유로 한국 모기업을 통해 수입하는 인도India의 수입상들은 한국 기업 측에 계약 내용 위반으로 클레임Claim을 제기했으며 이 중에서 15만 달러 상당인 1백 60톤은 수입상의 완강한 거부로 아직까지 선적도 못한 채 처리 방안을 논의하고 있으나 별다른 해결책을 찾지 못하고 있어 자칫 한국 모 기업이 배상을 해야 할 상황에 직면하고 있다.

이 업체의 본의 아닌 이번 계약 불이행은 결국 인도 수입상들에 대한 국내 무역업계의 신뢰도마저 떨어드리는 결과를 초래하고 있어 더욱 큰 문제점으로 지적되고 있다. 그동안 시멘트 품귀로 홍콩의 거래선을 통해 중국산 시멘트를 수입해 온 여타 종합상사들도 시멘트의 품질이 계약 내용보다도 현저하게 낮아 실수요자들로부터 손해 배상을 요구받고 있는 등 중국 업체들의 계약 불이행으로 인한 피해가 급증하고 있다.

이들 클레임은 모두 수입상인 국내 상사들이 계약서상에 중재 조항을 넣지 않은 채 계약을 체결하는 바람에 법적인 보장도 받을 수 없어 실수요자나 제3국 거래선 과의 합의 이외에는 별다른 해결책이 없어 수입상만 손해를 보아야 할 처지이다.

무역업계의 한 관계자는 "중국이 아직까지 자본주의식 거래 방식에 익숙해 있지 않아 계약 불이행으로 인한 손해 배상 청구 등에 대한 개념이 부족하여, 이 같은 시례가 속출하고 있어 중국과의 거래에는 보다 신중을 기해야 할 것"이라고 설명했다. 이러한 문제는 중국만의 문제는 아니며 세계의 여러 업체와 매매계약 체결 시 필수적으로 계약 불이행에 따른 손해 배상 청구에 대해 정확하게 언급해야만 향후 문제 해결에 도움이 될 것이다.

—연합뉴스, 1990년 12월 6일자

토론 문제

1. 무역 클레임의 정의는 무엇인가?

_____

_____

2. 무역 클레임의 원인은 주로 무엇인지 설명해 보라.

_____

_____

3. 클레임의 정구 내용은 각각 무엇이 있는가?

_____

_____

4. 상사 중재는 무엇이며 종류가 어떻게 되는가?

_____

_____

5. 중재 절차를 간략하게 서술해 보라.

_____

_____

제7부
국제무역금융

무역 결제

1. 무역 결제의 개념

국가 간 무역 거래에 있어 정치·경제·문화·상관습 등이 서로 상이하고 화폐도 다른 경우가 많아 무역 결제에 있어 상호 예상치 못한 상황을 접하게 되어 무역 거래의 결제는 상당한 복잡성을 나타낸다.

국제 거래의 특성을 제대로 파악하기 위해서는 외국환 업무의 순환 과정을 이해해야 한다. 이러한 업무에 있어 환율 격차상의 위험, 대금 결제 시 복잡한 거래 과정, 무역계약 체결 시점과 물품 인수까지 환율의 변동에 따른 가격 변동 등의 문제가 있다. 또한 각국의 외환 수급 사정과 정치적인 이유로 시행되는 외환 지급 정지 등 국가별 위험 등의 위험 요소가 상존하는 것을 고려해야 한다.

2. 무역 결제 방법의 특징

무역 결제 방법은 크게 송금 결제 방식, 추심 결제 방식, 신용장 결제 방식
으로 세 가지로 구분 가능하며 그 특징과 내용을 요약하면 아래와 같다.

구분	송금 결제 방식	추심 결제 방식	신용장 결제 방식
대금 지급자	수입자Importer	수입자Importer	개설은행Issuing Bank
은행 지급 확약 (보증) 여부	지급 확약 없음	지급 확약 없음	은행이 지급 확약함
환어음 발행 여부	환어음 발행 없음	환어음 발행	신용장에 따라 다르게 적용
수수료 부담	낮은 수수료	신용장 결제 방식보다 는 낮은 수수료	각종 수수료 지급으로 비교적 높은 수수료 발생
국제 규칙	없음	URC[1] 등	UCP,[2] ISBP[3] 등

[용어 해설]
1) URC(추심 통일 규칙, Uniform Rules for Collections), 2) UCP(신용장 통일 규칙, Uniform Customs and Practice for Documentary Credits), 3) ISBP(국제표준은행관행, International Standard Banking Practice)

3. 송금 결제 방식

1) 개요

송금 결제 방식은 수입자가 수출자에게 물품에 대한 반대 급부로서 수출
자의 외환 계좌에 직접 송금하여 결제하는 방식이다. 이 방식은 다른 결제
방법에 비해 가장 수수료가 낮은 것이 특징이다.

2) 송금 결제 방식

송금 결제 방식은 크게 전신 송금 방식_{Telegraphic Transfer, T/T}, 우편 송금 방식 _{Mail Transfer, M/T}, 송금 수표 방식_{Demand Draft, D/D}으로 구분된다.

전신 송금 방식은 가장 일반적으로 많이 사용되는 결제 방법으로 우편 방식보다 전신을 통해 지시되는 방식이며 전신 송금 방식은 Wire Transfer 라고도 한다.

우편 송금 방식은 수입자의 요청으로 송금은행이 우편환을 지급은행 앞으로 직접적으로 우편을 통해 보내는 방식이다.

송금 수표 방식은 수입자가 송금은행에 대금을 지급하고 은행이 송금 수표를 발행해 주면 수입자가 직접 수출자에게 우편으로 송부하고 수출자 가 수출국 소재 은행에 가서 송금 수표를 현금화하는 방법이다.

3) 결제 시기 구분

(1) 사전 송금 방식

사전 송금 방식_{Payment in advance}은 무역 거래 대금을 물품의 선적이나 인도 시점 전에 미리 결제하는 방식으로 선지급 방식_{Payment in advance}, 주문 시 지급 방식_{Cash With Order} 등의 형태가 있다. 수출자(매도자)에게는 유리한 방 식이지만 수입자에게는 불리한 결제 형태이다. 그래서 수입자(매수자)의 위험을 경감하기 위해 수입자는 수출자에게 A/P bond[37]를 요구하여 선지

---

37) A/P Bond(Advanced Payment Bond)는 선수금반환보증으로 계약상 채무자(수출자, 매도자) 가 계약을 이행하지 못한 경우에는 이미 지급한 선수금을 매수자(수입자)에게 반환할 것을 내용 으로 하는 것임(구종순, 2019).

급에 따른 위험을 관리할 수 있다.

(2) 동시 지급 방식

동시 지급 방식Concurrent Payment은 수출자가 물품을 인도하여 수입상이 확인
후 대금 지급이 동시에 일어나는 것을 말한다. 동시 지급 방식은 현물 상환
지급 방식Cash On Delivery, COD과 서류 상환 지급 방식Cash Against Documents, CAD,
European D/P로 나누어진다.

첫 번째, 현물 상환 지급 방식은 수입자(매수자)가 물품을 확인하고 나서
물품의 인도와 상환으로 대금을 결제하는 방식이다. 수입자가 대금 지급
전에 제품의 품질을 확인하고 결제하는 형태의 무역 거래에서 이러한 상
환 방식이 채택된다. 예를 들면, 고가의 보석류나 귀금속 등은 품질을 확
인하고 송금하는 방식으로 거래가 이뤄진다.

두 번째, 서류 상환 지급 방식은 수출자가 제품을 선적하고 나서 선적
서류를 제시하거나 송부하여 서류와의 상환으로서 대금을 결제하는 방식
이다. 일반적으로 수출국에 주재하는 수입자의 대리인이 선적 전에 검사
Pre-Shipment Inspection, PSI를 한 후 대금을 지급함으로써 위험 관리Risk Management
가 가능하다.

세 번째, European D/P 방식은 modified CAD(변형된 서류 상환 지급 방식)
로 수출자(매도인)가 물품을 선적하고 수입자의 거래은행에 서류를 발송
함으로써 대금을 결제 받는 형태이다. 수출국의 추심 의뢰 은행 없이 바로
수입자의 수입국 은행으로 서류를 직접 배송하기 때문에 환어음을 발행하
지 않아 인지세를 절감할 수 있는 장점이 있다.

(3) 사후 송금 방식

사후 송금 방식Later Remittance은 수출자가 수입자에게 제품 선적 또는 제품·운송 서류를 인도한 후 일정한 기간이 경과하여 대금 결제하는 방식을 일컫는다.

　사후 송금 방식은 환어음을 발행하지 않음으로써 수수료를 절감하며 추심 결제 방식의 기한부 환어음 방식과는 다르다. 하지만 은행을 거치지 않고 수입자는 대금 결제를 O/A Open Account 방식으로 결제하는 형태이기에 대금 결제의 위험은 더욱 크다. 이러한 이유로 수출자는 대금을 안전하게 회수하기 위해 한국무역보험공사K-sure의 수출보험에 가입하는 방식으로 위험을 관리하기도 한다.

　O/A 방식은 신용사회 풍토가 정착한 서유럽과 북미 국가에서 주로 사용되는 방식이며 한국에서도 이 방식의 결제 비중이 늘어나고 있다.

　O/A 방식의 장점은 거래가 단순하고 서류 작성, 심사에 따른 까다로운 절차를 줄일 수 있는 점이다. 또한 O/A 방식은 은행을 통한 추심 및 네고 진행에 따른 거래수수료가 들지 않아 비용 절감이 가능하다.

　반면에 O/A 방식의 단점은 수출자(매도인)는 제품을 수입자(매수인)에 우선 인도하고 대금 결제를 수입자의 신용에만 의존하기 때문에 대금 회수에 대한 위험은 수출자가 부담해야 한다는 점이다. 이런 위험을 관리하기 위해 수출자는 한국무역보험공사의 수출보험에 가입하는 것이 필요하다.

4. 추심 결제 방식

국제무역 거래에서 신용장과 함께 사용되고 있는 결제 방식으로 화환어음 Documentary Bill의 추심 방식이 있다. 이 추심 방식은 은행의 지급 확약이 없으며 수출자와 수입자가 매매계약에 의해 결제되는 방식이다. 수출자는 화환어음을 발행하여 수입자의 은행으로 화환어음을 보내어 수출 대금을 추심하는 결제 방식이며 선적 서류의 인도 조건에 따라 지급도 조건과 인수도 조건으로 나눠진다.

1) 지급도 조건

지급도 조건Documents against Payment, D/P은 기본적으로 수출 대금의 지급과 상환하여 운송 서류를 수입자에게 인도하는 어음 지급 서류 인도 조건이다. 즉, 지급도 조건은 수출자가 매매계약에 의거하여 선적을 완료 후 일람불At sight 어음을 발행하여 운송 서류와 함께 수출국 거래은행에 추심을 의뢰하면 거래은행은 수입자에게 어음을 제시하여 어음 금액을 일람 지급으로 받고 운송 서류를 인도하게 된다.

　D/P 방식의 거래에서 수입자는 반드시 대금 지급을 해야 운송 서류를 받을 수 있으며 물품도 인도받게 된다. 대금은 추심은행을 거쳐 수출업자에게 전달된다. 만일 수입자가 환어음에 대해 지급을 거절하면 관련 운송 서류는 수출자에게 반송된다.

2) 인수도 조건

인수도 조건Documents against Acceptance, D/A은 수입자가 환어음에 대한 인수만으로도 관련 운송 서류를 받을 수 있는 어음 인수 서류 인도 조건이다. 인수도 조건은 지급도 조건D/P과 추심 과정은 같지만 이 조건에서는 수출자가 기한부 어음을 발행하고 수입자가 어음에 대하여 지급의 약속으로 'accepted'로 기재하고 서명 날인함으로써 운송 서류를 인도 가능하고 만기일에 수입 대금을 추심은행에 지급하게 된다.

그러므로 D/A는 기한부 거래에 해당하며 수입자는 인도받은 관련 운송 서류를 가지고 물품을 찾아 고객들에게 판매 가능하다. 수입자는 대금 결제를 어음 기일 내에 추심은행에 결제하면 되고 수출자는 만기일 이후 수출 대금을 추심 의뢰 은행을 통해 지급받게 된다.

3) 화환어음 추심 방식의 특징

신용장 방식의 결제 방식과는 다르게 화환어음 추심 방식 거래는 당사자 간 매매계약에 의해서만 거래가 이뤄지기 때문에 선수출계약서에 의한 거래라고도 하는데 다음과 같은 특징을 가지고 있다.

첫 번째, 신용장 거래에서는 수입자를 대신하여 개설은행이 지급 확약을 하지만 화환어음 추심 방식에서는 추심 의뢰 은행 및 추심은행은 단순히 수출 대금을 추심만 하고 지급상의 책임은 없다.

두 번째, 신용장 거래에서 발행되는 화환어음은 개설은행이 지급인이 되지만 화환어음 추심 방식 거래에서는 수입자가 지급인이 된다.

세 번째, 화환어음 추심 방식 거래에서는 수입자가 운송 서류의 인수 거부를 할 수도 있기 때문에 추심이 완료되어야 대금이 수출자의 은행계좌로 입금이 된다. 반면에 신용장 거래에서는 개설은행의 지급 확약으로 매입은행이 수출자로부터 환어음과 관련 운송 서류를 매입할 때 수출 대금이 지급된다.

네 번째, 신용장의 독립성과 추상성의 원칙으로 수입자는 개설은행이 제시한 관련 운송 서류의 인수를 거부할 수 없다. 하지만 화환어음 추심 방식 거래의 수입자는 추심은행이 제시한 환어음과 접수받은 운송 서류의 인수를 특정한 이유가 있는 경우에는 거절하기도 한다.

5. 신용장 결제 방식

1) 신용장 의의

신용장Letter of Credit은 무역 대금 지급의 원활화와 상호 안전성을 위해 수입자의 지시instruction와 요청request으로 개설은행이 수입자importer, 매수자가 지시한 자 또는 수출자exporter, 매도자에게 일정 기간period과 일정 조건condition으로 수입 물품과 관련된 선적 서류를 담보로 하여 발행은행issuing bank이나 동同 발행은행이 지정하는 환거래은행을 지급인으로 하는 화환어음을 발행하도록 하는 것으로 해당 환어음이 제시될 때에는 지급payment, 인수acceptance, 또는 매입negotiation할 것을 어음 발행인drawer과 어음 수취인payee에게 약정하는 증서이다.

다시 말하면 수출자가 물품 선적 후 신용장信用狀의 요구에 일치하는 선적 서류를 준비해서 제시하는 경우 수입상을 대신해서 개설은행은 지급의 이행 또는 신용장에 의거하여 발행된 환어음의 지급·인수를 수출상 또는 환어음 매입은행買入銀行, negotiating bank 및 선의善意의 어음 소지인bona-fide holder에게 약정하는 일종의 확약서確約書이다.

2) 신용장의 특징

신용장은 국제 규칙으로 "화환신용장에 관한 통일 규칙 및 관례Uniform Customs and Practice for Documentary Credits UCP 600"이 적용된다. 전자상거래 및 전자적 상거래 질서의 확산으로 UCP 500의 추록으로 "전자적 제시를 위한 화환신용장 통일 규칙 및 관례의 추록Supplement to UCP 500 for Electronic Presentation"이 국제적으로 통용되어 적용되기에 이르렀다.

신용장은 개설은행의 확약에 따라 수출상의 대금 결제 요구에 대응하여 결제하는 것이지만 아래의 요건이 충족되어야만 개설은행은 수출자에게 대금 지급을 실행할 수 있다.

① 신용장에 기재된 서류는 반드시 제출되어야 한다.
② 신용장의 일정한 조건과 일정을 충족해야 한다.
③ 서류의 제출처는 발행은행 혹은 지정은행이 되어야 하는 조건부 지급확약서이다.

3) 신용장의 필요성

무역 거래는 국가 간 거래이면서 수출상과 수입상의 두 주체가 상호 신용을 바탕으로 이뤄지는 것이다. 이러한 거래는 상당히 복잡하고 위험의 요소가 많은 부분에 상존해 있다.

특히 수출싱은 물품의 생산과 선적 행위를 모두 완료한 후 수입상으로부터 사후 송금 방식으로 했을 때 물품 대금 결제를 받지 못한다면 큰 손실에 봉착하게 된다. 이러한 위험은 모든 수출상의 관심사이며 수출상은 최대한 위험을 최소화하고자 하는 것이다.

신용장은 신뢰가 높은 개설은행이 지급을 확약하는 것으로서 수출상은 수입상이 신용장을 개설하여 전해 오면 거래에 대해 안전성을 갖게 된다. 또한 수입상도 신용장에 일정한 일정과 조건을 제시함으로써 거래의 안전성을 확보하여 수입을 안심하고 진행할 수 있다.

개설은행의 입장에서도 신용장 개설과 지급, 매입 및 추심 등의 업무 진행으로 각종 수수료를 받게 되어 은행의 수익을 높이는 결과를 가져오게 된다.

이와 같이 신용장은 수출상에게는 높은 신뢰성을 보유하고 있는 은행과 무역 업무 수행을 통해 수출상의 무역활동에 신뢰성을 부여해 주고, 대금 결제의 미이행에 대한 불안함을 해소시켜 주는 장점이 있다. 또한 수입상에게도 수입의 안전성을 은행이라고 하는 공식적 기관이 확보하도록 해 주기 때문에 안심하고 무역을 진행하도록 해 준다. 은행도 신용장 업무를 중간에서 진행해 줌으로써 각종 수수료와 외환 취급 수수료 등의 수익을 확보하게 되어 수익성을 높일 수 있다.

4) 신용장의 기능

신용장은 무역 당사자에게 다양한 기능을 수행하게 되는데 아래와 같이 두 가지 기능으로 설명이 가능하다.

기능	세부 내용
대금 결제 기능 Means of settlement	신용장 거래에서 개설은행은 제3자로서 수출자가 일치되는 서류를 제시함으로써 수입자를 대신하여 결제를 완료한다.
신용 편의 기능 Credit facility	수출상은 수출과 동시에 은행에 환어음 매입하여 자금 확보가 가능하고, 수입상은 수입 화물 대도Trust Receipt, T/R로 결제 전이라도 수입 물품 처분 가능하고 수입 물품의 담보권은 상실하지 않는다.

5) 신용장 거래 절차

수출자와 수입자의 매매계약 개시부터 마지막 결제 완료까지 순환 과정을 아래와 같이 간략하게 나타낼 수 있다.

① 매매계약 체결: 수익자(수출자)는 개설 의뢰인(수입자)과 계약을 체결하는데, 계약 조건에 결제 관련 내용이 명확하게 나타나야 한다(일람불 신용장, Usance 기한부 신용장 등)

② 신용장 개설: 수입자의 요청으로 개설은행에 신용장 개설 신청을 하는데, 은행에 신용장개설신청서, 계약서 등의 서류가 필요하다. 신용장 개설 방식에는

우편, 전신SWIFT 방식이 있다.

③ 신용장 개설 통지: 개설은행은 수익자(수출자)에게 신용장 개설 통지를 위해 통지은행Advising bank에 신용장을 통지한다.

④ 신용장 도착 통지: 통지은행은 수익자(수출자)에게 신용장이 도착하였음을 전화 또는 우편으로 신용장 도착을 통지한다.

⑤ 물품 선적 후 환어음 발행 및 서류 제시: 수익자는 물품 선적 후 선박회사(또는 포워더)로부터 선적 서류를 받고 신용장에 일치하는 모든 서류를 준비하여 매입은행에 제시하고 환어음을 발행한 후 결제 대금을 청구한다(nego 의뢰의 경우).

⑥ 결제 또는 매입 진행(신용장 일치 여부 확인 후 결제 또는 매입)

⑦ 환어음 및 선적 서류 송부(지정은행이 개설은행으로 서류 송부)

⑧ 신용장 대금 상환(개설은행은 자기자금으로 만기에 대금 상환)

⑨ 서류 도착 통지(개설은행은 개설 의뢰인에게 대금 결제 요청)

⑩ 대금 결제 및 시류 인수(개설 의뢰인의 대금 결제 후 서류 인수)

신용장 순환 과정에 대한 위의 내용을 도식으로 설명하면 아래의 〈그림 7-1〉과 같이 나타낼 수 있다.

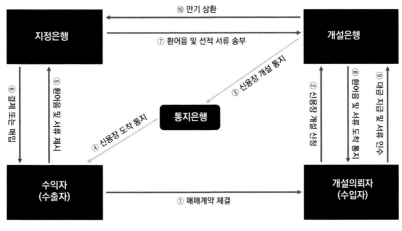

〈그림 7-1〉 신용장 순환 과정

6) 신용장 종류

신용장은 여러 기준에 의해 구분해서 사용되는데, 크게 선적 서류 첨부 여부, 취소 가능 여부, 결제 방법, 결제 시기 및 양도 가능 여부로 나눠진다. 아래의 〈표 7-1〉은 각 신용장의 종류와 세부 내용을 정리하여 작성하

〈표 7-1〉 신용장 종류

구분	용어	세부 내용 설명
선적 서류 첨부 여부	화환 신용장 Documentary L/C	환어음 + 선적 서류
	무환 신용장 Clean L/C	보증신용Standby L/C, 담보 없이 지급 확약으로 위험성 높음
취소 가능 여부	취소 가능 신용장 Revocable L/C	언제든지 신용장 내용 정정 가능
	취소 불능 신용장 Irrevocable L/C	일방적으로 내용 수정, 취소 불가
결제 방법	일람 지급 신용장 Sight Payment L/C	일람불로 대금을 받을 수 있음
	연 지급 신용장 Deferred Payment L/C	연 지급 확약으로 만기에 지급, 환어음 無
	인수 신용장 Acceptance L/C	인수은행이 기한부 환어음 인수하고 어음 만기에 지급 (환어음 有)
	매입 신용장 Negotiation L/C	환어음 할인하는 방식으로 구매하는 신용장
결제 시기	일람 지급 신용장 Sight L/C	서류나 환어음 제시하면 바로 대금 지급하는 신용장
	기한부 신용장 Usance L/C	서류나 환어음 일단 인수하고 일정 기간 후 지급하는 신용장(Shipper's Usance: 신용 공여 주체는 수출자, Banker's Usance: 신용 공여 주체는 은행)
양도 가능 여부	양도 가능 신용장 Transferable L/C	수익자의 권리를 제3자에게 양도 가능 ("Transferable" 문구 有)
	양도 불가능 신용장 Non-transferable L/C	양도 불가능

였다. 신용장은 다양한 방법으로 구분되며 계약 조건과 계약 형태에 맞는 적합한 신용장이 개설되도록 해야 하며 정확히 확인하고 진행해야 한다.

7) 신용장 조건 해석

(1) 일반 원칙

신용장은 독립, 추상성의 원칙에 의하여 서류상 거래이기에 은행은 서류의 심사만으로 대금 지급 여부를 결정한다. 오직 신용장상 조건에 따라 결정되므로 거래 당사자 간 권리 및 의무와 대금 지급 관련된 제반 사항은 아래의 원칙에 의해 신용장을 해석해야 한다.

신용장 해석과 관련한 규정의 우선순위는 계약 자유의 원칙에 따라 당사자 간 약정이 우선 적용된다. 그러나 딩사자 간 약정의 내용이 내내 당사국의 강행 법규에 위반되는 경우 강행 법규의 규정을 우선적으로 적용한다. 신용장 해석의 원칙 적용에 대해서는 아래의 순서대로 법 적용이 가능하다.

① 매매 당사국 국내 강행 법규
② 신용장 자체 조건(condition, 약정 사항)
③ UCP uniform customs and practice for documentary credits, 신용장 통일 규칙
④ ISBP International Standard Banking Practice, 국제표준은행관행
⑤ ICC opinions International Chamber of Commerce, 국제상공회의소 의견

(2) 금액과 수량의 해석

신용장에서 만약 금액과 수량의 표시에서 'about', 'Approximately' 등의

표현은 금액과 수량이 10%를 초과하지 않은 범위 내에서 많거나 적은 편차를 허용한다고 본다. 만약 신용장에서 수량을 포장 단위 또는 개별 단위의 특정 수량을 특정하지 않은 경우 청구 금액의 총액이 신용장 금액을 초과하지 않는 경우 수량은 5%를 초과하지 않는 범위에서 편차를 허용한다고 해석한다.

(3) 기간 및 기일의 해석

신용장에서 기간 해석은 중요한 요소 중 하나이며 수출자는 신용장 네고 시 하자가 발생하지 않도록 관리해야 한다. 아래의 내용은 기간 해석에 관한 용어를 간략하게 정리한 것이다.

① Before, after: 선적 일자는 당해 일자는 제외됨.

② From, after: 만기 일자에서 당해 일자는 제외됨.

③ To, until, till, from, between, by: 선적 일자에서 당해 일자 포함

④ prompt, immediately, as soon as possible: 막연한 용어로서 은행은 이를 고려하지 않음.

⑤ on or about: 선적이 지정일로부터 5일 전후 기간 내에 선적되어야 한다고 해석

⑥ on or before(=by): 최종 선적일을 의미함

⑦ not later than: 최종 선적일을 의미함

⑧ within: 특정 일자 앞의 within은 해당 일자 포함됨
(Shipment is to be made within 25th of June: 6월 25일 내 선적 완료되어야 함. 6월 25일 포함)

(4) 기타

신용장에서 기본적으로 분할 청구와 분할 선적은 가능하다. 하지만 신용장에서 '분할 선적, 분할 청구 불가'라고 명시되어 있으면 분할 선적을 하면 안 된다. 당사자 간 거래계약이 우선적으로 적용되므로 신용장으로 거래 시 문구를 정확하게 파악하고 진행해야 한다.

또한 서류 발행에 있어 서류 발행인을 표현함에 있어 모호한 표현은 허용되지 않는다. 예를 들면, Wise 현명한, Gentle 신사적, Honest 정직한 등의 주관적이고 모호한 표현은 신용장에서 표현해서는 안 된다.

8) 신용장 조건 변경

신용장 조건 변경은 신용장 개설한 후 기존 조건을 변경하거나 삭제하는 것을 의미한다. 하지만 무조건 조건 변경이 가능한 것은 아니며 아래의 요건을 충족해야 한다.

① 취소 불능 신용장의 경우 개설은행, 확인은행, 수익자의 동의가 있어야 조건 변경 또는 취소 가능함.
② 수익자는 반드시 조건 변경에 대해 승낙이나 거절을 표시해야 함. 일정 기간 내에 거절 의사 표시를 하지 않을 시는 아래와 같다.
 • 변경된 조건대로 서류 제시 경우: 조건 변경을 승낙으로 봄
 • 원신용장의 조건대로 서류 제시 경우: 조건 변경 거절로 봄
③ 신용장 문구 중 일정 시간 내에 조건 변경을 거절하지 않는다면 조건 변경이 효력을 가진다고 규정되어 있더라도 무시됨.
④ 조건 변경의 일부분만 승낙하는 것은 조건 변경 거절로 본다. 조건 변경의 전부를 승낙하거나 거절해야 함.

9) 신용장 독소 조항

신용장은 매매계약과 별도의 거래로 판단되어 독립성과 추상성의 원칙을 가지고 있다. 수입자는 시장의 상황이 자신의 사업 영역에서 불리하게 흘러가는 경우 계약서와 다른 내용이나 이행하기 어려운 문구를 삽입하는 경우가 있다. 이를 대비하기 위해 수출자는 반드시 신용장의 문구를 면밀하고 조심스럽게 검토하는 것이 필요하다. 아래는 대표적인 독소 조항의 예시를 간략하게 보여주고 있다.

① 수입자의 상황에 따른 조건

(예를 들면, '수입자가 수입 승인을 받아야 신용장이 유효하다' 등의 수입자의 상황에 따라 변화되는 독소 조항임)

② 운송 서류에 수출자로서 받기 어려운 특정인의 서명 요구

(예를 들면, '송장에 수입국 agent의 서명을 받아야 한다' 등의 수출상으로서는 불가능한 조건의 독소 조항임)

③ 불가능한 추가 지시 사항 요구

(예를 들면, '추가적인 지시가 있어야 선적이 가능하다' 등의 수입자의 승낙 없이 선적이 불가하다는 것은 수출자에게 불리하면 독소 조항임)

④ 다른 신용장과 연계해서 선적 요구하는 사항

(예를 들면, '해당 선적은 다른 신용장(LC no. ×××)도 동시 선적해야 한다' 등의 불가한 조건은 독소 조항임)

⑤ 원본original 선하증권Bill of lading을 개설은행 경유 없이 직접 수입자에게 특급배송으로 보내야 한다는 조건의 독소 조항

6. 기타 특수 결제 방식

1) 국제팩토링 방식

국제팩토링은 팩토링회사가 수출자의 매출채권을 할인하여 인수함으로써 매출채권을 관리해 주고 대금을 회수하는 업무를 대행하는 종합금융서비스를 일컫는다.

매도자(수출자)는 매수자(수입자)에게 제품을 수출하고 외상매출 채권을 팩토링회사에 양도한다. 양도받은 금융기관factoring company은 매도자에게 신용 담보하거나 채권에 상당하는 금액을 수수료를 받고 매도자에게 미리 지급해 주는 전도금융前渡金融의 서비스를 제공한다. 또한 외상매출 채권 관리 추심 등의 서비스도 팩토링회사의 업무 중 하나이다.

국제팩토링을 사용하는 이유는 수출자는 신용장 거래로 내금 회수 불능 위험을 회피하고자 하지만 수입자의 경우 신용장 발행에 따른 수수료 부담과 담보 설정에 부담을 느낄 때에 이용되는 금융서비스이다. 즉, 수출자는 팩토링회사의 신용보증 및 지급보증으로 대금 회수 불능의 위험을 관리할 수 있으며 수입자는 신용장을 발행하지 않아 추가 수수료 및 담보 설정에 따른 부담을 지지 않아도 된다.

국제팩토링의 종류는 두 가지로 나누어지는데, 첫 번째로 상환 청구 불능 팩토링Factoring without Recourse로서 수입자가 대금 지급을 거절하더라도 팩터Factor가 수출자에게 상환 청구할 수 없다는 것이다. 두 번째, 상환 청구 가능 팩토링Factoring with Recourse으로서 수입자가 대금 지급을 거절하는 경우에는 팩터가 수출자에게 상환 청구가 가능하다.

2) 포페이팅 방식

포페이팅 방식은 현금을 대가로 채권을 포기하거나 양도한다는 의미로서 수출 거래에 따른 환어음 또는 약속어음을 수출자에게 소구함 없이without Recourse 고정이자율로 할인 매입하는 금융기법을 일컫는다. 다시 말해서, 매도자(수출자)는 포페이터에게 채권을 양도 또는 포기하고 수출 자금을 지급받는다. 이후 매수자(수입자)가 채권 상환일에 대금을 지급을 하면 마무리된다. 하지만 매수자가 지급을 거절하더라도 포페이터는 수출자에 대해서는 대금 상환 청구가 불가능하다.

포페이팅 방식의 특징은 아래와 같이 정리 가능하다.

① 포페이터는 소구권이 없는 조건으로 매출 채권을 매입하기 때문에 수입자가 채권 상환일에 지급 거절하더라도 수출자에 대해 상환 청구를 하지는 못한다.
② 보증은행은 지급보증서나 취소 불능 무조건 지급 보증Aval을 추가하여 담보로 제공한다.
③ 기본적으로 포페이팅 거래는 환어음과 약속어음 등 유통 가능한 채권을 거래 대상으로 한다.
④ 할인 대상은 주로 1~10년 사이의 중장기 환어음과 약속어음이며 고정금리부로 할인이 된다.
⑤ 포페이팅은 국제 규칙으로 포페이팅 통일 규칙Uniform Rules for Forfaiting, URF이 적용된다.
⑥ 포페이팅 할인율은 국가 신용도 및 은행 위험도에 따라 차등적으로 적용된다.

이러한 포페이팅의 장점은 ① 위험 이전이 가능하여 수출자의 신용 위험, 비상 위험, 환위험 등이 포페이터에게 이전된다는 점이며, ② 신속한 현금 확보가 가능한 점이며, ③ 별도 담보 제공이 필요치 않으며, ④ 다른 추심 결제 또는 신용장 결제 방식에 비해 절차가 간단하다.

기타 특수 결제 방식인 국제팩토링과 포페이팅 방식의 차이는 아래와 같다.

Description	국제팩토링 Factoring	포페이팅 Forfaiting
결제 방식	사후 송금 방식	신용장 방식, 지급 보증 방식
대상 채권	외상 매출 채권	환어음, 약속어음
기간	단기간(180일 이내)	장기간(최장 10년)
규모	소액 결제	거액 결제(일반적으로 금액이 큼)
상환 청구 가능 여부	상환 청구 가능 방식 & 상환 청구 불가능 방식(2가지 방식)	상환 청구 불가능

국제팩토링은 결제 방식에 있어 사후 송금 방식을 이용하지만 포페이팅은 신용장 혹은 지급 보증 방식으로 이뤄진다. 국제팩토링의 대상 채권으로는 단기간 외상매출채권(180일 이내)이며 포페이팅은 장기간 환어음 또는 약속어음(최장 10년)이 대상이 된다.

국제팩토링의 규모는 소액 결제에 해당되며 포페이팅은 거액 결제에 일반적으로 이용되기 때문에 큰 차이점이 존재한다. 또 다른 차이점은 국제팩토링은 상환 청구 가능 방식과 상환 청구 불가능 방식의 2가지 모두 허용되지만 포페이팅은 오직 상환 청구 불가능하다.

국제무역 결제에 있어서 가장 중요한 고려 사항은 수출 및 수입을 운영하는 기업이 자신의 상황과 잘 맞고 가급적 유리한 방식을 채택하는 것이 필수적이다. 절대적으로 유리한 방식이 있는 것은 아니며 무역 거래 형태와 장기적이고 안정적 비즈니스를 유지하는 데 필요한 결제 방식으로 채택하고 융통성 있는 방식으로 국제무역금융을 운영해 나가는 것이 핵심이다.

〈서식 7-1〉 신용장개설신청서(출처: 한국무역협회)

은행용		취소불능화환신용장발행신청서 (Application for Irrevocable Documentary Credit)	담 당	검토자	결재권자

TO : **WOORI BANK**

1. DATE :

✱1. Credit no :
✱2. Advising Bank :

용도구분 :　　　(예시: NS, ES, NU 등)
(SWIFT CODE : ICBCTWTP206

3. Applicant :
4. Beneficiary :

5. Amount :　　통 화　USD　　　금 액　　　　　　　　　　　　　　　　　Tolerance　10　10

6. Expiry Date :　11-Apr-11　☐ in the Beneficiary Country　☐ at the counters of ourselves　7. Latest date of shipment : BEFORE MAR.31. 2011

8. Tenor of Draft　☐ At Sight　☐ Reimbursement　☐ Remittance)
　　　☐ Usance　(☐ Banker's　☐ Shipper's)　days　☐ After sight
　　　　　　　　　　　　　　　　　　　　　　　　　　　☐ From B/L date
　　　　　　　　　　　　　　　　　　　　　　　　　　　☐ Other :

9. For　　　% of the invoice value

DOCUMENTS REQUIRED (46A:)

10. ☐ Full set of Clean (☐ on Board Ocean Bills of Lading ☐ Multimodal Transport Document) made out to the order of WOORI BANK marked
　　"Freight ☐ Collect ☐ Prepaid ☐ Payable as per charter party" and notify (☐ Applicant ☐ Other :
　　☐ Air Waybills　consigned to WOORI BANK marked "Freight ☐ Collect ☐ Prepaid" and notify (☐ Applicant ☐ Other :

11. ☐ Insurance Policy or certificate in duplicate endorsed in blank for 110% of the invoice value, stipulating that claims are payable in
　　the currency of the draft and also indicating a claim settling agent in Korea. Insurance must include :
　　the institute Cargo Clause : ☐ All Risks　☐ Other :

12. ☐ Signed commercial invoice in _____
13. ☐ Certificate of analysis in _____
14. ☐ Packing list in _____
15. ☐ Certificate of weight in _____
16. ☐ Certificate of origin in _____ issued by _____
17. ☐ Inspection certificate in _____ issued by _____
18. ☐ Other documents (if any) _____

19. Description of goods and/or services (45A:)　　(H.S CODE :　　　　)　　　　　Price Term

Commodity Description	Quantity	Unit Price	Amount
Country of Origin	Total		

20. 해상/항공　Port of loading / Airport of Departure : _____　Port of Discharge / Airport of Destination : _____
　　복합운송　Place of Taking in Charge / Dispatch from···/ Place of Receipt : _____
　　　　　　　Place of Final Destination / For Transportation to... / Place of Delivery : _____

21. Partial Shipment : ☐ Allowed ☐ Prohibited　　22. Transhipment : ☐ Allowed ☐ Prohibited

23. Confirmation　(☐ Without　☐ May add　☐ With)
　　Confirmation Charges : ☐ Beneficiary　☐ Applicant

24. Transfer : ☐ Allowed　(Transferring Bank : _____)

25. Documents must be presented within _____ days after the date of shipment of B/L or other transportation documents.

Additional Conditions (47A:)

☐ All banking charges (including postage, advising and payment commission, negotiation and reimbursement commission)
　outside Korea are for account of　☐ Beneficiary　☐ Applicant
☐ Stale B/L AWB acceptable　☐ Charter Party B/L is acceptable　☐ Third party B/L acceptable
☐ Third party document acceptable
☐ T/T Reimbursement :　☐ Allowed　☐ Prohibited
☐ Bills of lading should be issued by
☐ (House) Air Waybills should be issued by
☐ (10) % More or less in quantity and amount to be acceptable.
☐ The number of this credit must be indicated in all documents.
☑ Other conditions :　Usance drafts must be negotiated on at sight basis and Acceptance Commission and discount charges are for buyer's account

✱ Drawee Bank (42A:) _____
✱ Reimbursement Bank (53A:) _____

Except so far as otherwise expressly stated, This Documentary credit is subject to the Uniform Customs and Practice for Documentary Credits
(2007 Revision) International Chamber of Commerce Publication No. 600

위와 같이 신용장 발행을 신청함에 있어서 따로 제출한 외국환거래약정서의 해당 조항을 따를 것을 확약하며, 아울러 위 수입물품에 관한 모든 권리를 귀행에 양도하겠습니다.
중국 위안화의 은행 거래시에는 현지 정책에 따라 거래제한이 될 수 있음을 인지하였으며, 거래상대방이 위안화 결제 가능 기업에 포함되는지의 여부를 당사에서
사전에 확인하였고 이로 말미암은 문제에 대해서는 당사에 책임이 있음을 확약합니다

승인신청번호		주　소		인감 및 원본 확인
고 객 번 호		신 청 인	(인)	

수입 (4040031, 210×297) 수입신용장발행신청서 NCR지 2매 1조 (2010.06 개정)

<서식 7-2> **SWIFT** 신용장(예시, 출처: 한국무역협회)

Application header block :	
: Input/Output Identifer	: I Outgoing Message
: Transaction Typer	: 700 issue of a documentary credit
: Transaction Prioity	: n Normal
: From	: WOORI BANK, SEOUL
: To	: HANKOOK BANK
	HONG KONG BRANCH. HONG KONG

Text Block :	
/27 : sequence of total	: 1/1
/40A : form of documentary credit	: IRREVOCABLE
/20 : documentary credit number	: M1234 606NS00018
/31C : date of issue	: 06/06/24
/31D : date and place of expiry	: 06/08/20 HONG KONG
/50 : applicant	: KOREA TOYS CO., LTD.
	159-1SAMSUNGDONG KANGNAMGU, SEOUL, KOREA
/59 : beneficiary	: CHINA TOYS CO., LTD.
	RM 1000 CHAI WAN IND. CITY
	PHASE 1, 60 WING TAIRO, CHAIWAN H.K.
/32B : currency code amount	: USD 119,000.00
/39A : pct credit amount toterance	: 10/10
/41D : available with by name, address	: ANY BANK
	BY NEGOTIATION
/42C : drafts at	: AT SIGHT
/42A : drawee	: HONG KONG FIRST BANK LTD., HONG KONG(ADDR
/43P : partial shipment	: ALLOWED
/43T : transshipment	: NOT ALLOWED
/44A : on board/Disp/taking charge	: SHIDAO, CHINA
/44B : for transportion to	: BUSAN, KOREA
/44C : latest date of shipment	: 06/08/10
/45A : descr goods and/or services	

700PAIRS OF CHINESE GIANT BEAR TOY

/46A : documents required

+SIGNED COMMERCIAL INVOICE IN QUINTUPLICATE
+PACKING LIST IN TRIPLICATE
+FULL SET OF CLEAN ON BOARD OCEAN BILL OF LANDING MADE OUT TO THE ORDER OF
WOORI BANK MARKED FREIGHT COLLECT AND NOTIFY APPLICANT
+CERTIFICATE OF ORIGIN

/47A : additional conditions

ALL DOCUMENTS MUST BEAR OUR CREDIT NUMBER M1234 606NS00018
T/T REIMBURSEMENT NOT ALLOWED
OUANTITY 10PCT MORE OR LESS ALLOWED

/71B : charges	: ALL BANKING COMMISSIONS
	AND CHARGES INCLUDING REIMBURSEMENT
	CHARGES OUTSIDE KOREA ARE FOR
	ACCOUNT OF BENEFICIARY
/49 : confirmation instructions	: WITHOUT
/53A : reimbursement bank	: HONG KONG FIRST BANK LTD., HONG KONG(ADDR

/78 : instructions to the pay/acc/neg bk

DRAFTS MUST BE SENT TO DRAWEE BANK FOR YOUR REMBURSEMENT
AND ALL DOCUMENTS TO US BY COURIER SERVICE IN ONE LOT

/72 : sender to receiver information	: THIS CREDIT IS SUBJECT TO U.C.P(1993 REVISION)
	I.C.C. PUBLICATION NO. 600

<서식 7-3> SWIFT Message type

(MT700 Issue of Documentary Credit, 출처: 한국무역협회)

M/O	Tag	Field Name	Content/Options
M	27	Sequence of Total	1n/1n
M	40A	Form of Documentary Credit	24x
M	20	Documentary Credit Number	16x
O	23	Reference to Pre-Advice	16x
O	31C	Date of Issue	6n
M	31D	Date and Place of Expiry	6n29x
O	51a	Applicant Bank	A or D
M	50	Applicant	4*35x
M	59	Beneficiary	[/34x]4*35x
M	32B	Currency Code, Amount	3a 15number
O	39A	Percentage Credit Amount Toterance	2n/2n
O	39B	Maximum Credit Amount	13x
O	39C	Additional Amounts Covered	4*35x
M	41a	Available with ··· By ···	A or D
O	42C	Draft at···	3*35x
O	42a	Drawee	A or D
O	42M	Mixed Payment Details	4*35x
O	42P	Deferred Payment Details	4*35x
O	43P	Partial Shipment	1*35x
O	43T	Transshipment	1*35x
O	44A	Loading on Board/Dispatch/Taking in Charge at/from···	1*65x
O	44B	For Transportion to···	1*65x
O	44C	Latest Date of Shipment	6n
O	44D	Shipment Period	6*65x
O	45A	Description of Goods and/or Services	50*65x
O	46A	Documents Required	50*65x
O	47A	Additional Conditions	50*65x
O	71B	Charges	6*35x
O	48	Period for Presentation	4*35x
M	49	Confirmation instructions	7x
O	53a	Reimbursement Bank	A or D
O	78	instructions to the Paying/Accepting/Negotiating Bank	12*65x
O	57a	"Advise Through" Bank	A, B or D
O	72	Sender to Receiver Information	6*35x

제2장

외환 실무

1. 외국환의 정의

외국환外國換, foreign exchange은 국제무역 및 국제금융 거래 간에 기업과 금융기관, 개인들의 채권과 채무를 금융기관을 통하여 외화로 자금을 이동·결제하는 제도와 수단을 의미한다. 내국환內國換 거래와의 차이는 상이한 화폐를 이용하여 국가 간 발생하는 점이다. 즉, 내국환은 동일한 화폐로 자금거래를 하는 것이고 외국환은 거래 대상이 외국 및 국내에 소재해 있고 화폐제도가 다르며 외환 이동도 내국환과 달리 여러 가지 절차와 규제가 있다. 외국환은 줄여서 외환外換이라고도 불린다.

1) 외환의 성격

환換의 원리에 있어서 기본 원리로서 격지자隔地者 간의 대차 결제 방법이고 은행이 중간에서 거래를 중개仲介하고 어음 또는 수표 등의 신용 방식을 활용하는 점에서 외환과 내국환은 동일한 성격을 가진다.

하지만 외환은 다음과 같이 내국환과 다른 차이점이 있다.

① 외환의 환결제 형태가 국제금융 및 외환시장에 결정된다. 반면에 내국환은 중앙은행에 의해 각 지역 간 결제 차액으로 결제된다.
② 내국환은 단일 화폐로 거래하지만 외환은 국제 간 상이한 화폐로 거래가 되기에 양국의 교환 비율이 수시로 변한다.
③ 환거래 주체와 대상자의 소재지는 외국에 있는 점이 내국환과는 차이가 있다.
④ 내국환에 비해 외환은 선물환제도 이용이 가능하다.
⑤ 외환은 내국환에 비해 화환어음documentary bill 또는 화환신용장documentary letter of credit으로 결제 가능하다.

2) 외국환 종류

(1) 외화채권

외화外貨로 표시된 채권 또는 외국에서 지급 받을 수 있는 채권을 말한다 (외국환거래법 제3조 제1항 12호). 예컨대 수출환어음은 지급수단이며 선하증권은 선적된 화물에 대한 소유권을 주장할 수 있는 채권이다. 반면 보험증서, 예금증서 등은 투자 대상으로 유통될 수 없으며 단지 증서로 인해 청구권만을 가지는 채권이다.

(2) 외화증권

외화로 표시된 증권security 또는 외국에서 지급 받을 수 있는 증권을 의미한다(외국환거래법 제3조 제1항 8호). 예를 들어, 외화증권으로는 보통 채권Straight bond, 신주인수권부사채Bond with equity warrant, 주식예탁증서depositary receipt, 전환사채Convertible bond, 무기명양도성예금증서negotiable certificate of deposit 등으로 다양하게 존재한다.

(3) 대외 지급수단

외국환거래법 제3조 제1항 13호에 의하면 외화는 외국통화, 외국통화로 표시된 지급수단 기타 표시통화에 관계없이 외국에서 사용할 수 있는 지급 수단이 된다.

지급 수단은 정부지폐, 은행권, 주화, 수표, 우편환, 신용장, 증권에 해당하지 아니하는 환어음, 약속어음, 우편 또는 전신에 의한 지급 지시, 증표, 플라스틱 카드, 전자 또는 자기적 방법으로 재산적 가치가 입력되어 불특정 다수 간에 지급을 위하여 통화에 갈음하여 사용할 수 있는 것으로서, 대금을 미리 받고 발행하는 선불카드 등이 있다(외국환거래법 제1항 3호).

3) 외환의 특징

외환은 국가 간 상이한 통화로 인해 다음과 같은 특징을 나타낸다.

① 외환은 국가 간 거래로 인해 교환 비율인 환율의 변화가 있는 것이 특징이다. 무역을 영위하는 기업들에게 환리스크가 따르기 마련이다.
② 외환은 국제수지와 국내 통화가치에 큰 영향을 미치기 때문에 외환관리제도가 존재한다.
③ 외환은 환어음을 이용하는 경우에 결제 기간까지의 시간차에 의해 이자 요소가 개입되기도 한다. 송금 방식은 당일 입금되는 경우에는 이자 발생이 없다.

④ 외환은 중앙은행이 없기 때문에 각 은행의 독자적인 예치환거래은행豫置換去來銀行을 통해서만 가능하게 되는 특이한 형태를 가진다.

4) 외환시장

외환시장Foreign Exchange Market은 협의狹義의 개념으로는 외환의 매매賣買하는 장소를 의미하고 광의廣義의 개념으로는 외환 거래가 지속적으로 이뤄지는 총괄적 거래 체계 또는 원리를 말한다. 외환 시장은 다양한 특징을 가지고 있는데, 아래와 같이 간략하게 요약 가능하다.

① 외환시장은 24 시간 연속적으로 거래되는 시장이다.
② 외환시장은 외환 규제 완화와 정보통신 발전으로 범세계적 시장이며 신속하게 운영되는 것이 특징이다.
③ 외환 거래는 특정 장소가 아닌 장외 시장에서 거래가 된다.
④ 환율의 표시는 매도율offer rate과 매입율bid rate이 동시에 게시된다.
⑤ 외환시장은 제로섬 시장이기에 특정인은 이익을 실현하고 다른 상대방은 손실을 본다.

2. 환율

1) 환율의 의의

환율換率, exchange rate[38]은 각 국가 간 대금 결제에서 자국 통화와 외화의 교환 비율交換比率을 의미하며 각국 통화의 가치를 비율로 나타낸 것이다. 경제 원리에 의해 환율도 외환 거래가 이뤄지는 외환시장exchange market에서 외환에 대한 수요demand와 공급supply에 의해 결정된다.

2) 환율의 종류

(1) 매입환율과 매도환율

매입환율이란 은행이 거래 상대방으로부터 기준통화를 매입할 의사가 있는 가격을 의미하며 거래 상대방은 은행에 의해 제시된 가격으로 기준통화를 은행에 매도하게 된다.

매도환율이란 은행이 거래 상대방인 고객에게 기준통화를 매도할 의사가 있는 가격을 뜻한다. 즉 고객은 은행이 제시한 가격으로 기준통화를 매입하게 된다.

은행은 매입환율과 매도환율을 동시에 고시하는데 이것을 'Two-way Quotation'이라고 한다. 즉, 수출자는 입금된 달러를 매도할 경우 가장 높은 매입환율을 제시하는 은행이 유리하며, 반대로 달러를 매입하고자 하

---

38) 한국은행자료(2006): 환율은 우리 돈과 외국 돈의 교환 비율로서 외국 돈과 비교한 우리 돈의 값어치를 나타내는 것으로 현실적으로 외환시장에서 외환에 대한 수요와 공급에 의해 결정되며 외환의 수요와 공급은 국내 물가상승률, 국제수지, 정치·사회적 안정성 여부, 내외 금리차 등의 복합적 요인에 의해 영향을 주고 받는다.

는 경우에는 가장 낮은 매도환율을 제시하는 은행이 유리하다.

(2) 현물환율과 선물환율

외환매매外換賣買 계약한 후 해당 외환의 결제가 언제 이뤄지는지에 따라
현물환율과 선물환율로 나눠진다. 첫 번째, 현물환율은 외환매매 계약일
로부터 제2영업일Spot Value Date 이내 자금 결제가 행해지는 외환 거래에
적용되는 환율이다. 여기에서 계약 체결 당일 결제가 이뤄지는 당일물환
율當日物換率, Value Today Rate, 계약 체결일부터 1영업일 이후에 결제가 이뤄지
는 익일물환율翌日物換率, Value Tomorrow Rate, 계약 체결일로부터 2영업일 후에
자금 결제가 이뤄지는 스팟일물환율Value Spot Rate로 나누어진다.

두 번째, 선물환율은 외환 매매 계약 체결일부터 2영업일을 초과하여
일정 기간 후에 자금 결제가 이뤄지는 선물환거래에 적용되는 환율이다.
선물환율은 결제일에 따라 1개월물, 3개월물, 6개월물 등으로 구분된다.

(3) 재정환율과 크로스환율

재정환율은 미美 달러화 이외의 제3국 통화와 자국 통화 간의 환율을 의미
하며 세계 기축통화인 미국 달러US dollar와의 교환 비율을 기준으로 산출된
다. 일반적으로 미국 통화를 이용하여 외환 거래가 형성되므로 자국과 제
3의 통화를 직접 비교가 어렵기 때문에 미국 달러를 기준환율로 하고 자
국통화 및 특정 제3국 통화를 재정하여 활용된다.

크로스환율은 재정환율을 사용하기 위해서 사용된 자국 통화가 개입되
지 않으면서 매매기준율의 대상이 되는 통화와 제3국 통화 간 매매환율을
의미한다. 예를 들어, 한국의 관점에서 보면 크로스환율은 미 달러/엔화
등의 경우 기준통화인 미 달러와 엔화 사이의 환율을 뜻한다.

3) 환율의 변동

환율은 경제 원리에 의하여 외환시장의 수요와 공급에 의해 결정되기 때문에 외환시장의 수요와 공급이 변동됨에 따라 환율은 연동하여 변동하게 된다.

환율이 상승하는 경우에는 기준통화에 대해 상대 통화의 교환 비율이 올라가는 것을 의미하며 기준통화의 가치는 상승하고 상대 통화의 가치는 하락함을 의미한다. 예를 들어 EURO 유로/KRW 원화가 1,200원에서 1,500원으로 상승하는 경우에는 EURO의 가치는 300원 상승하고 원화의 가치는 300원 하락함을 뜻한다. 다시 말해서 EURO/KRW의 환율 상승은 'EURO의 가치는 상승, 원화가치는 하락'을 말한다.

여기에서 세계 기축통화인 달러가 원화에 비하여 달러가치 상승의 원인을 살펴본다면 아래와 같다. 첫 번째, 한국의 금리 인하로 인해 투자자들은 더 높은 금리가 있는 국가로 투자하기 위해 한국에서 미국 달러를 매입하여 미 달러 환율이 상승하게 된다. 두 번째, 외국 투자자들이 한국 주식시장에서 주식을 매도함으로써 달러를 매입하게 되어 미 달러 환율은 상승된다. 세 번째, 무역수지 적자를 기록함으로써 수출 금액보다 수입 금액이 늘어나 달러의 유입보다 유출이 많아 미 달러 환율이 상승하게 된다. 네 번째, 글로벌시장에서 유럽 및 남미 국가들의 재정 위기와 금융 위기에 직면하면 비교적 안전자산인 달러를 보유하고자 하는 수요가 높아져 미 달러 환율이 상승하게 된다. 마지막으로 미국 연방준비제도이사회Federal Reserve Board, FRB의 정책으로 양적 완화 정책을 축소하거나 종료하여 달러의 통화량이 감소하여 미 달러의 수요가 상승하여 환율이 상승하게 된다.

환율이 상승하면 원화의 가치가 하락하고 미 달러의 가치가 상승하여 수출자는 가격 경쟁력이 높아지게 된다. 더 낮은 가격으로 새로운 시장에 수출 지역을 넓힐 수도 있다. 또한 이미 수출한 경우나 현재 계약되어 있는 단가로 수출하는 경우에는 환율 상승으로 대금 결제금액이 늘어나 수출자에게는 유리한 상황이 되는 것이다.

반면에 환율이 하락하는 경우에는 수출자에게는 불리한 상황이 된다. 원화는 상승되고 미 달러 가치는 하락이 되기 때문에 이미 수출한 경우에 대금 결제금액이 원화로 전환될 때 금액이 하락하게 된다. 이러한 경우 환율에 의해 손실이 발생하기도 한다. 또한 수출자에게는 원화의 가치 상승에 의해 가격 경쟁력을 잃게 되어 달러의 가격을 높여야 하는 상황이 되어 시장에서 경쟁력을 상승하는 원인이 되기도 한다. 이처럼 무역 거래에 있어 환율의 변동은 매우 큰 영향을 미치는 결정인자이다.

4) 한국의 환율구조

한국은 과거 고정환율제도, 단일변동환율제도, 복수통화바스켓제도, 시장평균환율제도를 차례대로 거치면서 현재는 자유변동환율제도를 채택하여 운영하고 있다. 한국의 환율 구조는 아래와 같이 구분할 수 있다.

(1) 매매기준율

고객과 외국환은행과의 외환 거래 및 외국환은행 간의 외환 거래에 있어 기준이 되는 환율이다. 미 달러는 외국환 중개회사를 통해 거래가 이루어진 미 달러화 익일물의 거래 금액과 환율을 가중 평균하여 산출하는 시장평균환율을 통해 매매기준율이 산출된다. 미 달러 외의 통화는 외환시장에서 미 달러 외의 통화와 미화와의 매매중간율을 시장평균환율로 재정한 환율을 매매기준율로 한다.

(2) 외국환은행 간 매매율

글로벌 외환시장에서 외국환은행 간 외환 거래에서 적용되는 환율로서 자유롭게 형성되는 환율이다. 이는 대고객 거래에서 환리스크 회피와 외화 자금 과부족 조정 등을 위해 이뤄지는 외국환은행 상호간의 거래에서 자유롭게 형성된다.

(3) 외국환은행의 대고객매매율

외국환은행이 고객과의 외환 거래에서 적용하는 환율로서 당일의 매매기준율과 외국환은행 간 매매율을 반영하여 대고객매매율을 결정하게 된다. 여기에서 대고객매매율은 전신환매매율과 현찰매매율로 구분된다.

① 전신환매매율은 환어음의 결제를 전신電信, Telegraph으로 할 때 적용되는 환율로서 전신에 의해 외환이 결제되는 경우 외환이 1일 이내에 송달되기 때문에 외환의 송달 기간에 대한 금리interest rate는 고려하지 않는 순수한 의미의 환율이라고 해석한다.
② 현찰매매율은 외국환은행과 대고객 간 외화 현찰 거래에서 적용되는 환율로서 매매율의 폭이 가장 크다. 왜냐하면 외화의 운송·반입의 비용이 크고 자산의 운용면에서도 비수익적이기 때문이다. 그러한 이유로 현찰매도율은 가장 높고 현찰매입율은 가장 낮다.

3. 환리스크 관리

1) 환리스크의 의의

환리스크는 미래의 예측하지 못한 환율 변동에 의해 수출자 또는 수입자가 외화표시 자산 또는 부채의 가치가 변동하는 경우 원화로 환산한 자산의 가치가 감소하거나 갚아야 할 부채가 증가할 수 있는 위험을 의미한다.

2) 환리스크의 종류

환리스크의 종류는 환산환리스크, 거래환리스크 및 영업환리스크로 구분이 된다. 첫째, 환산환리스크는 외화로 표시된 자산과 부채를 재무제표상 기록하는 경우 환율 변동으로 원화 환산 금액이 변동하게 되는 위험을 의미한다. 둘째, 거래환리스크는 외화로 표시된 계약을 체결한 후 대금이 결제될 때까지 기간 중 발생하는 환율 변동으로 원화로 환산한 금액인 변동하게 되는 위험을 일컫는다. 즉 계약 시점과 결제 시점의 차이로 인해 환차손이 발생할 수 있는 위험을 의미한다. 셋째, 영업환리스크는 예측하지 못한 환율 변동으로 기업의 판매량과 판매 가격 등에 영향을 주어 영업 이익이나 현금 흐름에 차질이 발생할 수 있는 위험을 의미한다.

3) 환리스크에 영향을 미치는 요인

환리스크는 여러 가지 영향을 받게 되는데 대표적으로 외환 포지션의 규모, 환율 변동성과 보유 기간 등에 특히 영향을 많이 받게 된다.

(1) 외환 포지션

외환 포지션은 일정 시점에서 경제 주체가 외화 표시 자산과 부채의 차이 또는 외환매입액과 외환매도액의 차이를 나타낸다. 외환 포지션의 규모가 클수록 환리스크의 크기는 커지게 된다.

외환 포지션의 종류로는 롱 포지션long position 또는 숏 포지션short position 으로 구분되고, 스퀘어 포지션square position으로 나눠진다. 첫째, 롱 포지션은 외화 표시 자산이 매입액이 많아 매도액을 초과하는 상태를 의미한다. 롱 포지션에서는 환율이 상승하는 경우에는 환차익이 발생하는 경우이다. 둘째, 숏 포지션은 매도액이 매입액보다 많아 매도액이 초과하는 상태를 나타낸다. 숏 포지션의 경우 환율이 하락하는 경우에 환차익이 발생하는 점에서 차이가 있다. 셋째, 스퀘어 포지션은 환율 변동에 의해 영향을 받지 않으므로 균형 포시션이라고도 불린다. 현실적으로 스퀘어 포지션은 실현되기 어려운 포지션이라고 할 것이다.

(2) 환율 변동성

환율 변동성이 크면 클수록 외화 표시 자산 또는 부채의 가치가 크게 변동하므로 부담하게 될 환리스크의 크기는 더욱 커진다. 이러한 의미에서 환율의 변동성은 환리스크의 주요한 변수로 여겨진다.

(3) 보유 기간

외환 거래에 있어 외화 표시 자산 또는 부채의 보유 기간이 길면 길수록 환율의 변동으로 인한 외화 표시 자산 또는 부채의 가치 변동성은 높아지게 되어 외화를 소유하고 있는 경제 주체의 환리스크의 크기는 커진다.

4) 환리스크 관리

환리스크 관리는 환율 변동으로 발생될 수 있는 환차손을 최소화하거나 환차익을 극대화하기 위해 활용하는 관리 방법을 의미한다. 환리스크 관리 방법으로는 아래와 같이 두 가지 방법이 대표적이다.

(1) 대내적 관리기법

대내적 관리기법은 기업이 일상적인 영업 활동과 관련하여 환리스크 관리를 위해 별도의 추가적인 거래 비용 부담 없이 내부적으로 관리하는 방법을 의미한다. 그 대표적인 방법은 아래와 같이 정리 가능하다.

관리기법	구체적 내용
네팅Netting	결제 금액을 상호 상계 처리하고 그 차액만을 정기적으로 결제하는 방법이다.
리딩Leading & 레깅Lagging	외화 자금의 결제 시점을 의도적으로 앞당기거나Leading 지연시키는 Lagging 것이다.
매칭Matching	기업 또는 개인이 외화 자금을 통화별, 만기별로 일치시키는 것으로 다국적 기업의 본사와 지사 간 환거래에서 많이 사용된다.
가격정책 pricing policy	수출입 상품 가격을 환율 변동에 연계하여 조정하거나 수출입 표시 통화를 조정하는 방법이다.
자산부채종합관리 Asset, Liability, ALM	환율의 미래 전망에 따라 외화 자산을 늘리거나 부채를 조기 상환하는 방법이다.
포트폴리오 전략 Portfolio management	외화를 1개가 아닌 다수의 통화 바스켓을 구성하여 통화 간 환율 변동 효과를 상쇄시키는 방법이다.

(2) 대외적 관리기법

① 선물환거래

선물환거래先物換去來, Forward Exchange Transaction는 외화 표시된 자산 또는 부채의 급격한 환율 변동 위험을 피하기 위해 미리 약속해서 정한 장래의 일정한 시기에 일정 금액의 외화를 매입하거나 매도 가능하도록 계약하는 외환 거래이다. 이는 일반적으로 환리스크를 헤지hedge하기 위한 목적과 투기적 목적으로 사용된다.

선물환율은 선물환거래에 적용되는 가격인데, 이것은 기본적으로 현물환율을 기준으로 두 통화 간 이자율 차이를 반영하여 산출된다. 선물환거래는 원천적으로 일정 기간 후에 양 통화를 교환하게 되기 때문에 그 기간 동안 이자율이 높은 통화는 이자율이 낮은 통화보다 더 높은 이자 수익을 얻는다. 그러므로 동일한 조선 하에서 고금리 통화는 현물환율보다 불리한 선물환율을 형성하고 저금리 통화는 현물환율보다 유리한 선물환율을 적용하는 것이 일반적이다.

저금리 통화의 선물환율이 현물환율보다 유리해진 교환 조건을 프리미엄Premium이라고 일컫고, 고금리 통화의 선물환율이 현물환율보다 불리해진 교환 조건을 디스카운트discount라고 부른다.

선물환율을 계산하기 위해 스왑 레이트Swap rate를 사용하는데, 현물환율에서 디스카운트(-) 또는 프리미엄(+)되는 숫자로서 두 통화의 이자율 차이를 환율로 표시한 것이다. 스왑 레이트를 이용한 선물환율 계산식은 아래와 같다.

선물환율＝현물환율 +/- 스왑 레이트Swap rate

환율을 Bid rate 매입율－Offer rate 매도율로 이중二中 고시하는 경우 스왑 레이트의 Bid값이 Offer값보다 큰 경우 현물환율에 스왑 레이트를 차감하여 선물환율을 계산한다.

반면에 Bid값이 Offer값보다 작은 경우에는 현물환율에 스왑 레이트를 더하여 선물환율을 산출한다. 아래와 같이 스왑 레이트를 이용하여 선물환율의 계산 방법에 대해 아래와 같이 요약 가능하다.

- [Bid rate(매입율) 〉 Offer rate(매도율)]
   ⇨ 선물환율＝현물환율－스왑 레이트(선물환 디스카운트)
- [Bid rate(매입율) 〈 Offer rate(매도율)]
   ⇨ 선물환율＝현물환율＋스왑 레이트(선물환 프리미엄)

여기에서 현물환율이 선물환율보다 큰 경우에는 양국 간 금리에 있어서 기준통화의 금리가 높다는 것을 의미한다.

예를 들어 EURO/KRW가 1,300원이고 유로화(기준통화) 금리가 2.5%, 원화(피고시통화) 금리가 4.5%인 경우에는 선물환율(5개월 만기 선물환율)을 구하기 위해서는 피고시 통화금리와 기준 통화금리의 차이를 현물환율에 곱해서 산출하는 것이다. 이를 공식으로써 아래와 같이 정리해 볼 수 있다.

선물환율＝현물환율＋현물환율×(피고시 통화금리－기준통화금리)

×기간(개월수/12 또는 일수/360)

즉, 선물환율＝1,300＋1,300×(4.5%－2.5%)×(5/12)

＝1,300＋10.83

＝1310.83

위의 예시를 계산한 결과 선물환율이 1,310.83원으로 현물환율(1,300원)보다 높게 나타났다. 이는 기준통화(유로화)의 금리가 피고시 통화금리(원화)보다 낮다는 것을 의미한다. 기준통화금리가 피고시 통화금리보다 낮은 경우 선물환율은 현물환율보다 높아진다는 것을 확인할 수 있다.

② 역외 선물환거래

역외 선물환거래Non Deliverable Forward, NDF는 계약 시 설정한 만기일에 사전에 약정約定한 통화를 인도·인수하는 일반적 선물환거래와 다르게 만기에 계약 원금을 교환하는 것이 아니라 약정한 선물환율과 만기 시 현물환율 간 차액만을 정산하여 지정통화(일반적으로 미 달러)로 결제하는 거래를 일컫는다.

　NDF 매입계약을 체결하면 만기일에 환율이 상승하여 만기 시 현물환율이 계약환율보다 높다면 상대방으로부터 차액을 수령 받는다. 일반적으로 미국 달러로 차액을 받게 된다. 만약 반대로 NDF 매입계약 체결에서 만기일에 환율이 하락하면 만기 시 현물환율이 계약환율보다 낮다면 상대방에게 차액을 지급해야 한다.

　NDF 매도계약을 체결하면 만기일에 환율이 상승하여 만기 시 현물환율이 선물환율보다 높다면 상대방에게 차액을 지급해야 한다. 만약 만기일에 환율이 하락하여 만기 시 현물환율이 선물환율에 비해 낮다면 상대방으로부터 차액을 수령한다.

③ 통화선물거래

통화선물거래通貨先物去來, Currency Futures는 선물환거래와 같이 일정한 통화通貨, currency를 장래의 일정 시점에서 약정가격으로 매입·매도하는 금융선물거래를 의미한다.

　통화선물거래는 거래하는 사람의 신용도에 관계없이 모두 증거금을 납부해야 하며 증거금의 종류는 개시증거금, 유지증거금 및 추가증거금이 있다. 개시증거금은 선물거래에 있어 첫 주문을 할 때 내는 증거금이다. 유지증거금은 선물계약을 하는 동안 보유해야 하는 최소한의 증거금을 의미한다. 추가증거금은 선물 가격 변동으로 증거금 수준이 유지증거금 밑으로 하회하는 경우 개시증거금 수준만큼 추가로 납부하는 증거금이다.

통화선물거래는 거래소라는 공식적인 기관에서 불특정 다수 간 호가에 의해 거래가 이루어지지만, 선물환거래는 특정 당사자 간 합의에 의해 장외 시장에서 거래된다. 한편 통화선물거래는 만기일, 거래 단위 등 거래 조건이 표준화되어 있지만, 선물환거래는 양 당사자 간 거래 조건을 협의 하에 설정이 가능하다. 또한 통화선물거래는 증거금과 일일 정산을 통해 청산소가 계약 이행을 보증함으로써 상호간 신용 위험이 없지만, 선물환 거래는 청산소가 없어서 상호간 신용 위험에 노출이 된다.

④ 통화옵션거래

통화옵션거래는 특정한 통화를 미래의 시점에 미리 약정환율로 매도 또는 매입 권리를 매매하는 거래를 의미한다. 이러한 점에서 통화옵션거래는 선물환거래와는 비슷하게 인식할 수도 있으나 차이점은 아래와 같다.

첫 번째, 통화옵션거래와 선물환거래는 미래 환율을 고정함으로써 미래의 불리한 환율 변동으로 발생될 위험을 회피하게 해 준다. 하지만 선물환 거래는 통화옵션거래와 달리 미래 환율이 유리하게 조성되는 경우에도 계약에 약정된 의무를 이행해야 하므로 유리한 환율 변동으로 인한 이익을 누리는 것은 불가능하다.

두 번째, 통화옵션거래는 옵션 매수자가 환율 변동에 따라 유리한 경우에는 옵션을 행사하고 이익을 누릴 수 있으며 불리한 경우에는 권리 행사를 포기할 수 있다. 그러므로 미래 환율 변동에 따른 손실 위험을 회피하고 옵션 매수자에게 유리한 환율 상황에 대해 이익을 가질 기회를 갖게 된다.

통화옵션거래에서 옵션option은 아래와 같이 두 가지로 크게 구분해서 설명 가능하다.

옵션 구분	관련 내용 설명
콜옵션 Call option	미래에 약정한 행사 가격(환율)으로 일정 외화를 매입할 수 있는 권리를 말하며 콜옵션 매입자는 일정한 프리미엄을 지급하여 만기일 내에 권리 행사를 통하여 약정된 환율로 매입하는 권리를 가진다. 콜옵션 매도자는 일정한 프리미엄을 받고 난 후 콜옵션 매입자가 권리 행사하는 경우 외화를 매도해야 한다.
풋옵션 Put option	미래에 약정한 행사 가격(환율)으로 일정 외화를 매도할 수 있는 권리를 말하며 풋옵션 매입자는 일정한 프리미엄을 지급하여 만기일 내에 권리 행사를 통하여 약정된 환율로 매도하는 권리를 가진다. 풋옵션 매도자는 일정한 프리미엄을 받고 난 후 풋옵션 매입자가 권리 행사하는 경우 외화를 매수해야 한다.

옵션 가격에 영향을 미치는 결정 요인은 현물 가격, 행사 가격, 기초자산의 가격 변동성 및 옵션 만기일까지의 잔존 기간 등이 있다. 아래의 표는 옵션 가격의 결정 요인과 옵션 가격과의 관계를 간략하게 보여준다.

Description	현물 가격 (시장가격)	행사 가격	기초자산의 가격 변동성	옵션 만기일까지 잔존 기간
콜옵션 가격	양의 관계	음의 관계	양의 관계	양의 관계
풋옵션 가격	음의 관계	양의 관계	양의 관계	양의 관계

콜옵션 가격은 현물 가격이 높을수록 콜옵션의 가격은 높아진다. 또한 기초자산의 가격 변동성이 클수록, 옵션 만기일까지 잔존 기간이 길수록 콜옵션 가격은 더 높아진다. 반면에 행사 가격은 콜옵션 가격과는 음의 관계를 보여 행사 가격이 낮아지는 경우에 콜옵션 가격은 상승하는 관계에 있다.

　풋옵션 가격은 행사 가격이 높을수록 풋옵션 가격은 높아진다. 또한 기초자산의 가격 변동성이 클수록, 옵션 만기일까지 잔존 기간이 길수록 풋옵션 가격은 더 높아진다. 반면에 현물 가격은 풋옵션 가격과는 음의 관계에 있으며 현물 가격이 낮아지는 경우에 풋옵션 가격은 상승하게 된다.

⑤ 기타

그 외의 대외적 관리기법은 아래와 같이 통화스왑 거래와 환변동보험 등이 있다. 그 중 통화스왑 거래는 양 거래 당사자가 계약일에 약정한 환율에 따라 통화를 상호 교환하는 외환 거래이다. 일반적으로 단기적 환리스크의 헤징hedging 수단이 아니며 중·장기적(1년 이상의 시점) 환리스크 헤징 수단인 것이다.

다음으로 환변동보험은 수출 거래로 인해 발생 가능한 환율 변동에 대한 위험을 헤징하기 위해 미리 외화 금액을 원화로 확정시켜 환율 변동의 위험을 헤징하는 보험 상품이다. 일반적으로 1년 이상의 중·장기 수출에서 발생할 수 있는 환리스크를 헤징하기 위한 보험이다. 이는 중·장기적 수출에서 선물환거래 방식으로 환리스크 관리가 용이하지 않는 경우에 환변동보험은 많이 이용된다. 환변동보험의 주요 이용 주체자는 신용도가 낮고 기업 규모가 작은 중소수출기업이다.

환변동보험은 수출기업과 무역보험공사가 미리 환율을 정해 놓고 결제 시점의 환율이 사전에 정한 환율(보장 환율)보다 높은 경우 수출기업으로부터 환차익을 환수하고 결제 시점 환율이 보장 환율보다 낮은 경우 그 환차손만큼 기업에게 보험금을 지급해 준다.

일반적으로 중소수출기업은 미래 환율이 하락할 것을 예상하고 환변동보험에 가입하고 있으며, 만일 미래 결제 시점에서 환율 하락에 따른 환차손 발생하는 경우 환변동보험의 보장 환율에 의해 환차손만큼 환수 가능하다. 이것으로 인해 중소수출기업은 환리스크 관리를 할 수 있는 것이다.

환율 변동의 효과

환율은 국제금리 차이, 국내 물가, 국제수지 등에 의해 영향을 받기도 하지만, 환율의 변동에 의해 생산 물가, 소비자 물가 등에 반대로 영향을 주는 요인이 되기도 한다.

아래와 같이 환율은 각 항목에 대해 영향을 주는 요인이 되어 경제지표에 변화를 가져온다.

첫째, 수입에 있어 환율이 하락하는 경우에는 원화 절상으로 수입 제품 및 상품의 가격 하락을 가져오게 되어 수입 증가의 원인이 된다. 반대로 수입에서 환율 상승은 원화 절하를 의미하며, 수입 제품 및 상품의 가격 상승으로 수입의 감소를 가져온다.

둘째, 수출에 있어 환율 하락은 원화 절상을 의미하며, 수출 제품 및 상품의 가격 상승을 가져와 수출 감소의 원인이 된다. 반면에 환율 상승은 원화 절하를 뜻하며 수출 제품 및 상품의 가격 하락으로 수출 증가되는 데 영향을 미친다.

셋째, 외자 도입 기업에는 환율 하락으로 원화 환산 외채 감소로 외화 환산 외채가 감소하게 된다. 하시반 환율 상승 시에는 외자 도입 기업에게는 원화 환산 외채의 증가로 원금 상환 부담 증가의 원인이 된다.

넷째, 국내 물가 측면에서는 환율 하락으로 수입 원자재 가격 하락으로 물가 안정의 효과가 있지만, 환율 상승 시 수입 원자재 가격 상승으로 물가가 상승하는 데 영향을 주기도 한다.

이처럼 환율은 개방경제체제 하에서 각 경제 변수에 영향을 미치게 되기 때문에 급격한 환율 변동은 경제 전반에 파급 효과가 매우 크다는 것을 주지해야 한다. 그러므로 각 기업의 환율 리스크 관리는 필수적인 활동이라고 할 것이다.

—출처: 한국은행

제8부
최근 글로벌통상이슈

글로벌통상환경

글로벌통상환경은 매우 다변화多邊化되고 있으며 심각한 대립으로 날로 어려운 상황으로 치닫고 있다. 현재 세계 경제는 서로 긴밀하게 연관되어 있고 상호 영향을 미치기에 각 국가 경제는 세계의 경제주체와 상황에 의해 영향을 더 크게 받는다. 다시 말해서 글로벌시장에 수출을 많이 하는 국가인 경우에는 글로벌경기침체, 자연재해 및 세계적 오염의 대유행과 같은 상황에 더 취약하고 심각한 경제상황에 직면하게 된다.

그러므로 해외 진출 국가를 선정하고 비즈니스를 진행하기 위해서는 글로벌경제환경을 이해하는 것이 필요하다. 이러한 세계 공통의 경제 여건을 우선 파악하는 것은 큰 의미가 있고, 세계 경제는 곧 특정 국가의 경제에 직, 간접적으로 영향을 주기 때문이다.

1. 지역 블록화(regional bloc)

세계 경제주체들은 이해관계에 의해 경제적 통합을 통해 이익을 극대화하거나 경쟁우위를 확보하기 위해 노력한다. 경제통합의 형태는 그 상태와 정도에 따라 자유무역지역협정, 관세동맹, 공동시장, 경제연합 등으로 구분된다. 자유무역지역협정FTA, Free Trade Agreement은 상호 합의하에 역내 국가 간 무관세협정 체결하거나 쿼터제quota 철폐 등을 하게 되는 것에 불과하기에 경제통합 단계에서 가장 낮은 단계이다. 관세동맹customs union은 자유무역지역협정에 더하여 공동의 대외관세시스템을 구축하는 것으로 협정을 맺는 것이다. 반면에 공동시장common market은 노동, 자본, 원재료 등의 생산요소의 이동에 대한 제한과 규제를 철폐한다. 최종적으로 경제연합economic union은 상호간 경제정책의 통합과 조정까지도 합의하는 단계를 일반적으로 일컫는다.

현재 많은 국가들은 경제연합까지 체결하기에 이르렀다. 대표적인 경제연합은 EU European Union, NAFTA North American Free Trade Agreement 등이 있다. 이러한 경제통합의 목적은 자국 산업의 이익 극대화와 타국에 대비하여 상대적인 경쟁우위를 확보하기 위해서이다. 사실상 지역 경제의 통합regional bloc은 현재 더욱 가속화될 것으로 전망된다. 진출국가의 분석에 있어 어떤 지역적 통합에 속한 것인지를 파악하는 것이 필수적이다.

WTO 체제에서의 각 국가는 원칙적으로는 자유무역을 지향하고 있다. 하지만 각 국의 이해관계가 다르기 때문에 각 주체들은 자신이 유리한 방식으로 국제통상환경을 만들고 있다. 따라서 각 국의 이해관계가 일치하는 국가들 간 블록을 만들고 무역협정을 성사시킨다. 이러한 사실은 지역 블록에 해당하지 않는 국가들은 상대적으로 불이익을 당하게 된다. 아래의 〈그림 8-1〉은 전 세계의 자유무역과 경제발전을 위해 창설된 WTO를 보여주고 있다.

〈그림 8-1〉 세계무역기구

(출처. baidu internet homepage)

2. 글로벌가치사슬의 붕괴와 회복탄력성

글로벌가치사슬Global Value Chain의 개념은 맥킨지컨설팅McKinsey consulting에서 최초로 제안하였으며, 마이클 포터 교수(하버드 대학교)가 발전시킨 개념으로서 대중에게 널리 알려졌다. 최근의 기업 운영에 있어서 독자적으로 운영하는 것은 불가능하고 기업의 전반적인 활동인 상품과 제품의 설계, 구매, 생산, 유통, 판매 및 폐기의 전 과정이 통신과 운송의 발전으로 긴밀하게 연결된 것으로 본다.

글로벌경제 운영에 있어 각 기업들은 더 나은 부가가치 창출을 위해 비교우위를 가지고 있는 공급업체를 전 세계적인 범위에서 찾으려고 노력하며, 좋은 제품과 서비스를 제공하는 기업들과 상호 연계되어 비즈니스를 영위하는 것이다. 이러한 관점에서 볼 때, 하나의 기업 활동이 붕괴 또는 지연현상을 보인다면 다른 공급받는 기업들도 직접적으로 영향을 받는 것이 일반적이다. 따라서 세계 경제는 상당히 연계되어 있고 독자적으로 비즈니스 운영을 하기에는 불가능하며, 크고 작은 문제로 상호 영향을 주는 것을 이해할 필요가 있다.

최근의 자연재해나 세계적 질병의 대유행으로 글로벌공급사슬은 심각하게 파괴되는 현상이 어렵지 않게 나타나고 있다. 이로 인해 기업들은 고객의 납기를 맞출 수 없게 되고, 연쇄적으로 관련 산업들이 공급에 차질을 빚게 된다. 왜냐하면 공급사슬의 효율성만을 강조하다 보니까 재고를 적정수준까지만 갖고 있기 때문이다. 이러한 구조는 현재의 글로벌공급사슬의 붕괴에 매우 취약하다.

따라서 기업은 공급사슬의 붕괴에 따른 회복탄력성resilience이 우선적으로 중요시되는 상황이다. 일반적으로 기업의 붕괴에 따른 예방 시스템을 갖추고 디지털기술을 활용하여 공급사슬 내의 업체들 간 긴밀한 정보공유와 대안의 마련을 통해 위기의 상황을 빠르게 회복하게 된다. 이러한 연구는 이론적으로 또는 실증적으로 증명이 되고 있는 것이 사실이다(Kang & Stephens, 2022).

실제적으로 회복탄력성을 이끄는 절대적인 변수는 없다고 보는 것이 타당하다. 기업에 따라서 그 회복탄력성을 높이는 변수는 따로 있는 것이다. 이러한 사실은 기업들이 자신들의 역량과 상황에 맞도록 회복탄력성을 향상시키기 위해 대비해야 하는 것을 의미한다. 예컨대 기업의 인적자원에 대한 교육훈련, 공급사슬 내 협력업체와의 관계향상이 필요할 경우도 있다. 또한 그 기업 상황에 맞도록 최신의 디지털 기술인 인공지능AI, Artificial Intelligence과 사물인터넷the Internet of Things 등을 이용한 공급사슬관리의 효과성 및 효율성 극대화를 시켜야 한다.

3. 무역협정의 증가

글로벌경제에서 다수의 국가가 참여하고 정부의 경제정책에 중대한 영향을 미치는 국제기구 및 협정 내용을 제대로 이해하는 것이 상당히 중요하다. 왜냐하면 진출하고자 하는 국가와 비즈니스 운영에 있어 절대적인 영향을 주기 때문이다.

대표적인 세계 경제 질서에 영향을 주는 기구는 세계무역기구World Trade Organization이다. WTO는 1995년에 최종적으로 오랜 협상 끝에 협상이 완료되었는데, 그 전에 GATT General Agreement on Tariffs and Trade: 관세 및 무역에 관한 일반협정를 대체하면서 세계적으로 자유무역을 지향하면서 시장개방과 무역장벽 해소를 목표로 하는 기구이다. 이는 세계 무역 질서를 만들고 운영하는 세계적 기구로서 권위가 있는 기구이며, 세계 무역 분쟁 등의 해결을 위한 기준점이 되는 다자간 협정을 이뤄낸 세계적인 기관인 것이다.

또한 현재 글로벌경제에 있어 탄소를 줄이고 세계온난화를 방지하기 위한 환경협정인 Green round, 파리협약(2021년 1월부터 적용) 등과 같이 세계적인 환경협정은 제품 생산, 포장과 판매 전반에 영향을 줄 수 있으므로 해외진출 시 반드시 고려해야 할 경제적 환경이 되는 것이다.

ESG 경영 및 통상 확대

1. 개념

ESG는 환경보호Environment, 사회공헌social contribution, 윤리경영Governance의 첫 글자를 의미한다. 여기에서 ESG 경영은 기업은 우선적으로 환경을 보호해야 하고, 사회적 약자를 배려하여 사회에 공헌해야 하고 윤리적인 경영을 통해 사회적으로 통용되는 법과 윤리를 준수하는 것을 말한다.

최근의 ESG 경영은 비재무적인 요소로서 기업을 평가하는 측도가 되고 있다. 재무적인 부분만이 아니라 비재무적 요소인 ESG 경영을 실시하는지에 대한 관심이 선진국들을 중심으로 확산되고 있다. 따라서 기업들은 자신들의 경영이 ESG 경영에 어긋나는 것은 없는지 객관적으로 살펴볼 필요가 있다.

2. 환경보호

기업의 제조 활동하는 가운데 발생되는 탄소 배출량을 최대한 줄이는 노력은 전 세계적인 관심이 된지 오래다. 교토의정서[39] 가입국가들은 이산화탄소(CO_2) 배출을 최대한 규제하기 위해 1990년 대비 2012년까지 평균 5% 정도를 낮추기로 합의했다. 만약 이 수준을 맞추지 못하는 국가나 기업은 탄소배출권[CER][40] 외부에서 구입하도록 하였다. 세계 각국은 유엔 산하 기후변화협약사무국[UNFCCC][41]에서 탄소배출권을 발급 가능하며, 시장에서 자유롭게 거래도 할 수 있다. 여기에서 탄소배출권은 지구온난화의 주요 유발물질인 온실가스를 배출할 수 있는 권리를 말하는데, 배출권을 할당받은 기업들은 허용된 할당 범위 내에서 온실가스를 배출해야 한다. 만약 남거나 부족한 탄소배출권은 시장에서 거래 가능하다.

급변하는 기후변화에 대응하기 위해 환경규제에 대해 기업들은 환경보호를 위한 포장재의 개발, 탄소배출량을 줄일 수 있는 제품 또는 공정의 개발을 서둘러야 한다. 또한 신재생에너지의 개발을 각 국 정부 및 기업들은 최선의 노력을 다해야 한다. 그렇지 않으면 경쟁기업 보다 미래의 경쟁우위를 현저하게 잃을 수도 있다.

---

[39] 교토의정서는 1997년 12월 일본 교토에서 개최된 기후 변화 협약 제3차 당사국 총회에서 채택된 것으로 온실가스배출을 감소시키기 위해 체결한 국제 협약인 기후 변화 협약의 구체적 이행 방안이다.

[40] 탄소배출권은 'Certified Emission Reductions'라고 하며, 줄여서 'CER'라고 한다.

[41] UNFCCC는 'United Nations Framework Convention on Climate Change'의 줄임말이다. 탄소배출권을 담당하는 국제기구이다.

3. 사회공헌

기업은 사회 속에서 성장하고 생존하게 된다. 이는 기업의 독자적인 노력만으로 이뤄지기는 어렵다는 것을 의미한다. 사회구성원으로서 소비자가 기업의 제품을 구매함으로써 기업은 이익을 얻게 되어 사업을 지속한다.

이러한 관점에서 기업이 사회적 책임Social responsibility을 다하는 것은 어쩌면 당연한 것이다. 앞장서서 사회의 구성원으로서 사회를 발전시키기 위해 노력하는 것은 의무에 해당한다. 특히 사회적 약자들을 위해 노력하고 적극적으로 돕는 것은 매우 중요하다. 왜냐하면 사회적인 존재로서 법인체는 상대적으로 큰 자본을 소유하고 있으며, 활용 가능한 인적자원 및 조직시스템을 가지고 있기 때문이다.

4. 윤리경영

기업은 사회를 구성하고 있는 법인격法人格으로 사회의 질서를 철저하게 준수하는 것은 너무나 당연하다. 또한 법적인 테두리에 거치는 것이 아니라 윤리적倫理的으로 어긋나지 않도록 기업 활동을 영위하는 것이 반드시 필요하다. 예컨대 기업이 공무원 또는 정치인과 결탁하여 사업의 특혜를 누리는 것은 법적 부분과 윤리적인 부분에 모두 어긋나는 행위이다.

따라서 기업의 경영에 있어 시스템적으로 이를 감시하거나 예방하기 위한 교육훈련을 주기적으로 실시하여 직원들이 이러한 불법적인 행위를 하지 않도록 하는 것이 필수적이다. 이러한 비재무적 요소까지도 선진국들과 각 국가들은 기업을 평가하는 중요한 잣대가 되고 있다. 글로벌가치사슬과 국제통상을 활발하게 진행하고 있는 기업들은 더욱 집중하여 고려해야 하는 요소이다.

떠오르는 ESG 경영 사례

　기업의 지속 가능 경영을 위한 필수 요소로 자리 잡고 있는 'ESG'를 제약 및 바이오 차원에서 다루고 실행하기 위한 노력이 계속되고 있다. ESG가 글로벌 시장 진출을 위한 필수적인 요소로 꼽히고 있기 때문이다. 2022년 6월 15일 업계에 따르면, 'ESG 경영'이란 매출 성과만을 판단하던 전통적 가치와는 달리 장기적 관점에서 기업 가치와 지속 가능성에 영향을 주는 환경Environment, 사회 Social, 지배구조Governance와 같은 비재무적 요소를 경영에 반영하는 것을 말한다. 최근 기업의 사회적 역할과 이에 따른 ESG 경영의 중요성이 강조되면서 지속 가능 경영 보고서 발간 등을 통해 회사의 CSR과 ESG 경영 기조를 구체적으로 명문화하는 기업이 늘어나는 추세다.

　SK바이오사이언스는 출범 후 처음 발간한 ESG 보고서를 통해 지난해 회사가 창출한 '사회적 가치(SV)' 실적을 공개했다. 지난해 창출한 SV는 3399억원으로, 각각 △비즈니스 활동을 통한 '경제 간접 기여 성과(1923억원)' △백신 개발을 통한 인류 건강 증진 및 구성원 등 이해관계자의 행복 추구 창출을 포괄한 '사회성과(1478억원)' 등이었나. 회사 측은 ESG 경영을 고도화하고 지속 가능한 성장을 이룩하기 위한 4대 전략으로 △친환경 경영체계 구축 △이해관계자 행복 추구 △업(業) 연계 사회적 가치 창출 △지속 가능하고 투명한 거버넌스 운영도 제시하였다.

　보령(구 보령제약)은 국제 지속 가능성 보고 기준인 'GRI 스탠다드'와 '미국 SASB(지속가능회계기준위원회)'를 기준으로 자사의 첫 번째 지속 가능 경영 보고서를 발간했다. 기후변화 관련 국제협약 TCFD(기후변화관련 재무정보 공개 전담 협의체)의 기후리스크 관리 지침을 반영했으며 중대성 평가, UN의 SDGs(지속가능개발목표) 이행결과 등을 수록해 보령의 지속 가능 경영 성과를 구체화했다는 게 회사 측 설명이다. 그동안 보령은 '인류를 위한 지속 가능한 가치 창출'이라는 ESG 경영 비전과 8대 전략 과제를 설정하고 전담 조직을 신설하는 등 ESG 경영에 전사적 노력을 기울인 바 있다.

　한미약품은 최근 발간한 CSR 리포트에 회사의 '지속 가능 혁신경영'에 대한 구체적 사례를 기록했다. 한미약품의 R&D 경영, 윤리경영·준법경영, 인재경영, 고객만족 경영, 동반성장, 상생경영, EHS(환경·보건·안전) 경영 등도 테마별로 정리했다.

한국제약바이오협회는 국내 제약·바이오 기업의 ESG 인식을 제고하고 실행 방안을 고민하는 산업 현장의 관점에서 투자·해외 진출 등과 관련한 구체적 정보를 공유하기 위한 세미나를 진행할 계획이다. 특히 제약·바이오 기업의 최고 경영진 차원에서 '왜 ESG인가'에 대한 이해와 ESG 도입 시 얻게 되는 이점, 국제 사회가 지속 가능 경영을 위해 요구하고 있는 기준점 등을 제시할 예정이다.

  협회 관계자는 "그동안 제약·바이오 기업에 특화 한 ESG 활성화의 방향성을 제시하고 실행 동기를 부여할 만한 자리가 부족했다"며 "산업계와 밀접한 ESG 항목별 이슈들을 구체적으로 파악하고 회원 기업들이 ESG 경영을 수립·실천하는 데 실질적인 도움을 주기 위해 다양한 노력을 기울일 것"이라고 말했다.

—브릿지경제, 2022년 6월 15일자 기사 참조

〈그림 8-2〉 ESG 경영

제3장

디지털 경제의 확대

1. 개념

4차 산업혁명의 시작에 따른 경영혁신은 더욱 필요성이 증가되고 있다. 기업들은 IT 기술과 기존 경영혁신의 방식과 결합하여 현재까지 존재하지 않았던 디지털 경영혁신을 창출해 내고 있다.

디지털 경영혁신은 두 가지 측면에서 기존의 경영혁신과 차이를 확연히 드러낸다. 첫째, 전략과 사업 모델 관점에서 차이가 상당히 크다. 왜냐하면 새로운 디지털 경영혁신은 모바일, 인공지능, IoT 기술 등을 활용하여 완전히 새로운 전략으로 신사업 모델을 만들기 때문이다. 둘째, 디지털 경영혁신은 디지털 기술을 이용하여 혁신의 효율성을 현저하게 올리고 있다.

2. 디지털 경영혁신 핵심 내용

1) 기술의 혁신

현대現代의 디지털 기술은 폭발적으로 성장하고 있다. 컴퓨터 성능은 예상할 수도 없는 수준으로 발전하고 있다. 한편 컴퓨터 성능은 급속도로 발전하고 있지만 컴퓨터의 구매가격은 오히려 크게 떨어지고 있다. 이러한 낮은 가격을 바탕으로 발전된 기술을 이용하여 많은 기업들이 디지털 기술을 접목하고 있다. 예컨대 빅데이터big data, 클라우드cloud, 인공지능AI, 가상현실virtual reality 등의 다양한 기술로 디지털 경영혁신을 이끌어내고 있다. 더욱이 기존 방식과 전혀 다른 비즈니스 모델과 플랫폼 등을 활발하게 전환 및 발전시키고 있다.

기업들은 소비자들이 보여주는 폭발적인 볼륨volume의 빅데이터를 적극적으로 마케팅에 활용하고 있다. 예컨대 소비자들이 출근할 때 이용하는 버스, 지하철 등의 이용하는 시간, 이동거리 및 이용하는 역station 등의 다양한 데이터를 활용하여 마케팅에 이용하게 된다. 또한 점심시간에 이용하는 메뉴와 커피 등의 음료의 가격과 시간 등의 엄청난 양의 데이터를 접수하고 빅데이터를 가공하여 자신만의 마케팅으로 활용이 가능하다. 최신의 빅데이터 분석 기술은 이러한 실시간 변화되는 정보를 활용 가능하게 한다. 기업은 이렇게 엄청난 변화의 길목에 직면해 있다.

2) 연결의 확산

디지털 경영혁신에서 가장 주목해야 하는 부분은 디지털 기술인 IT 기술로 사람과 사람, 사람과 사물의 연결이 더욱 활성화되고 긴밀하게 연결된다는 점이다. 즉 모바일mobile, 빅데이터, IoT Internet of Things 기술 등의 발전으로 네트워크가 더욱 활성화된다는 점이다.

네트워크가 티핑포인트tipping point[42]를 넘으면 네트워크 효과network effect
가 생겨나서 모든 사람, 장소 및 장비 등이 급속도로 연결되어 네트워크
가치network value가 동시에 증가한다.

전문가들은 글로벌 IT 기업을 중심으로 초연결hyper-connected, 超連結 시대
가 왔다고 말한다. 디지털 트윈digital twin이라는 개념으로 IoT에 연결된 사
물들을 총체적으로 실시간으로 복제하는 것이다. 이는 사물의 모든 정보
를 디지털로 전환하는 것으로 정보의 양과 속도에 따라 그 활용 가치가
극대화된다. 이렇게 초연결된 기업의 모든 활동이 전 부서와 실시간 공유
되어 문제를 신속하게 파악하고 해결 가능하게 된다. 그러므로 초연결된
기술에 의해 디지털 경영 혁신은 더욱 빠르게 발전되고 진행된다.

3) 빨라지는 교체 주기

디지털 기술은 현재의 주류 기술mainstream technology이다. 디지털 기술 중
하나가 발명되고 나서 새로운 기술로 대체되는 교체 시기는 매우 짧아지
고 있다. 즉 새로운 형태의 디지털 기술의 개발 시기가 급격하게 줄어들고
있기 때문에 기존의 디지털 기술은 쉽고 빠르게 대체 가능하다.

사실 전기, 농기계, 산업기계 등의 기술은 새로운 기술이 개발되고 나서도
상당한 기간 동안 사용될 수 있으며, 디지털 기술이 발전하는 속도에 절대적
으로 비교될 수 없다. 그만큼 디지털 기술은 개발 속도가 매우 빠르다.

---

42) 티핑포인트는 노벨경제학상 수상자인 토마스 셸링(Thomas Schelling)이 「Models of Segregation」
(1969년) 논문에서 최초로 사용한 용어이다. 그의 논문에서 특정한 지역에 이주해오는 흑인의
인구가 어느 특정한 구역(약 20% 정도)에 다다르면 대부분의 백인이 한순간에 이주하는 지역
사회의 한계점이 있다고 하였다. 이 개념은 미국의 저널리스트인 말콤 글래드웰(Malcolm
Gladwell)에 의해 사실상 체계화된다. 모든 것이 급변되는 전염의 특정한 순간이 티핑포인트이다.

디지털 기술을 활용한 디지털 경영혁신은 기술의 진전과 함께 급격하게 발전하고 있다. 예를 들면 구글Google은 전 세계적으로 디지털 경영혁신의 선두주자이다. 현재 구글은 디지털 기술을 활용하여 각종 VR Virtual Reality, 가상현실 관련 기술을 개발하고 연관된 기기도 인터넷으로 판매하고 있다.

혁신적 경영자인 일론 머스크Elon Musk가 2017년에 창업한 뉴럴링크社는 인간의 뇌 속에 컴퓨터와 같은 칩을 심어서 AI Artificial Intelligence보다 뛰어난 인간의 뇌를 만들 수 있는지 연구하고 있는 혁신적인 기업이다. 디지털 기술로서 인간 뇌의 정보를 컴퓨터에 저장하고, 컴퓨터 정보를 인간 뇌에 심을 수 있는 것이다. 이처럼 디지털 경영혁신은 상상을 초월할 정도로 급속도로 변화하고 있다.

〈그림 8-3〉 일론 머스크의 뉴럴링크社

제4장

글로벌공급사슬관리

1. Global SCM

공급사슬관리supply chain management는 조달, 생산, 발주, 조달 등에 관련된 모든 기업 활동의 관리, 계획 및 전체 물류 활동을 말하며, 공급기업, 유통업체, 제3자 물류업체 및 소비자 등에 이르는 총괄적 유통채널 파트너와의 조정과 협력 등을 포함한다.[43]

공급사슬은 한 국가에 국한되는 것이 아니라 국가 상호간 형성된 유통채널이며 포괄적으로 구성되는 것이 일반적이다. 다시 말해서 공급사슬관리는 상호 긴밀하게 연결되어 있기 때문에 서로 정보가 활발하게 공유된다. 각 파트너社와의 헌신commitment, 獻身, 신뢰trust, 信賴, 상호존중mutual respect,

---

[43] 공급사슬관리전문가협의회(Council of supply chain management professionals)에서 공급사슬관리에 대해 정의한 부분을 정리하였다.

相互尊重 및 협력cooperation, 協力 등이 대표적 핵심요인이다. 공급사슬관리는 약칭으로서 'SCM'으로 통용通用된다.

2. SCM 주요 기능

SCM을 운영하는 기업들이 개별 거래처나 유통망으로부터 왜곡된 수요예측과 시장에서 제한된 정보로 인해 생산량과 재고량 등을 적절하게 관리하지 못하는 경우가 많다. 공급기업과 판매기업 등의 유통망에서 상호간 연결이 제대로 되지 못하고, 정보가 상호간 효율적으로 공유되지 못하기 때문이다. 이러한 예측하지 못한 문제의 발생으로 인해 공급사슬관리에서 채찍효과bullwhip effect가 나타난다. 채찍효과는 유통망 내의 왜곡된 수요정보를 통해 판매기업도 안전재고를 가지려 하고, 중간유통기업도 안전재고로서 충분한 재고를 확보코자 한다. 이러한 결과 생산기업에서는 생산량이 과도하게 늘어나게 되어 최종단계에서 비합리적인 증폭현상이 발생된다. 이러한 효과를 일반적으로 채찍효과라고 일컫는다.

3. Global SCM 핵심요소

글로벌공급사슬관리에서 핵심요소는 아래와 같이 정리 가능하다.

첫째, 생산요소가 있다. SCM의 운영기업operating company은 생산계획과 재고관리를 위해 자재소요계획을 전체 공급사슬supply chain의 회원들members과 공유한다. 다시 말하자면 수요 예측 및 재고관리 등을 체계적으로 관리하기 위해 총괄시스템을 디지털 기술digital technology로 연결한다. 이러한 활동을 통해 신속한 정보공유와 회복탄력성resilience 등을 얻게 되어 위기관리(자재 부족 및 생산중단 사태 등)에 효과적으로 대응한다.

둘째, 글로벌공급사슬관리에서 공급분야가 핵심적인 부분이다. 공급자에 대한 역량 파악 또는 평가 등이 핵심이다. SCM 운영기업은 자체적인 역량점검리스트competency list로 공급자 평가evaluation for supplier를 하여 공급자의 납기, 구매가격 및 품질 등의 다면적인 평가를 통해 공급사슬의 유지 또는 교체 등을 결정한다.

셋째, 물류요소가 있다. 기업이 생산 활동을 완료한 후 최종소비자까지 배송하는 전체의 과정은 기업의 근본적인 활동이다. 따라서 판매기업, 생산기업 및 제3자 물류기업이 총괄적으로 통합된 디지털시스템에 의해 실시간 확인 가능해야 한다. 또한 배송장소 및 현재 위치 등의 중요한 정보가 상호간 공유되는 것은 필수적이다.

넷째, 통합요소가 포함된다. 공급사슬관리SCM에서 가장 난해한 것은 공급사슬 안에서 기업 간 활동을 효율적으로 통합하고 조정하는 것이다. 공급사슬을 제대로 통합하기 위해서는 선제적으로 상호 신뢰와 협력하는 문화가 있어야 한다. 즉, 운영기업, 공급기업 및 판매 기업이 기본적으로 헌신commitment과 신뢰trust 등을 기반으로 상호간 협력하는 것이 절대적으로 요구된다.

장기적으로 SCM이 성공적으로 운영되려면 공급사슬의 성과측정supply chain performance measurement은 핵심적으로 필요한 활동이다. 성과측정은 재고 및 판매 등의 단순한 자료가 아니라 더 세부적인 측정항목이 구축되어야 한다. 전체적으로 SCM의 전략 및 전술을 실행되기 위해서는 운영기업과 협력기업이 지속적으로 상호 협력하고 존중해야 한다. 이것을 가능케 하려면 SCM의 경영활동과 전략의 조화가 뒷받침되어야 한다.

SCM의 성공적 통합을 위해 공급사슬 내 활동의 효과적인 상호 조정이 핵심적이다. 기업 간 통합은 상당히 어렵지만 신뢰, 헌신 등을 기반으로 한 조직문화가 기업들의 전략과 일치할 때 효율적으로 조율되고, 장기적으로 성장할 수 있다.

4. 채찍효과 관리 방법

글로벌 공급사슬관리에서 핵심적인 부분은 잘못된 수요 예측과 왜곡된 정보에 의해 심각한 증폭현상인 채찍효과bullwhip effect를 방지하는 것이다. 여기에서 채찍효과는 황소채찍효과라고도 한다. 사실 제조 기업에게는 재고가 필요이상으로 일시적으로 많아지는 것은 수익성의 저하뿐만 아니라 현금 흐름에 상당히 좋지 못한 결과를 가져온다. 이러한 현상에 지속적으로 노출되면 기업은 수익을 안정적으로 이끌어내기 어려워진다. 따라서 글로벌 공급사슬관리를 수행하는 기업으로서는 아래의 방법들로 채찍효과를 감소시킬 수 있다.

첫째로, 실시간 정보공유로 채찍효과를 감소시킬 수 있다. 채찍효과의 발생 원인은 근본적으로 왜곡된 정보 때문이다. 또한 정보공유에 있어서 한정적인 방법으로 이루어지는 원인에 의해서이다. 따라서 최종 수요정보를 공급사슬의 전체 구성원member에 공유하는 것이 필요하다. 이를 통해서 공급사슬 각 계층의 의사결정자들이 공유된 최종 수요정보를 기반으로 디지털 기술을 활용하여 효과적으로 의사결정이 가능하다. 이러한 방식으로 다소 황소채찍효과를 완화시킬 수 있다.

두 번째로 공급 부족 시 할당정책 활용하는 것이다. 대체로 공급 부족이 예상되면 각 소매상들은 가수요를 산정하여 더 많은 수량을 주문하게 된다. 이런 이유로 채찍효과가 발생하게 된다. 따라서 이것을 예방하기 위해 제조 기업은 최종 수요정보를 활용하여 지난 판매량 및 시장점유율 등의 정보를 활용하여 공급 부족 시 제품을 할당 방식으로 배분하는 방법을 도입하는 것도 좋은 방법이다. 여러 글로벌기업들이 이러한 업무 방식으로 채찍효과를 감소시키고 있다.

세 번째로 주문처리 및 고정운송비용 절감을 통해서이다. 채찍효과를 감소시키기 위해 일회 주문량을 줄이는 것이 필요하다. 왜냐하면 주문 시마다 일정한 고정비용이 발생하기 때문이다. 주문처리비용을 줄이기 위해서는 EDI Electronic Data Interchange를 이용하는 것이 필요하다. 이를 통해 주문 내역 작성 및 확인 등의 일을 줄일 수 있고, 배송 및 선적 등의 일련의 주문처리과정의 비용을 획기적으로 절감 가능하다.

또한 일회 주문량이 너무 과도하게 많은 경우에는 FTL Full Truck Load 방식의 운송을 해야 하기 때문에 한 번 운송에 따른 고정적 비용이 상승할 수 있다. 소량의 빈번한 운송을 효율적으로 혼적 mixed truckload 방식의 LTL Less-than-a-Truck Load을 활성화할 필요가 있다. 이를 가능케 하기 위해서는 세부적인 배차계획과 운송계획이 지원되어야 한다. 또한 제3자물류 3rd Party Logistics, 3PL 기입과 협력을 한나면 더욱 유연한 운송을 이뤄낼 수 있다.

네 번째로 주문 집중 시 납기일을 분산시키는 방법이다. 제조 기업에 전달된 주문이 집중된다고 하더라도 제조 기업 차원에서 납기일을 분산하여 납품하는 방식을 취하는 것이다. 납기일 분산을 통해 제조 기업에 전달되는 주문량의 변동성을 직접적으로 감소시킨다. 예컨대 A 제조 기업의 경우 소매점의 주문은 생산에서 비어있는 시간대 time slot를 활용하여 생산하고 배송하는 방식을 통해 납기일을 분산하는 방식이다.

마지막으로 상시저가전략을 구사하는 방식이다. 채찍효과는 가격 변동에 따른 일시적인 주문량의 증가인 경우도 많다. 따라서 이를 근본적으로 예방하기 위해서는 제조 기업은 충분히 낮은 가격으로 공급하고 이를 지속적으로 유지하는 정책을 가져가는 것이 필요하다. 만약 가격을 충분히 낮추고 일정 기간 유지하는 것은 판매촉진의 유연성을 잃게 되지만, 공급 가격의 유지함으로써 수요량의 안정화를 가져오게 한다. 이는 운영 측면에서 효율성을 충분히 확보하게 한다.

5. 수요 예측 및 관리

기업의 수요관리는 고객관계관리Customer Relationship management를 통해서이다. 고객관계관리는 아래와 같이 전략적 및 운영적 측면 프로세스를 설명하고자 한다(Croxton et. al., 2001).

첫째, 기업들은 고객관계관리를 위하여 아래의 5가지 전략적 측면 프로세스strategic sub-processes를 수행한다. 이를 통하여 고객으로부터 핵심 정보 및 수요를 효율적으로 관리한다.

제1단계로서 기업 수준corporate-level의 전략과 마케팅 전략을 파악한다. 수요관리demand management를 함에 있어 기업의 전략을 우선적으로 인지해야 정확한 고객관계관리를 이끌어낸다.

제2단계는 고객의 유형화를 통해 기업의 고객을 파악하는 것이 필요하다. 즉, 기업의 실질적인 고객은 누구이며, 어느 고객을 선택할지를 결정한다.

제3단계로 기업은 제품 또는 서비스 계약에 있어 차별화의 정도에 대한 분명한 지침을 수립해야 한다. 이러한 지침은 고객 서비스 관리, 수요관리, 주문이행, 생산흐름관리, 공급업체 관계 관리, 제품개발 및 상용화, 반품관리와 상호간 원활하게 연계되어야 한다.

제4단계는 측정기준을 구조화되도록 한다. 기업의 고객과의 절차가 공유되고 파악된 정보를 어떠한 기준으로 측정하는지 그 구체적 방법을 정해야 한다.

제5단계로 기업과 고객 간 상생相生하기 위해 발생하는 이익을 상호 공유 가능한 절차를 수립해야 한다. 다시 말해서 기업과 고객이 전체적으로 이익을 누릴 수 있는 지침指針을 마련되는 경우에는 지속적 관계를 만든다.

둘째, 고객관계관리의 운영적 측면 프로세스operational sub-processes는 실제적으로 제품 및 서비스 계약을 실행하는 절차이다. 일반적으로 프로세스는 7가지 단계로 구분된다. 제1단계는 고객을 차별화해서 접근해야 한다. 이를 통해 핵심고객을 인지하고 그룹화 한다. 제2단계는 고객을 대응할 관리조직을 마련해야 한다. 다시 말해서 핵심고객과의 정기적인 만남과 소통을 위해서는 전담 부서가 조직되어야 한다. 제3단계는 고객 전담 부서의 활동을 세부적으로 검토해야 한다. 예컨대 기업의 부서활동에 있어 구매제품, 영업성장율 및 산업 내 위치 등을 효과적으로 파악하여 더 나은 발전방향을 제시하는 것이 필요하다. 제4단계는 각 전담 부서의 기회를 도출해야 한다. 예를 들어 영업, 원가 및 서비스 등에서 발전 기회를 파악함으로써 구체적으로 각 전담 부서의 성장 방법을 찾는 것이다. 제5단계로서 각 전담 부서는 핵심고객이 제품과 서비스에 충분하게 만족하도록 업무성과를 개선해야 한다. 핵심고객들이 제품과 서비스에 만족할 때까지 고객과의 끊임없는 소통과 지속적인 개선계획을 실천해야 한다. 제6단계로 핵심 고객과의 징기직인 만남을 통한 세품 및 서비스 계약을 실천해야 한다. 다시 말하자면 구체적으로 기업은 고객과의 합의된 내용을 제공해야 하고 합의된 품질의 제품과 서비스가 적절하게 공급되어야 한다.

마지막 단계로 기업의 전담부서는 프로세스 실행의 결과를 측정하고 수익성 창출에 관한 보고서를 작성해야 한다. 즉 이 보고서는 기본적으로 각 고객별로 판매영향, 원가 및 연관된 투자 등의 총괄적인 내용을 포함하고 있어 중요한 가치를 품고 있다.

토론 문제

1. 최근 국제통상환경의 특징을 3가지만 서술해 보라.

2. ESG 경영의 의미를 설명하고, 왜 그 중요성이 확대되고 있는가?

3. 디지털 경영혁신의 주요 내용을 설명해 보라.

4. 글로벌공급사슬의 붕괴의 원인과 회복탄력성(resilience)을 논하라.

5. 채찍효과는 무엇이며, 이러한 효과를 감소시키는 방법은 무엇인가?

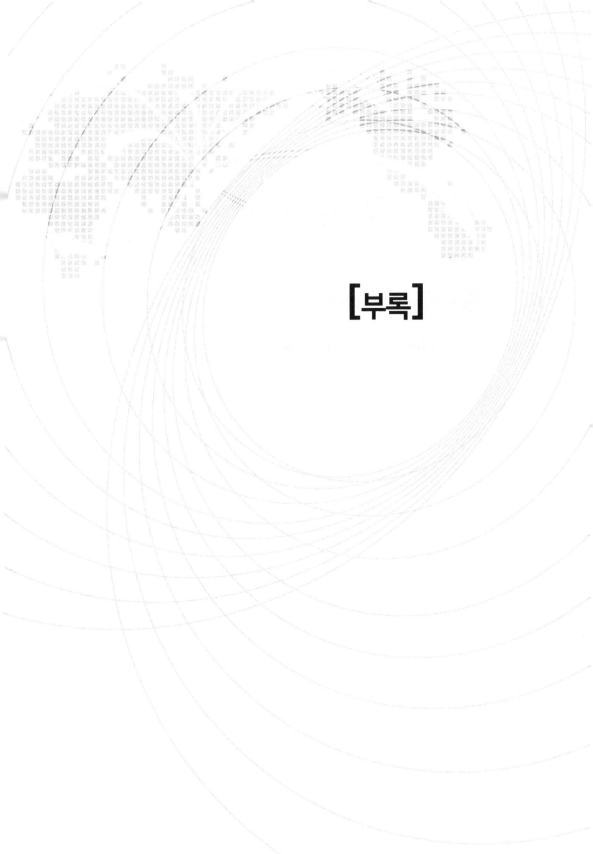

[부록]

대외무역법

[시행 2021. 2. 5.] [법률 제16929호, 2020. 2. 4., 타법개정]

산업통상자원부(무역정책과－수출입거래) 044-203-4025

산업통상자원부(무역안보정책과) 044-203-4055

산업통상자원부(무역안보과－전략물자) 044-203-4058

산업통상자원부(신북방통상총괄과－플랜트) 044-203-5682

산업통상자원부(수출입과－원산지) 044-203-4044

제1장 총칙

제1조(목적) 이 법은 대외 무역을 진흥하고 공정한 거래 질서를 확립하여 국제수지의 균형과 통상의 확대를 도모함으로써 국민 경제를 발전시키는 데 이바지함을 목적으로 한다.

제2조(정의) 이 법에서 사용하는 용어의 뜻은 다음과 같다. 〈개정 2014. 1. 21., 2020. 2. 4.〉

1. "무역"이란 다음 각 목의 어느 하나에 해당하는 것(이하 "물품등"이라 한다)의 수출과 수입을 말한다.

　가. 물품

나. 대통령령으로 정하는 용역

　　다. 대통령령으로 정하는 전자적 형태의 무체물(無體物)

2. "물품"이란 다음 각 목의 것을 제외한 동산(動産)을 말한다.

　　가. 「외국환거래법」에서 정하는 지급수단

　　나. 「외국환거래법」에서 정하는 증권

　　다. 「외국환거래법」에서 정하는 채권을 화체(化體)한 서류

3. "무역거래자"란 수출 또는 수입을 하는 자, 외국의 수입자 또는 수출자에게서 위임을 받은 자 및 수출과 수입을 위임하는 자 등 물품등의 수출 행위와 수입 행위의 전부 또는 일부를 위임하거나 행하는 자를 말한다.

4. "정부간 수출계약"이란 외국 정부의 요청이 있을 경우, 제32조의3 제1항에 따른 정부간 수출계약 전담기관이 대통령령으로 정하는 절차에 따라 국내 기업을 대신하여 또는 국내 기업과 함께 계약의 당사자가 되어 외국 정부에 물품등(「방위산업 발전 및 지원에 관한 법률」 제2조 제1항 제1호에 따른 방위산업물자등은 제외한다)을 유상 (有償)으로 수출하기 위하여 외국 정부와 체결하는 수출계약을 말한다.

제3조(자유롭고 공정한 무역의 원칙 등) ① 우리나라의 무역은 헌법에 따라 체결·공포 된 무역에 관한 조약과 일반적으로 승인된 국제법규에서 정하는 바에 따라 자유롭고 공정한 무역을 조장함을 원칙으로 한다.

② 정부는 이 법이나 다른 법률 또는 헌법에 따라 체결·공포된 무역에 관한 조약과 일반적으로 승인된 국제 법규에 무역을 제한하는 규정이 있는 경우에는 그 제한하는 목적을 달성하기 위하여 필요한 최소한의 범위에서 이를 운영하여야 한다.

제4조(무역의 진흥을 위한 조치) ① 산업통상자원부장관은 무역의 진흥을 위하여 필요 하다고 인정되면 대통령령으로 정하는 바에 따라 물품등의 수출과 수입을 지속적으로 증대하기 위한 조치를 할 수 있다. 〈개정 2008. 2. 29., 2013. 3. 23.〉

② 산업통상자원부장관은 제1항에 따른 무역의 진흥을 위하여 필요하다고 인정되면

대통령령으로 정하는 바에 따라 다음 각 호의 어느 하나에 해당하는 자에게 필요한 지원을 할 수 있다. 〈개정 2008. 2. 29., 2013. 3. 23.〉

1. 무역의 진흥을 위한 자문, 지도, 대외 홍보, 전시, 연수, 상담 알선 등을 업(業)으로 하는 자
2. 무역전시장이나 무역연수원 등의 무역 관련 시설을 설치·운영하는 자
3. 과학적인 무역업무 처리 기반을 구축·운영하는 자

제5조(무역에 관한 제한 등 특별 조치) 산업통상자원부장관은 다음 각 호의 어느 하나에 해당하는 경우에는 대통령령으로 정하는 바에 따라 물품등의 수출과 수입을 제한하거나 금지할 수 있다. 〈개정 2008. 2. 29., 2013. 3. 23., 2013. 7. 30.〉

1. 우리나라 또는 우리나라의 무역 상대국(이하 "교역상대국"이라 한다)에 전쟁·사변 또는 천재지변이 있을 경우
2. 교역상대국이 조약과 일반적으로 승인된 국제법규에서 정한 우리나라의 권익을 인정하지 아니할 경우
3. 교역상대국이 우리나라의 무역에 대하여 부당하거나 차별적인 부담 또는 제한을 가할 경우
4. 헌법에 따라 체결·공포된 무역에 관한 조약과 일반적으로 승인된 국제법규에서 정한 국제평화와 안전유지 등의 의무를 이행하기 위하여 필요할 경우
4의2. 국제평화와 안전유지를 위한 국제공조에 따른 교역여건의 급변으로 교역상대국과의 무역에 관한 중대한 차질이 생기거나 생길 우려가 있는 경우
5. 인간의 생명·건강 및 안전, 동물과 식물의 생명 및 건강, 환경보전 또는 국내 자원보호를 위하여 필요할 경우

제6조(무역에 관한 법령 등의 협의 등) ① 무역에 관하여는 이 법에서 정하는 바에 따른다.
② 관계 행정기관의 장은 물품등의 수출 또는 수입을 제한하는 법령이나 훈령·고시

등(이하 "수출·수입 요령"이라 한다)을 제정하거나 개정하려면 미리 산업통상자원부장관과 협의하여야 한다. 이 경우 산업통상자원부장관은 관계 행정기관의 장에게 그 수출·수입 요령의 조정을 요청할 수 있다. 〈개정 2008. 2. 29., 2013. 3. 23.〉

제2장 통상의 진흥

제7조(통상진흥 시책의 수립) ① 산업통상자원부장관은 무역과 통상을 진흥하기 위하여 매년 다음 연도의 통상진흥 시책을 세워야 한다. 〈개정 2008. 2. 29., 2013. 3. 23.〉

② 제1항에 따른 통상진흥 시책에는 다음 각 호의 사항이 포함되어야 한다. 〈개정 2009. 4. 22.〉

　　1. 통상진흥 시책의 기본 방향

　　2. 국제통상 여건의 분석과 전망

　　3. 무역·통상 협상 추진 방안과 기업의 해외 진출 지원 방안

　　4. 통상진흥을 위한 자문, 지도, 대외 홍보, 전시, 상담 알선, 전문인력 양성 등 해외 시장 개척 지원 방안

　　5. 통상 관련 정보수집·분석 및 활용 방안

　　6. 원자재의 원활한 수급을 위한 국내외 협력 추진 방안

　　7. 그 밖에 대통령령으로 정하는 사항

③ 산업통상자원부장관은 제1항에 따른 통상진흥 시책의 수립을 위한 기초 자료를 수집하기 위하여 교역상대국의 통상 관련 제도·관행 등과 기업이 해외에서 겪는 고충 사항을 조사할 수 있다. 〈개정 2008. 2. 29., 2013. 3. 23.〉

④ 산업통상자원부장관은 해외에 진출한 기업에 제1항에 따른 통상진흥 시책의 수립에 필요한 자료를 요청하고, 필요한 경우 지원할 수 있다. 〈개정 2008. 2. 29., 2013. 3. 23.〉

⑤ 산업통상자원부장관은 제1항에 따라 통상진흥 시책을 세우는 경우에는 미리 특별시

장, 광역시장, 특별자치시장, 도지사 또는 특별자치도지사(이하 "시·도지사"라 한다)의 의견을 들어야 하고, 통상진흥 시책을 수립한 때에는 이를 시·도지사에게 알려야 한다. 이를 변경한 경우에도 또한 같다. 〈개정 2008. 2. 29., 2013. 3. 23., 2013. 7. 30.〉

⑥ 제5항에 따라 통상진흥 시책을 통보받은 시·도지사는 그 관할 구역의 실정에 맞는 지역별 통상진흥 시책을 수립·시행하여야 한다.

⑦ 시·도지사는 제6항에 따라 지역별 통상진흥 시책을 수립한 때에는 이를 산업통상자원부장관에게 알려야 한다. 이를 변경한 때에도 또한 같다. 〈개정 2008. 2. 29., 2013. 3. 23.〉

제8조(민간 협력 활동의 지원 등) ① 산업통상자원부장관은 무역·통상 관련 기관 또는 단체가 교역상대국의 정부, 지방정부, 기관 또는 단체와 통상, 산업, 기술, 에너지 등에서 협력활동을 추진하는 경우 대통령령으로 정하는 바에 따라 필요한 지원을 할 수 있다. 〈개정 2008. 2. 29., 2013. 3. 23.〉

② 산업통상자원부장관은 기업의 해외 진출을 지원하기 위하여 무역·통상 관련 기관 또는 단체로부터 정보를 체계적으로 수집하고 분석하여 지방자치단체와 기업에 필요한 정보를 제공할 수 있다. 〈개정 2008. 2. 29., 2009. 4. 22., 2013. 3. 23.〉

③ 산업통상자원부장관은 제2항에 따른 정보의 수집·분석 및 제공을 위하여 필요한 경우 관계 중앙행정기관의 장, 시·도지사, 무역·통상 및 기업의 해외 진출과 관련한 기관 또는 단체에 자료 및 통계의 제출을 요청할 수 있다. 〈신설 2009. 4. 22., 2013. 3. 23.〉

④ 산업통상자원부장관은 기업의 해외 진출과 관련된 상담·안내·홍보·조사와 그 밖에 기업의 해외 진출에 대한 지원 업무를 종합적으로 수행하기 위하여 「대한무역투자진흥공사법」에 따른 대한무역투자진흥공사에 해외진출지원센터를 둔다. 〈신설 2009. 4. 22., 2013. 3. 23.〉

⑤ 제4항에 따른 해외진출지원센터의 구성·운영 및 감독 등에 필요한 사항은 대통령령으로 정한다. 〈신설 2009. 4. 22.〉

제8조의2(전문무역상사의 지정 및 지원) ① 산업통상자원부장관은 신시장 개척, 신제품 발굴 및 중소기업·중견기업의 수출확대를 위하여 수출실적 및 중소기업 제품 수출비중 등을 고려하여 무역거래자 중에서 전문무역상사를 지정하고 지원할 수 있다.

② 제1항에 따른 지정의 기준 및 절차, 지원 내용 등에 관하여 필요한 사항은 대통령령으로 정한다.

③ 산업통상자원부장관은 제1항에 따라 지정을 받은 전문무역상사가 제2항에 따른 지정기준에 적합하지 아니하게 된 때에는 그 지정을 취소할 수 있다. 다만, 거짓이나 그 밖에 부정한 방법으로 지정을 받은 경우에는 그 지정을 취소하여야 한다.

[본조신설 2014. 1. 21.]

제9조(무역에 관한 조약의 이행을 위한 자료제출) ① 산업통상자원부장관은 우리나라가 체결한 무역에 관한 조약의 이행을 위하여 필요한 때에는 대통령령으로 정하는 바에 따라 관련 공공기관, 기업 및 단체 등으로부터 필요한 자료의 제출을 요구할 수 있다. 〈개정 2013. 3. 23.〉

② 제1항에 따라 무역에 관한 조약의 이행을 위하여 필요한 자료를 직무상 습득한 자는 자료 제공자의 동의 없이 그 습득한 자료 중 기업의 영업비밀 등 비밀유지가 필요하다고 인정되는 기업정보를 타인에게 제공 또는 누설(漏泄)하거나 사용 목적 외의 용도로 사용하여서는 아니 된다.

[전문개정 2009. 4. 22.]

제3장 수출입 거래

제1절 수출입 거래 총칙

제10조(수출입의 원칙) ① 물품등의 수출입과 이에 따른 대금을 받거나 지급하는 것은 이 법의 목적의 범위에서 자유롭게 이루어져야 한다.

② 무역거래자는 대외신용도 확보 등 자유무역질서를 유지하기 위하여 자기 책임으로 그 거래를 성실히 이행하여야 한다.

제11조(수출입의 제한 등) ① 산업통상자원부장관은 다음 각 호의 어느 하나에 해당하는 이행 등을 위하여 필요하다고 인정하여 지정·고시하는 물품등의 수출 또는 수입을 제한하거나 금지할 수 있다. 〈개정 2016. 1. 27.〉

1. 헌법에 따라 체결·공포된 조약과 일반적으로 승인된 국제법규에 따른 의무의 이행
2. 생물자원의 보호
3. 교역상대국과의 경제 협력 증진
4. 국방상 원활한 물자 수급
5. 과학기술의 발전
6. 그 밖에 통상·산업정책에 필요한 사항으로서 내농령령으로 정하는 사항

② 제1항에 따라 수출 또는 수입이 제한되는 물품등을 수출하거나 수입하려는 자는 대통령령으로 정하는 바에 따라 산업통상자원부장관의 승인을 받아야 한다. 다만, 긴급히 처리하여야 하는 물품등과 그 밖에 수출 또는 수입 절차를 간소화하기 위한 물품등으로서 대통령령으로 정하는 기준에 해당하는 물품등의 수출 또는 수입은 그러하지 아니하다. 〈개정 2008. 2. 29., 2013. 3. 23., 2016. 1. 27.〉

③ 제2항 본문에 따른 수출 또는 수입 승인(제8항에 따라 수출 승인을 받은 것으로 보는 경우를 포함한다)의 유효 기간은 1년으로 한다. 다만, 산업통상자원부장관은 국내의 물가 안정, 수급 조정, 물품등의 인도 조건 및 거래의 특성을 고려하여 대통령령으로 정하는 바에 따라 유효 기간을 달리 정할 수 있다. 〈신설 2013. 7. 30.〉

④ 제3항에 따른 수출 또는 수입 승인의 유효 기간은 대통령령으로 정하는 바에 따라 1년을 초과하지 아니하는 범위에서 산업통상자원부장관의 승인을 받아 연장할 수 있다. 〈신설 2013. 7. 30.〉

⑤ 제2항에 따라 승인을 받은 자가 승인을 받은 사항 중 대통령령으로 정하는 중요한

사항을 변경하려면 산업통상자원부장관의 변경 승인을 받아야 하고, 그 밖의 경미한 사항을 변경하려면 산업통상자원부장관에게 신고하여야 한다. 〈개정 2008. 2. 29., 2013. 3. 23., 2013. 7. 30.〉

⑥ 산업통상자원부장관은 필요하다고 인정하면 제1항과 제2항에 따른 승인 대상 물품 등의 품목별 수량·금액·규격 및 수출 또는 수입지역 등을 한정할 수 있다. 〈개정 2008. 2. 29., 2013. 3. 23., 2013. 7. 30.〉

⑦ 산업통상자원부장관은 제1항부터 제6항까지의 규정에 따른 제한·금지, 승인, 승인 의 유효 기간 설정 및 연장, 신고, 한정 및 그 절차 등을 정한 경우에는 이를 공고하여야 한다. 〈개정 2008. 2. 29., 2013. 3. 23., 2013. 7. 30.〉

⑧ 제19조 또는 제32조에 따라 수출허가를 받거나 수출 승인을 받은 자는 제2항에 따른 수출 승인을 받은 것으로 본다. 〈개정 2013. 7. 30.〉

제12조(통합 공고) ① 관계 행정기관의 장은 수출·수입 요령을 제정하거나 개정하는 경우에는 그 수출·수입 요령이 그 시행일 전에 제2항에 따라 공고될 수 있도록 이를 산업통상자원부장관에게 제출하여야 한다. 〈개정 2008. 2. 29., 2013. 3. 23.〉

② 산업통상자원부장관은 제1항에 따라 제출받은 수출·수입 요령을 통합하여 공고하 여야 한다. 〈개정 2008. 2. 29., 2013. 3. 23.〉

제13조(특정 거래 형태의 인정 등) ① 산업통상자원부장관은 물품등의 수출 또는 수입 이 원활히 이루어질 수 있도록 대통령령으로 정하는 물품등의 수출입 거래 형태를 인정할 수 있다. 〈개정 2008. 2. 29., 2013. 3. 23.〉

② 기획재정부장관이 외국환 거래 관계 법령에 따라 무역 대금 결제 방법을 정하려면 미리 산업통상자원부장관과 협의하여야 한다. 〈개정 2008. 2. 29., 2013. 3. 23.〉

제14조(수출입 승인 면제의 확인) 산업통상자원부장관은 승인을 받지 아니하고 수출 되거나 수입되는 물품등(제11조 제2항 본문에 해당하는 물품등만을 말한다)이 제11조

제2항 단서에 따른 물품등에 해당하는지를 확인하여야 한다. 〈개정 2008. 2. 29.,
2013. 3. 23.〉

제15조(과학적 무역업무의 처리 기반 구축) ① 산업통상자원부장관은 물품등의 수출
입 거래가 질서 있고 효율적으로 이루어질 수 있도록 대외무역통계시스템 및 전자문서
교환체계 등 과학적 무역업무의 처리 기반을 구축하기 위하여 노력하여야 한다. 〈개정
2008. 2. 29., 2009. 4. 22., 2013. 3. 23.〉

② 산업통상자원부장관은 제1항에 따른 과학적 무역업무의 처리 기반을 구축하기 위하
여 필요하다고 인정되면 관계 행정기관의 장에게 대통령령으로 정하는 바에 따라 통관
기록 등 물품등의 수출입 거래에 관한 정보를 제공하도록 요청할 수 있다. 이 경우
관계 행정기관의 장은 이에 협조하여야 한다. 〈개정 2008. 2. 29., 2009. 4. 22., 2013.
3. 23.〉

③ 관게 행정기관의 장은 이 법의 목적의 범위에서 필요하다고 인정되면 산업통상사원
부장관에게 제1항과 제2항에 따라 구축된 물품등의 수출입 거래에 관한 정보를 제공하
도록 요청할 수 있다. 이 경우 산업통상자원부장관은 이에 협조하여야 한다. 〈개정
2008. 2. 29., 2013. 3. 23.〉

제2절 외화획득용 원료·기재의 수입과 구매 등

제16조(외화획득용 원료·기재의 수입 승인 등) ① 산업통상자원부장관은 원료, 시설,
기재(機材) 등 외화 획득을 위하여 사용되는 물품등(이하 "원료·기재"라 한다)의 수입
에 대하여는 제11조 제6항을 적용하지 아니할 수 있다. 다만, 국산 원료·기재의 사용을
촉진하기 위하여 필요한 경우에는 그러하지 아니하다. 〈개정 2008. 2. 29., 2013. 3.
23., 2013. 7. 30.〉

② 산업통상자원부장관은 제1항에 따른 원료·기재의 범위, 품목 및 수량을 정하여
공고할 수 있다. 〈개정 2008. 2. 29., 2013. 3. 23.〉

③ 제1항에 따라 원료·기재를 수입한 자와 수입을 위탁한 자는 그 수입에 대응하는 외화 획득을 하여야 한다. 다만, 제17조에 따라 산업통상자원부장관의 승인을 받은 경우에는 그러하지 아니하다. 〈개정 2008. 2. 29., 2013. 3. 23.〉

④ 제3항에 따른 외화 획득의 범위, 이행 기간, 확인 방법, 그 밖에 필요한 사항은 대통령령으로 정한다.

제17조(외화획득용 원료·기재의 목적을 벗어난 사용 등) ① 제16조 제1항에 따라 원료·기재를 수입한 자는 그 수입한 원료·기재 또는 그 원료·기재로 제조된 물품등을 부득이한 사유로 인하여 당초의 목적 외의 용도로 사용하려면 대통령령으로 정하는 바에 따라 산업통상자원부장관의 승인을 받아야 한다. 다만, 대통령령으로 정하는 원료·기재 또는 그 원료·기재로 제조된 물품등에 대하여는 그러하지 아니하다. 〈개정 2008. 2. 29., 2013. 3. 23.〉

② 제16조 제1항에 따라 수입한 원료·기재 또는 그 원료·기재로 제조된 물품등을 당초의 목적과 같은 용도로 사용하거나 수출하려는 자에게 양도(讓渡)하려는 때에는 양도하려는 자와 양수(讓受)하려는 자가 함께 산업통상자원부장관의 승인을 받아야 한다. 다만, 대통령령으로 정하는 원료·기재 또는 그 원료·기재로 제조된 물품등에 대하여는 그러하지 아니하다. 〈개정 2008. 2. 29., 2013. 3. 23.〉

③ 제2항에 따라 원료·기재 또는 그 원료·기재로 제조된 물품등을 양수한 자에 관하여는 제16조 제3항 및 제4항을 준용한다.

제18조(구매확인서의 발급 등) ① 산업통상자원부장관은 외화획득용 원료·기재를 구매하려는 자가 「부가가치세법」 제24조에 따른 영(零)의 세율을 적용받기 위하여 확인을 신청하면 외화획득용 원료·기재를 구매하는 것임을 확인하는 서류(이하 "구매확인서"라 한다)를 발급할 수 있다. 〈개정 2008. 2. 29., 2013. 3. 23., 2013. 6. 7.〉

② 산업통상자원부장관은 구매확인서를 발급받은 자에 대하여는 외화획득용 원료·기재의 구매 여부를 사후관리하여야 한다. 〈개정 2008. 2. 29., 2013. 3. 23.〉

③ 제1항과 제2항에 따른 구매확인서의 신청·발급 절차 및 사후관리 등에 필요한 사항은 대통령령으로 정한다.

제3절 전략물자의 수출입

제19조(전략물자의 고시 및 수출허가 등) ① 산업통상자원부장관은 관계 행정기관의 장과 협의하여 대통령령으로 정하는 국제수출통제체제(이하 "국제수출통제체제"라 한다)의 원칙에 따라 국제평화 및 안전유지와 국가안보를 위하여 수출허가 등 제한이 필요한 물품등(대통령령으로 정하는 기술을 포함한다. 이하 이 절에서 같다)을 지정하여 고시하여야 한다. 〈개정 2008. 2. 29., 2009. 4. 22., 2013. 3. 23., 2013. 7. 30.〉

② 제1항에 따라 지정·고시된 물품등(이하 "전략물자"라 한다)을 수출(제1항에 따른 기술이 다음 각 호의 어느 하나에 해당되는 경우로서 대통령령으로 정하는 경우를 포함한다. 이히 제19조 제3항부터 제5힝까지, 제20조, 제23조, 제24조, 세24소의2, 제24조의3, 제25조, 제28조, 제29조, 제31조, 제47조부터 제49조까지, 제53조 제1항 및 제53조 제2항 제2호부터 제4호까지에서 같다)하려는 자는 대통령령으로 정하는 바에 따라 산업통상자원부장관이나 관계 행정기관의 장의 허가(이하 "수출허가"라 한다)를 받아야 한다.다만, 「방위사업법」 제57조 제2항에 따라 허가를 받은 방위산업물자 및 국방과학기술이 전략물자에 해당하는 경우에는 그러하지 아니하다. 〈개정 2008. 2. 29., 2013. 3. 23., 2013. 7. 30.〉

  1. 국내에서 국외로의 이전

  2. 국내 또는 국외에서 대한민국 국민(국내법에 따라 설립된 법인을 포함한다)으로부터 외국인(외국의 법률에 따라 설립된 법인을 포함한다)에게로의 이전

③ 전략물자에는 해당되지 아니하나 대량파괴무기와 그 운반수단인 미사일 및 재래식무기(이하 "대량파괴무기등"이라 한다)의 제조·개발·사용 또는 보관 등의 용도로 전용될 가능성이 높은 물품등을 수출하려는 자는 그 물품등의 수입자나 최종 사용자가 그 물품등을 대량파괴무기등의 제조·개발·사용 또는 보관 등의 용도로 전용할 의도가

있음을 알았거나 그 수출이 다음 각 호의 어느 하나에 해당되어 그러한 의도가 있다고 의심되면 대통령령으로 정하는 바에 따라 산업통상자원부장관이나 관계 행정기관의 장의 허가(이하 "상황허가"라 한다)를 받아야 한다. 〈개정 2008. 2. 29., 2013. 3. 23., 2013. 7. 30., 2020. 3. 18.〉

1. 수입자가 해당 물품등의 최종 용도에 관하여 필요한 정보 제공을 기피하는 경우
2. 수출하려는 물품등이 최종 사용자의 사업 분야에 해당되지 아니하는 경우
3. 수출하려는 물품등이 수입국가의 기술수준과 현저한 격차가 있는 경우
4. 최종 사용자가 해당 물품등이 활용될 분야의 사업경력이 없는 경우
5. 최종 사용자가 해당 물품등에 대한 전문적 지식이 없으면서도 그 물품등의 수출을 요구하는 경우
6. 최종 사용자가 해당 물품등에 대한 설치·보수 또는 교육훈련 서비스를 거부하는 경우
7. 해당 물품등의 최종 수하인(受荷人)이 운송업자인 경우
8. 해당 물품등에 대한 가격 조건이나 지불 조건이 통상적인 범위를 벗어나는 경우
9. 특별한 이유 없이 해당 물품등의 납기일이 통상적인 기간을 벗어난 경우
10. 해당 물품등의 수송경로가 통상적인 경로를 벗어난 경우
11. 해당 물품등의 수입국 내 사용 또는 재수출 여부가 명백하지 아니한 경우
12. 해당 물품등에 대한 정보나 목적지 등에 대하여 통상적인 범위를 벗어나는 보안을 요구하는 경우
13. 그 밖에 국제정세의 변화 또는 국가안전보장을 해치는 사유의 발생 등으로 산업통상자원부장관이나 관계 행정기관의 장이 상황허가를 받도록 정하여 고시하는 경우

④ 산업통상자원부장관이나 관계 행정기관의 장은 수출허가 신청이나 상황허가 신청을 받으면 국제평화 및 안전유지와 국가안보 등 대통령령으로 정하는 기준에 따라 수출허가나 상황허가를 할 수 있다. 〈개정 2008. 2. 29., 2013. 3. 23.〉

⑤ 산업통상자원부장관 또는 관계 행정기관의 장은 재외공관에서 사용될 공용물품을

수출하는 경우 등 대통령령으로 정하는 경우에는 수출허가 또는 상황허가를 면제할 수 있다. 〈신설 2009. 4. 22., 2013. 3. 23.〉

⑥ 삭제 〈2013. 7. 30.〉

제20조(전략물자의 판정 등) ① 삭제 〈2009. 4. 22.〉

② 물품등의 무역거래자(제19조 제2항에 따른 기술 이전 행위의 전부 또는 일부를 위임하거나 기술 이전 행위를 하는 자를 포함한다. 이하 이 조, 제24조의2 및 제25조에서 같다)는 대통령령으로 정하는 바에 따라 산업통상자원부장관이나 관계 행정기관의 장에게 수출하려는 물품등이 전략물자 또는 제19조 제3항 제13호에 따른 상황허가 대상인 물품등에 해당하는지에 대한 판정을 신청할 수 있다. 이 경우 산업통상자원부장관이나 관계 행정기관의 장은 제29조에 따른 전략물자관리원장 또는 대통령령으로 정하는 관련 전문기관에 판정을 위임하거나 위탁할 수 있다. 〈개정 2008. 2. 29., 2009. 4. 22., 2013. 3. 23., 2013. 7. 30., 2020. 3. 18.〉

③ 제2항에도 불구하고 물품등의 무역거래자는 산업통상자원부장관이 고시하는 교육을 이수한 경우에는 다음 각 호의 어느 하나에 해당하지 않는 물품등이 전략물자 또는 제19조 제3항 제13호에 따른 상황허가 대상인 물품등에 해당하는지에 대한 판정을 자체적으로 판단하는 자가판정으로 할 수 있다. 이 경우 물품등의 무역거래자는 판정 대상 물품의 성능과 용도 등 산업통상자원부장관이 고시하는 정보를 제28조에 따른 전략물자 수출입관리 정보시스템에 등록하여야 한다. 〈신설 2020. 3. 18.〉

1. 기술(제25조에 따른 자율준수무역거래자 중 산업통상자원부장관이 고시하는 무역거래자가 기술을 수출하는 경우는 제외한다)

2. 그 밖에 산업통상자원부장관이 자가판정 대상이 아닌 것으로 고시하는 물품등

[제목개정 2009. 4. 22.]

제21조 삭제 〈2009. 4. 22.〉

제22조(수입목적확인서의 발급) 전략물자를 수입하려는 자는 대통령령으로 정하는 바에 따라 산업통상자원부장관이나 관계 행정기관의 장에게 수입목적 등의 확인을 내용으로 하는 수입목적확인서의 발급을 신청할 수 있다. 이 경우 산업통상자원부장관과 관계 행정기관의 장은 확인 신청 내용이 사실인지 확인한 후 수입목적확인서를 발급할 수 있다. 〈개정 2008. 2. 29., 2013. 3. 23.〉

제23조(전략물자등에 대한 이동중지명령 등) ① 산업통상자원부장관과 관계 행정기관의 장은 전략물자나 상황허가 대상인 물품등(이하 "전략물자등"이라 한다)이 허가를 받지 아니하고 수출되거나 거짓이나 그 밖의 부정한 방법으로 허가를 받아 수출되는 것(이하 "무허가수출등"이라 한다)을 막기 위하여 필요하면 적법한 수출이라는 사실이 확인될 때까지 전략물자등의 이동중지명령을 할 수 있다. 〈개정 2008. 2. 29., 2013. 3. 23., 2013. 7. 30., 2020. 3. 18.〉

② 제1항에도 불구하고 산업통상자원부장관과 관계 행정기관의 장은 전략물자등의 무허가수출등을 막기 위하여 긴급하게 그 이동을 제한할 필요가 있으면 적법한 수출이라는 사실이 확인될 때까지 직접 그 이동을 중지시킬 수 있다. 〈개정 2008. 2. 29., 2013. 3. 23., 2020. 3. 18.〉

③ 전략물자등을 국내 항만이나 공항을 경유하거나 국내에서 환적(換積)하려는 자로서 대통령령으로 정하는 자는 대통령령으로 정하는 바에 따라 산업통상자원부장관이나 관계 행정기관의 장의 허가를 받아야 한다. 〈개정 2009. 4. 22., 2010. 4. 5., 2013. 3. 23.〉

④ 산업통상자원부장관과 관계 행정기관의 장은 제3항에 따른 경유 또는 환적 허가의 신청을 받은 경우 국제평화, 안전유지 및 국가안보 등 대통령령으로 정하는 기준에 따라 허가할 수 있다. 〈신설 2016. 1. 27.〉

⑤ 산업통상자원부장관 또는 관계 행정기관의 장은 제2항에 따른 이동중지조치나 제3항에 따른 경유 또는 환적의 허가를 하기가 적절하지 아니하면 다른 행정기관에 협조를 요청할 수 있다. 이 경우 협조를 요청받은 행정기관은 국내 또는 외국의 전략물자등의

국가 간 무허가수출등을 막을 수 있도록 협조하여야 한다. 〈개정 2008. 2. 29., 2009. 4. 22., 2013. 3. 23., 2016. 1. 27., 2020. 3. 18.〉

⑥ 제2항 또는 제5항에 따라 이동중지조치를 하는 공무원은 그 권한을 표시하는 증표를 지니고 이를 관계인에게 내보여야 한다. 〈개정 2009. 4. 22., 2016. 1. 27.〉

⑦ 제1항·제2항 및 제5항에 따른 이동중지명령 및 이동중지조치의 기간과 방법은 전략물자등의 국가 간 무허가수출등을 막기 위하여 필요한 최소한도에 그쳐야 한다. 〈개정 2009. 4. 22., 2016. 1. 27., 2020. 3. 18.〉

제24조(전략물자등의 중개) ① 전략물자등을 제3국에서 다른 제3국으로 이전하거나 매매를 위하여 중개하려는 자는 대통령령으로 정하는 바에 따라 산업통상자원부장관이나 관계 행정기관의 장의 허가를 받아야 한다. 다만, 그 전략물자등의 이전·매매가 수출국으로부터 국제수출통제체제의 원칙에 따른 수출허가를 받은 경우 등 대통령령으로 정하는 때에는 그러하지 아니하다. 〈개정 2008. 2. 29., 2009. 4. 22., 2013. 3. 23., 2013. 7. 30.〉

② 산업통상자원부장관과 관계 행정기관의 장은 제1항 본문에 따라 중개허가의 신청을 받으면 국제평화 및 안전유지와 국가안보 등 대통령령으로 정하는 기준에 따라 중개허가를 할 수 있다. 〈개정 2008. 2. 29., 2013. 3. 23.〉

[제목개정 2013. 7. 30.]

제24조의2(서류의 보관) 무역거래자는 다음 각 호의 서류를 5년간 보관하여야 한다.

1. 제20조 제2항에 따라 판정을 신청한 경우에는 그 판정에 관한 서류

2. 전략물자등을 수출·경유·환적·중개한 자의 경우 그 수출허가, 상황허가, 제23조 제3항에 따른 경유 또는 환적 허가, 제24조에 따른 중개허가에 관한 서류

3. 그 밖에 산업통상자원부장관이나 관계 행정기관의 장이 정하여 고시하는 서류

[본조신설 2013. 7. 30.]

제24조의3(수출허가 등의 취소) 산업통상자원부장관 또는 관계 행정기관의 장은 수출허가 또는 상황허가, 제23조 제3항에 따른 경유 또는 환적 허가, 제24조에 따른 중개허

가를 한 후 다음 각 호의 어느 하나에 해당하는 경우에는 해당 허가를 취소할 수 있다.

1. 거짓 또는 부정한 방법으로 허가를 받은 사실이 발견된 경우
2. 전쟁, 테러 등 국가 간 안보 또는 대량파괴무기등의 이동·확산 우려 등과 같은 국제정세의 변화가 있는 경우

[본조신설 2013. 7. 30.]

제25조(자율준수무역거래자) ① 산업통상자원부장관은 기업 또는 대통령령으로 정하는 대학 및 연구기관의 자율적인 전략물자 관리능력을 높이기 위하여 전략물자 여부에 대한 판정능력, 수입자 및 최종 사용자에 대한 분석능력 등 대통령령으로 정하는 능력을 갖춘 무역거래자를 자율준수무역거래자로 지정할 수 있다. 〈개정 2008. 2. 29., 2013. 3. 23., 2013. 7. 30.〉

② 산업통상자원부장관은 제1항에 따라 지정을 받은 자율준수무역거래자(이하 이 조에서 "자율준수무역거래자"라 한다)에게 대통령령으로 정하는 바에 따라 전략물자에 대한 수출통제업무의 일부를 자율적으로 관리하게 할 수 있다. 〈개정 2008. 2. 29., 2013. 3. 23.〉

③ 자율준수무역거래자는 제2항에 따라 자율적으로 관리하는 전략물자의 수출실적 등을 대통령령으로 정하는 바에 따라 산업통상자원부장관에게 보고하여야 한다. 〈개정 2008. 2. 29., 2013. 3. 23.〉

④ 산업통상자원부장관은 다음 각 호의 어느 하나에 해당하는 경우에는 자율준수무역거래자의 지정을 취소할 수 있다. 〈개정 2008. 2. 29., 2009. 4. 22., 2013. 3. 23., 2013. 7. 30.〉

1. 제1항에 따른 대통령령으로 정하는 능력을 유지하지 못하는 경우
2. 고의나 중대한 과실로 제19조 제2항에 따른 수출허가를 받지 아니하고 전략물자를 수출한 경우
3. 고의나 중대한 과실로 제19조 제3항에 따른 상황허가를 받지 아니하고 상황허가

대상인 물품등을 수출한 경우

4. 고의나 중대한 과실로 제24조의2에 따른 보관의무를 이행하지 아니한 경우

5. 고의나 중대한 과실로 제24조에 따른 중개허가를 받지 아니하고 전략물자를 중개한 경우

6. 제3항에 따른 보고의무를 이행하지 아니한 경우

7. 삭제 〈2009. 4. 22.〉

제26조(전략물자 수출입고시 등) ① 산업통상자원부장관은 관계 행정기관의 장과 협의하여 제19조, 제20조, 제22조부터 제24조까지, 제24조의2, 제24조의3 및 제25조에 관한 요령을 고시하여야 한다. 〈개정 2008. 2. 29., 2009. 4. 22., 2013. 3. 23., 2016. 1. 27.〉

② 관세청장은 전략물자등의 수출입 통관 절차에 관한 사항을 고시하여야 한다. 〈신설 2016. 1. 27.〉

[제목개정 2016. 1. 27.]

제27조(비밀 준수 의무) 이 법에 따른 전략물자의 수출입통제업무와 관련된 공무원, 제29조에 따른 전략물자관리원의 임직원과 제29조 제5항 제1호의 판정 업무와 관련된 자는 전략물자 수출입통제업무의 수행 과정에서 알게 된 영업상 비밀을 그 업체의 동의 없이 외부에 누설하여서는 아니 된다. 〈개정 2009. 4. 22.〉

제28조(전략물자 수출입관리 정보시스템의 구축·운영) ① 산업통상자원부장관은 다음 각 호의 업무를 수행하기 위하여 관계 행정기관의 장 및 제29조에 따른 전략물자관리원과 공동으로 전략물자 수출입관리 정보시스템을 구축·운영할 수 있다. 〈개정 2008. 2. 29., 2009. 4. 22., 2013. 3. 23.〉

1. 수출허가, 상황허가, 제20조 제2항에 따른 판정, 제22조에 따른 수입목적확인서의 발급 등에 관한 업무

2. 전략물자의 수출입통제에 필요한 정보의 수집·분석 및 관리 업무

② 제1항에 따른 전략물자 수출입관리 정보시스템의 구축·운영에 필요한 사항은 대통령령으로 정한다.

제29조(전략물자관리원의 설립 등) ① 전략물자의 수출입 업무와 관리 업무를 효율적으로 지원하기 위하여 전략물자관리원을 설립한다.

② 전략물자관리원은 법인으로 한다.

③ 전략물자관리원은 정관으로 정하는 바에 따라 임원과 직원을 둔다.

④ 전략물자관리원은 그 주된 사무소의 소재지에서 설립등기를 함으로써 성립한다.

⑤ 전략물자관리원은 정부의 전략물자 관리정책에 따라 다음 각 호의 업무를 수행한다. 〈개정 2009. 4. 22., 2013. 7. 30.〉

　　1. 제20조 제2항 후단에 따른 판정 업무

　　2. 제28조 제1항에 따른 전략물자 수출입관리 정보시스템의 운영 업무

　　3. 전략물자의 수출입자에 대한 교육 업무

　　3의2. 제5조 제4호 및 제4호의2에 따른 조치의 이행을 위한 정보제공 등 지원업무

　　4. 그 밖에 대통령령으로 정하는 업무

⑥ 전략물자관리원의 장은 산업통상자원부장관의 승인을 받아 제5항 각 호의 업무에 관하여 관리원을 이용하는 자에게 일정한 수수료를 징수할 수 있다. 〈개정 2008. 2. 29., 2013. 3. 23.〉

⑦ 전략물자관리원에 관하여 이 법에서 정한 것 외에는 「민법」 중 재단법인에 관한 규정을 준용한다.

⑧ 정부는 전략물자관리원의 설립·운영에 필요한 경비를 예산의 범위에서 출연하거나 지원할 수 있다.

제30조(전략물자 수출입통제 협의회) ① 산업통상자원부장관과 관계 행정기관의 장은 전략물자등의 수출입통제와 관련된 부처간 협의를 위하여 공동으로 전략물자 수출입통

제 협의회(이하 이 조에서 "협의회"라 한다)를 구성할 수 있다. 〈개정 2008. 2. 29., 2013. 3. 23., 2016. 1. 27.〉

② 협의회의 회의는 관계 행정기관의 소관 업무별로 그 소관 관계 행정기관의 장이 주재한다.

③ 협의회의 구성원인 각 행정기관의 장은 전략물자등의 수출입통제에 필요하면 대통령령으로 정하는 정보수사기관의 장 또는 관세청장에게 조사·지원을 요청할 수 있다. 〈개정 2013. 7. 30., 2016. 1. 27.〉

④ 제3항에 따른 정보수사기관의 장 또는 관세청장은 전략물자등의 무허가수출등 행위를 인지한 경우에는 협의회의 각 행정기관의 장에게 통보하는 등 필요한 조치를 취할 수 있다. 〈신설 2016. 1. 27., 2020. 3. 18.〉

⑤ 협의회의 구성과 운영에 필요한 사항은 대통령령으로 정한다. 〈개정 2016. 1. 27.〉

제31조(전략물자등의 수출입 제한 등) ① 산업통상자원부장관 또는 관계 행정기관의 장은 다음 각 호의 어느 하나에 해당하는 자에게 3년 이내의 범위에서 일정 기간 동안 전략물자등의 전부 또는 일부의 수출이나 수입을 제한할 수 있다. 〈개정 2008. 2. 29., 2009. 4. 22., 2013. 3. 23., 2013. 7. 30., 2020. 3. 18.〉

  1. 제19조 제2항에 따른 수출허가를 받지 아니하고 전략물자를 수출하거나 수출신고(「관세법」 제241조 제1항에 따른 수출신고를 말한다. 이하 같다)한 자

  2. 제19조 제3항에 따른 상황허가를 받지 아니하고 상황허가 대상인 물품등을 수출하거나 수출신고한 자

  3. 전략물자등의 수출이나 수입에 관한 국제수출통제체제의 원칙을 위반한 자로서 대통령령으로 정하는 자

② 관계 행정기관의 장은 제1항 각 호의 어느 하나에 해당하는 자가 있음을 알게 되면 즉시 산업통상자원부장관에게 통보하여야 한다. 〈개정 2008. 2. 29., 2013. 3. 23.〉

③ 산업통상자원부장관 또는 관계 행정기관의 장은 제1항에 따라 전략물자등의 수출입을 제한한 자와 외국 정부가 자국의 법령에 따라 전략물자등의 수출입을 제한한 자의

명단과 제한 내용을 공고할 수 있다. 〈개정 2008. 2. 29., 2009. 4. 22., 2013. 3. 23., 2013. 7. 30.〉

[제목 개정 2013. 7. 30.]

제4절 플랜트수출 〈개정 2010. 4. 5.〉

제32조(플랜트수출의 촉진 등) ① 산업통상자원부장관은 다음 각 호의 어느 하나에 해당하는 수출(이하 "플랜트수출"이라 한다)을 하려는 자가 신청하는 경우에는 대통령령으로 정하는 바에 따라 그 플랜트수출을 승인할 수 있다. 승인한 사항을 변경할 때에도 또한 같다. 〈개정 2008. 2. 29., 2010. 4. 5., 2013. 3. 23.〉

  1. 농업·임업·어업·광업·제조업, 전기·가스·수도사업, 운송·창고업 및 방송·통신업을 경영하기 위하여 설치하는 기재·장치 및 대통령령으로 정하는 설비 중 산업통상자원부장관이 정하는 일정 규모 이상의 산업설비의 수출

  2. 산업설비·기술용역 및 시공을 포괄적으로 행하는 수출(이하 "일괄 수주 방식에 의한 수출"이라 한다)

② 산업통상자원부장관은 제1항에 따른 승인 또는 변경 승인을 하기 위하여 필요하면 플랜트수출의 타당성에 관하여 관계 행정기관의 장의 의견을 들어야 한다. 이 경우 의견을 제시할 것을 요구받은 관계 행정기관의 장은 정당한 사유가 없으면 지체 없이 산업통상자원부장관에게 의견을 제시하여야 한다. 〈개정 2008. 2. 29., 2010. 4. 5., 2013. 3. 23.〉

③ 산업통상자원부장관이 일괄 수주 방식에 의한 수출에 대하여 승인 또는 변경 승인하려는 때에는 미리 국토교통부장관의 동의를 받아야 한다. 〈개정 2008. 2. 29., 2010. 4. 5., 2013. 3. 23.〉

④ 산업통상자원부장관은 일괄 수주 방식에 의한 수출로서 건설용역 및 시공부문의 수출에 관하여는 「해외건설 촉진법」에 따른 해외건설사업자에 대하여만 승인 또는 변경 승인할 수 있다. 〈개정 2008. 2. 29., 2013. 3. 23., 2016. 1. 27., 2019. 4.

30.〉

⑤ 산업통상자원부장관은 제1항에 따른 플랜트수출의 승인 또는 변경 승인을 한 경우에는 이를 관계 행정기관의 장에게 지체 없이 알려야 한다. 〈개정 2008. 2. 29., 2010. 4. 5., 2013. 3. 23.〉

⑥ 산업통상자원부장관은 플랜트수출을 촉진하기 위하여 그에 관한 제도개선, 시장조사, 정보교류, 수주 지원, 수주질서 유지, 전문인력의 양성, 금융지원, 우수기업의 육성 및 협동화사업을 추진할 수 있다. 이 경우 산업통상자원부장관은 플랜트수출 관련 기관 또는 단체를 지정하여 이들 사업을 수행하게 할 수 있다. 〈개정 2010. 4. 5., 2013. 3. 23.〉

[제목개정 2010. 4. 5.]

제5절 정부간 수출계약 〈신설 2014. 1. 21.〉

제32조의2(정부간 수출계약의 보증 및 원칙) ① 정부는 국내 기업의 원활한 정부간 수출계약을 지원하기 위하여 대통령령으로 정하는 보증·보험기관으로 하여금 국내 기업의 외국 정부에 대한 정부간 수출계약 이행 등을 위한 보증사업을 하게 할 수 있다.

② 정부는 정부간 수출계약과 관련하여 어떠한 경우에도 경제적 이익을 갖지 아니하고, 보증채무 등 경제적 책임 및 손실을 부담하지 아니한다.

[본조신설 2014. 1. 21.]

제32조의3(정부간 수출계약의 전담기관) ① 제2조 제4호의 "정부간 수출계약 전담기관"이란 「대한무역투자진흥공사법」에 따른 대한무역투자진흥공사(이하 "전담기관"이라 한다)를 말한다.

② 전담기관은 정부간 수출계약과 관련하여 다음 각 호의 업무를 수행한다.

  1. 정부간 수출계약에서 당사자 지위 수행

  2. 외국 정부의 구매요구 사항을 이행할 국내 기업의 추천

3. 그 밖에 정부간 수출계약 업무의 수행을 위하여 산업통상자원부장관이 필요하다고 인정하는 업무

③ 전담기관의 권한과 책임은 다음 각 호와 같다.

1. 전담기관은 정부간 수출계약이 체결된 경우 국내 기업으로 하여금 보증·보험의 제공 등 대통령령으로 정하는 계약 이행 보증 조치를 취하도록 하여야 한다.

2. 전담기관은 국내 기업의 계약 이행 상황을 확인하기 위하여 필요한 경우에는 국내 기업에 대하여 관련 자료의 제출을 요구할 수 있다.

3. 그 밖에 전담기관의 권한과 책임에 관하여는 대통령령으로 정한다.

④ 전담기관의 장은 정부간 수출계약 관련 업무를 수행하기 위하여 필요한 경우에는 관계 행정기관 및 관련 단체에 대하여 공무원 또는 임직원의 파견 근무를 요청할 수 있다. 다만, 공무원의 파견을 요청할 때에는 미리 주무부장관과 협의하여야 한다.

[본조신설 2014. 1. 21.]

제32조의4(정부간 수출계약 심의위원회) ① 정부간 수출계약의 체결, 변경, 해지 등 대통령령으로 정하는 사항을 심의·의결하기 위하여 전담기관에 정부간 수출계약 심의위원회(이하 이 절에서 "위원회"라 한다)를 둔다.

② 위원회는 위원장 1명을 포함한 7명 이상 15명 이내의 위원으로 구성하고, 위원장은 대한무역투자진흥공사 사장이 된다.

③ 위원회의 구성 및 운영에 필요한 사항은 대통령령으로 정한다.

④ 위원회는 제1항에 따른 심의에 필요한 경우 국내 기업 및 관계 기관 등에 자료 등의 제출을 요구할 수 있다.

⑤ 위원회는 다음 각 호의 사항에 해당하는 경우에는 회의록, 계약서 등 관련 서류를 공개하지 아니할 수 있다.

1. 공개될 경우 정부간 수출계약의 체결, 이행, 변경, 해지 등이 크게 곤란하여질 우려가 있거나 위원회 심의의 공정성을 크게 저해할 우려가 있다고 인정되는 사항

2. 그 밖에 제1호에 준하는 사유로서 공개하기에 적당하지 아니하다고 위원회가

결정한 사항

[본조신설 2014. 1. 21.]

제32조의5(국내 기업의 책임 등) ① 국내 기업은 정부간 수출계약이 체결된 경우 그 계약 내용을 성실히 이행하여야 한다.

② 국내 기업은 보증·보험의 제공 등 대통령령으로 정하는 계약 이행 보증 조치를 취하여야 한다.

③ 국내 기업은 제32조의3 제3항 제2호 또는 제32조의4 제4항에 따른 자료제출 요구가 있을 경우 특별한 사정이 없으면 이에 따라야 한다.

④ 국내 기업이 제2항 또는 제3항을 위반할 경우 전담기관은 그 사실을 외국 정부에 통보할 수 있고, 위원회는 해당 기업의 정부간 수출계약에 대한 심의를 거부할 수 있다.

[본조신설 2014. 1. 21.]

제33조(수출입 물품등의 원산지의 표시) ① 산업통상자원부장관이 공정한 거래 질서의 확립과 생산자 및 소비자 보호를 위하여 원산지를 표시하여야 하는 대상으로 공고한 물품등(이하 "원산지표시대상물품"이라 한다)을 수출하거나 수입하려는 자는 그 물품등에 대하여 원산지를 표시하여야 한다. 〈개정 2008. 2. 29., 2010. 4. 5., 2013. 3. 23.〉

② 수입된 원산지표시대상물품에 대하여 대통령령으로 정하는 단순한 가공활동을 거침으로써 해당 물품등의 원산지 표시를 손상하거나 변형한 자(무역거래자 또는 물품등의 판매업자에 대하여 제4항이 적용되는 경우는 제외한다)는 그 단순 가공한 물품등에 당초의 원산지를 표시하여야 한다. 이 경우 다른 법령에서 단순한 가공활동을 거친 수입 물품등에 대하여 다른 기준을 규정하고 있으면 그 기준에 따른다. 〈신설 2010. 4. 5.〉

③ 제1항 및 제2항 전단에 따른 원산지의 표시 방법·확인, 그 밖에 표시에 필요한

사항은 대통령령으로 정한다. 〈개정 2010. 4. 5.〉

④ 무역거래자 또는 물품등의 판매업자는 다음 각 호의 어느 하나에 해당하는 행위를 하여서는 아니 된다. 다만, 제3호의 경우에는 무역거래자의 경우만 해당된다. 〈개정 2010. 4. 5., 2013. 7. 30.〉

   1. 원산지를 거짓으로 표시하거나 원산지를 오인(誤認)하게 하는 표시를 하는 행위

   2. 원산지의 표시를 손상하거나 변경하는 행위

   3. 원산지표시대상물품에 대하여 원산지 표시를 하지 아니하는 행위

   4. 제1호부터 제3호까지의 규정에 위반되는 원산지표시대상물품을 국내에서 거래하는 행위

⑤ 산업통상자원부장관 또는 시·도지사는 제1항부터 제4항까지의 규정을 위반하였는지 확인하기 위하여 필요하다고 인정하면 수입한 물품등과 대통령령으로 정하는 관련 서류를 검사할 수 있다. 〈개정 2008. 2. 29., 2010. 4. 5., 2013. 3. 23., 2013. 7. 30.〉

⑥ 삭제 〈2013. 7. 30.〉

⑦ 삭제 〈2013. 7. 30.〉

⑧ 삭제 〈2013. 7. 30.〉

제33조의2(원산지의 표시 위반에 대한 시정명령 등) ① 산업통상자원부장관 또는 시·도지사는 제33조 제2항부터 제4항까지의 규정을 위반한 자에게 판매중지, 원상복구, 원산지 표시 등 대통령령으로 정하는 시정조치를 명할 수 있다.

② 산업통상자원부장관 또는 시·도 지사는 제33조 제2항부터 제4항까지의 규정(제33조 제4항 제4호는 제외한다)을 위반한 자에게 3억원 이하의 과징금을 부과할 수 있다.

③ 제2항에 따라 과징금을 부과하는 위반 행위의 종류와 정도에 따른 과징금의 금액과 그 밖에 필요한 사항은 대통령령으로 정한다.

④ 산업통상자원부장관 또는 시·도지사는 제2항에 따라 과징금을 내야 하는 자가 납부기한까지 내지 아니하면 국세 또는 지방세 체납처분의 예에 따라 징수한다.

⑤ 산업통상자원부장관 또는 시·도지사는 제2항에 따라 과징금 부과처분이 확정된

자에 대해서는 대통령령으로 정하는 바에 따라 그 위반자 및 위반자의 소재지와 물품등의 명칭, 품목, 위반 내용 등 처분과 관련된 사항을 공표할 수 있다.

[본조신설 2013. 7. 30.]

제34조(원산지 판정 등) ① 산업통상자원부장관은 필요하다고 인정하면 수출 또는 수입 물품등의 원산지 판정을 할 수 있다. 〈개정 2008. 2. 29., 2013. 3. 23.〉

② 원산지 판정의 기준은 대통령령으로 정하는 바에 따라 산업통상자원부장관이 정하여 공고한다. 〈개정 2008. 2. 29., 2013. 3. 23.〉

③ 무역거래자 또는 물품등의 판매업자 등은 수출 또는 수입 물품등의 원산지 판정을 산업통상자원부장관에게 요청할 수 있다. 〈개정 2008. 2. 29., 2013. 3. 23.〉

④ 산업통상자원부장관은 제3항에 따라 요청을 받은 경우에는 해당 물품등의 원산지 판정을 하여서 요청한 사람에게 알려야 한다. 〈개정 2008. 2. 29., 2013. 3. 23.〉

⑤ 제4항에 따라 통보를 받은 자가 원신지 핀징에 불복하는 겅우에는 통보를 받은 날부터 30일 이내에 산업통상자원부장관에게 이의를 제기할 수 있다. 〈개정 2008. 2. 29., 2013. 3. 23.〉

⑥ 산업통상자원부장관은 제5항에 따라 이의를 제기받은 경우에는 이의 제기를 받은 날부터 150일 이내에 이의 제기에 대한 결정을 알려야 한다. 〈개정 2008. 2. 29., 2013. 3. 23.〉

⑦ 원산지 판정의 요청, 이의 제기 등 원산지 판정의 절차에 필요한 사항은 대통령령으로 정한다.

제35조(수입원료를 사용한 국내 생산 물품등의 원산지 판정 기준) ① 산업통상자원부장관은 공정한 거래질서의 확립과 생산자 및 소비자 보호를 위하여 필요하다고 인정하면 수입원료를 사용하여 국내에서 생산되어 국내에서 유통되거나 판매되는 물품등(이하 이 조에서 "국내생산물품등"이라 한다)에 대한 원산지 판정에 관한 기준을 관계 중앙행정기관의 장과 협의하여 정할 수 있다. 다만, 다른 법령에서 국내생산물품등에

대하여 다른 기준을 규정하고 있는 경우에는 그러하지 아니다. 〈개정 2008. 2. 29., 2010. 4. 5., 2013. 3. 23.〉

② 산업통상자원부장관은 제1항에 따라 국내생산물품등에 대한 원산지 판정에 관한 기준을 정하면 이를 공고하여야 한다. 〈개정 2008. 2. 29., 2013. 3. 23.〉

제36조(수입 물품등의 원산지증명서의 제출) ① 산업통상자원부장관은 원산지를 확인하기 위하여 필요하다고 인정하면 물품등을 수입하려는 자에게 그 물품등의 원산지 국가 또는 물품등을 선적(船積)한 국가의 정부 등이 발행하는 원산지증명서를 제출하도록 할 수 있다. 〈개정 2008. 2. 29., 2013. 3. 23.〉

② 제1항에 따른 원산지증명서의 제출과 그 확인에 필요한 사항은 대통령령으로 정한다.

제37조(수출 물품의 원산지증명서의 발급 등) ① 헌법에 따라 체결·공포된 조약과 일반적으로 승인된 국제법규를 이행하기 위하여 또는 교역상대국 무역거래자의 요청으로 수출 물품의 원산지증명서를 발급받으려는 자는 산업통상자원부장관에게 원산지증명서의 발급을 신청하여야 한다. 이 경우 수수료를 내야 한다. 〈개정 2008. 2. 29., 2013. 3. 23.〉

② 제1항에 따른 원산지증명서의 발급기준·발급 절차, 유효 기간, 수수료와 그 밖에 발급에 필요한 사항은 대통령령으로 정한다.

제38조(외국산 물품등을 국산 물품등으로 가장하는 행위의 금지) 누구든지 원산지증명서를 위조 또는 변조하거나 거짓된 내용으로 원산지증명서를 발급받거나 물품등에 원산지를 거짓으로 표시하는 등의 방법으로 외국에서 생산된 물품등(외국에서 생산되어 국내에서 대통령령으로 정하는 단순한 가공활동을 거친 물품등을 포함한다. 이하 제53조의2 제4호에서도 같다)의 원산지가 우리나라인 것처럼 가장(假裝)하여 그 물품등을 수출하거나 외국에서 판매하여서는 아니 된다. 〈개정 2010. 4. 5.〉

제4장 수입 수량 제한조치

제39조(수입 수량 제한조치) ① 산업통상자원부장관은 특정 물품의 수입 증가로 인하여 같은 종류의 물품 또는 직접적인 경쟁 관계에 있는 물품을 생산하는 국내산업(이하 이 조에서 "국내산업"이라 한다)이 심각한 피해를 입고 있거나 입을 우려(이하 이 조에서 "심각한 피해등"이라 한다)가 있음이 「불공정무역행위 조사 및 산업피해구제에 관한 법률」 제27조에 따른 무역위원회(이하 "무역위원회"라 한다)의 조사를 통하여 확인되고 심각한 피해등을 구제하기 위한 조치가 건의된 경우로서 그 국내산업을 보호할 필요가 있다고 인정되면 그 물품의 국내산업에 대한 심각한 피해등을 방지하거나 치유하고 조정을 촉진하기 위하여 필요한 범위에서 물품의 수입 수량을 제한하는 조치(이하 "수입수량제한조치"라 한다)를 시행할 수 있다. 〈개정 2008. 2. 29., 2013. 3. 23.〉

② 산업통상자원부장관은 무역위원회의 건의, 해당 국내산업 보호의 필요성, 국제통상 관계, 수입수량제한조치의 시행에 따른 보상수준 및 국민경제에 미치는 영향 등을 검토하여 수입수량제한조치의 시행 여부와 내용을 결정한다. 〈개정 2008. 2. 29., 2013. 3. 23.〉

③ 정부는 수입수량제한조치를 시행하려면 이해 당사국과 수입수량제한조치의 부정적 효과에 대한 적절한 무역보상에 관하여 협의할 수 있다.

④ 수입수량제한조치는 조치 시행일 이후 수입되는 물품에만 적용한다.

⑤ 수입수량제한조치의 적용 기간은 4년을 넘어서는 아니 된다.

⑥ 산업통상자원부장관은 수입수량제한조치의 대상 물품, 수량, 적용 기간 등을 공고하여야 한다. 〈개정 2008. 2. 29., 2013. 3. 23.〉

⑦ 산업통상자원부장관은 수입수량제한조치의 시행 여부를 결정하기 위하여 필요하다고 인정하면 관계 행정기관의 장 및 이해관계인 등에게 관련 자료의 제출 등 필요한 협조를 요청할 수 있다. 〈개정 2008. 2. 29., 2013. 3. 23.〉

⑧ 산업통상자원부장관은 수입수량제한조치의 대상이었거나 「관세법」 제65조에 따른

긴급관세(이하 "긴급관세"라 한다) 또는 같은 법 제66조에 따른 잠정 긴급관세(이하 "잠정긴급관세"라 한다)의 대상이었던 물품에 대하여는 그 수입수량제한조치의 적용 기간, 긴급관세의 부과 기간 또는 잠정긴급관세의 부과 기간이 끝난 날부터 그 적용 기간 또는 부과 기간에 해당하는 기간(적용 기간 또는 부과 기간이 2년 미만인 경우에는 2년)이 지나기 전까지는 다시 수입수량제한조치를 시행할 수 없다. 다만, 다음 각 호의 요건을 모두 충족하는 경우에는 180일 이내의 수입수량제한조치를 시행할 수 있다. 〈개정 2008. 2. 29., 2013. 3. 23.〉

1. 해당 물품에 대한 수입수량제한조치가 시행되거나 긴급관세 또는 잠정긴급관세가 부과된 후 1년이 지날 것
2. 수입수량제한조치를 다시 시행하는 날부터 소급하여 5년 안에 그 물품에 대한 수입수량제한조치의 시행 또는 긴급관세의 부과가 2회 이내일 것

제40조(수입수량제한조치에 대한 연장 등) ① 산업통상자원부장관은 무역위원회의 건의가 있고 필요하다고 인정하면 수입수량제한조치의 내용을 변경하거나 적용 기간을 연장할 수 있다. 이 경우 변경되는 조치 내용 및 연장되는 적용 기간 이내에 변경되는 조치 내용은 최초의 조치 내용보다 완화되어야 한다. 〈개정 2008. 2. 29., 2013. 3. 23.〉
② 제1항에 따라 수입수량제한조치의 적용 기간을 연장하는 때에는 수입수량제한조치의 적용 기간과 긴급관세 또는 잠정긴급관세의 부과 기간 및 그 연장 기간을 전부 합산한 기간이 8년을 넘어서는 아니 된다.

제41조 삭제 〈2016. 1. 27.〉

제5장 수출입의 질서 유지

제42조 삭제 〈2008. 12. 19.〉

제43조(수출입 물품등의 가격 조작 금지) 무역거래자는 외화도피의 목적으로 물품등의 수출 또는 수입 가격을 조작(造作)하여서는 아니 된다.

제44조(무역거래자간 무역분쟁의 신속한 해결) ① 무역거래자는 그 상호간이나 교역 상대국의 무역거래자와 물품등의 수출·수입과 관련하여 분쟁이 발생한 경우에는 정당한 사유 없이 그 분쟁의 해결을 지연시켜서는 아니 된다.

② 산업통상자원부장관은 제1항에 따른 분쟁이 발생한 경우 무역거래자에게 분쟁의 해결에 관한 의견을 진술하게 하거나 그 분쟁과 관련되는 서류의 제출을 요구할 수 있다. 〈개정 2008. 2. 29., 2013. 3. 23.〉

③ 산업통상자원부장관은 제2항에 따라 서류를 제출받거나 의견을 들은 후에 필요하다고 인정하면 그 분쟁에 관하여 사실 조사를 할 수 있다. 〈개정 2008. 2. 29., 2013. 3. 23.〉

④ 산업통상자원부장관은 제1항에 따른 분쟁을 신속하고 공정하게 처리하는 것이 필요하다고 인정하거나 무역분쟁 당사자의 신청을 받으면 대통령령으로 정하는 바에 따라 분쟁을 조정하거나 분쟁의 해결을 위한 중재(仲裁) 계약의 체결을 권고할 수 있다. 〈개정 2008. 2. 29., 2013. 3. 23.〉

제45조(선적 전 검사와 관련한 분쟁 조정 등) ① 수입국 정부와의 계약 체결 또는 수입국 정부의 위임을 받아 기업이 수출하는 물품등에 대하여 국내에서 선적 전에 검사를 실시하는 기관(이하 "선적전검사기관"이라 한다)은 「세계무역기구 선적 전 검사에 관한 협정」을 지켜야 한다. 이 경우 선적전검사기관은 선적 전 검사가 기업의 수출에 대한 무역장벽으로 작용하도록 하여서는 아니 된다.

② 산업통상자원부장관은 선적 전 검사와 관련하여 수출자와 선적전검사기관 간에 분쟁이 발생하였을 경우에는 그 해결을 위하여 필요한 조정(調整)을 할 수 있다. 〈개정 2008. 2. 29., 2013. 3. 23.〉

③ 제2항의 분쟁에 관한 중재(仲裁)를 담당할 수 있도록 대통령령으로 정하는 바에

따라 독립적인 중재기관을 설치할 수 있다.

제46조(조정명령) ① 산업통상자원부장관은 다음 각 호의 어느 하나에 해당하는 경우에는 무역거래자에게 수출하는 물품등의 가격, 수량, 품질, 그 밖에 거래 조건 또는 그 대상지역 등에 관하여 필요한 조정(調整)을 명할 수 있다. 〈개정 2008. 2. 29., 2013. 3. 23.〉

   1. 헌법에 따라 체결·공포된 조약과 일반적으로 승인된 국제법규에 따른 의무 이행을 위하여 필요한 경우

   2. 우리나라 또는 교역상대국의 관련 법령에 위반되는 경우

   3. 그 밖에 물품등의 수출의 공정한 경쟁을 교란할 우려가 있거나 대외 신용을 손상하는 행위를 방지하기 위한 것으로서 다음 각 목의 어느 하나에 해당하는 경우

      가. 물품등의 수출과 관련하여 부당하게 다른 무역거래자를 제외하는 경우

      나. 물품등의 수출과 관련하여 부당하게 다른 무역거래자의 상대방에 대하여 다른 무역거래자와 거래하지 아니하도록 유인하거나 강제하는 경우

      다. 물품등의 수출과 관련하여 부당하게 다른 무역거래자의 해외에서의 사업활동을 방해하는 경우

② 산업통상자원부장관은 제1항에 따라 조정을 명하는 경우에는 다음 각 호의 사항을 고려하여야 한다. 〈개정 2008. 2. 29., 2013. 3. 23.〉

   1. 수출기반의 안정, 새로운 상품의 개발 또는 새로운 해외 시장의 개척에 기여할 것

   2. 다른 무역거래자의 권익을 부당하게 침해하거나 차별하지 아니할 것

   3. 물품등의 수출·수입의 질서 유지를 위한 목적에 필요한 정도를 넘지 아니할 것

③ 제1항에 따라 조정을 명하는 절차 등에 필요한 사항은 대통령령으로 정한다.

④ 산업통상자원부장관은 제1항에 따라 조정을 명하는 경우에 필요하다고 인정하면

제11조 제2항에 따른 승인을 하지 아니하거나 관계 기관의 장에게 승인에 관련된 절차를 중지하게 할 수 있다. 〈개정 2008. 2. 29., 2013. 3. 23.〉

제6장 보칙

제47조(청문) 산업통상자원부장관 또는 관계 행정기관의 장은 다음 각 호의 어느 하나에 해당하는 처분을 하려면 청문을 하여야 한다. 〈개정 2008. 2. 29., 2009. 4. 22., 2013. 3. 23., 2013. 7. 30.〉

    1. 제24조의3에 따른 수출허가, 상황허가, 경유 또는 환적 허가, 중개허가의 취소

    2. 제46조 제1항에 따른 조정명령

제48조(보고와 검사 등) ① 산업통상자원부장관 또는 관계 행정기관의 장은 제5조 제4호 및 제4호의2에 따라 수출이 제한되거나 금지된 물품등, 전략물자 또는 제19조 제3항에 따른 물품등에 대한 수출허가나 상황허가를 받은 자 또는 수출허가나 상황허가를 받지 아니하고 수출하거나 수출하려고 한 자에게 다음 각 호의 사항에 관한 보고 또는 자료의 제출을 명할 수 있다. 〈개정 2008. 2. 29., 2009. 4. 22., 2013. 3. 23., 2013. 7. 30.〉

    1. 수입국

    2. 수입자·최종사용자 또는 그의 위임을 받은 자 및 그 소재지, 사업 분야, 주요 거래자 및 사용 목적

    3. 수입자와 최종사용자 또는 그의 위임을 받은 자를 확인하기 위한 수입국의 권한 있는 기관이 발급한 납세증명서 등 관련 자료 또는 대외 공표자료

    4. 그 밖에 운송 수단, 환적국(換積國), 대금 결제 방법 등 산업통상자원부장관이 정하여 고시하는 사항

② 산업통상자원부장관 또는 관계 행정기관의 장은 이 법의 시행을 위하여 필요하다고 인정하면 그 소속 공무원에게 제1항에 규정된 자의 사무소, 영업소, 공장 또는 창고

등에서 장부·서류나 그 밖의 물건을 검사하게 할 수 있다. 〈개정 2008. 2. 29., 2009. 4. 22., 2013. 3. 23.〉

③ 제2항에 따라 검사를 하는 공무원은 그 권한을 표시하는 증표를 지니고, 이를 관계인에게 내보여야 한다.

제49조(교육명령) 산업통상자원부장관 또는 관계 행정기관의 장은 다음 각 호의 어느 하나에 해당하는 자에게 대통령령으로 정하는 바에 따라 교육명령을 부과할 수 있다. 〈개정 2013. 3. 23., 2013. 7. 30., 2020. 3. 18.〉

1. 수출허가 또는 상황허가를 받지 아니하고 수출하거나 수출신고한 자
2. 거짓이나 그 밖의 부정한 방법으로 수출허가 또는 상황허가를 받은 자
3. 제23조 제3항에 따른 경유 또는 환적 허가 및 제24조에 따른 중개허가를 받지 아니하고 경유·환적·중개한 자
4. 거짓이나 그 밖의 부정한 방법으로 제23조 제3항에 따른 경유 또는 환적 허가 및 제24조에 따른 중개허가를 받은 자

[전문개정 2009. 4. 22.]

제50조(「독점 규제 및 공정거래에 관한 법률」과의 관계) ① 제46조에 따른 산업통상자원부장관의 조정명령의 이행에 대하여는 「독점 규제 및 공정거래에 관한 법률」을 적용하지 아니한다. 〈개정 2008. 2. 29., 2013. 3. 23.〉

② 산업통상자원부장관은 제46조에 따른 조정명령이 「독점 규제 및 공정거래에 관한 법률」 제2조 제1호에 따른 사업자 간의 국내 시장에서의 경쟁을 제한하는 것이면 공정거래위원회와 미리 협의하여야 한다. 〈개정 2008. 2. 29., 2013. 3. 23.〉

제51조(「국가보안법」과의 관계) 이 법에 따른 물품등의 수출·수입 행위에 대하여는 그 행위가 업무 수행상 정당하다고 인정되는 범위에서 「국가보안법」을 적용하지 아니한다.

제52조(권한의 위임·위탁) ① 이 법에 따른 산업통상자원부장관의 권한은 대통령령으로 정하는 바에 따라 그 일부를 소속기관의 장, 시·도지사에게 위임하거나 관계 행정기관의 장, 세관장, 한국은행 총재, 한국수출입은행장, 외국환은행의 장, 그 밖에 대통령령으로 정하는 법인 또는 단체에 위탁할 수 있다. 〈개정 2008. 2. 29., 2013. 3. 23.〉

② 산업통상자원부장관은 제1항에 따라 위임하거나 위탁한 사무에 관하여 그 위임 또는 위탁을 받은 자를 지휘·감독한다. 〈개정 2008. 2. 29., 2013. 3. 23.〉

③ 산업통상자원부장관은 제1항에 따라 위임하거나 위탁한 사무에 관하여 그 위임 또는 위탁을 받은 자에게 필요한 자료의 제출을 요청할 수 있다. 〈개정 2008. 2. 29., 2013. 3. 23.〉

제7장 벌칙

제53조(벌칙) ① 전략물자등의 국제적 확산을 꾀할 목적으로 다음 각 호의 어느 하나에 해당하는 위반 행위를 한 자는 7년 이하의 징역 또는 수출·경유·환적·중개하는 물품등의 가격의 5배에 해당하는 금액 이하의 벌금에 처한다. 〈개정 2013. 7. 30.〉

1. 제19조 제2항에 따른 수출허가를 받지 아니하고 전략물자를 수출한 자

2. 제19조 제3항에 따른 상황허가를 받지 아니하고 상황허가 대상인 물품등을 수출한 자

3. 제23조 제3항에 따른 경유 또는 환적 허가를 받지 아니하고 전략물자등을 경유 또는 환적한 자

4. 제24조에 따른 중개허가를 받지 아니하고 전략물자등을 중개한 자

② 다음 각 호의 어느 하나에 해당하는 자는 5년 이하의 징역 또는 수출·수입·경유·환적·중개하는 물품등의 가격의 3배에 해당하는 금액 이하의 벌금에 처한다. 〈개정 2013. 7. 30.〉

1. 제5조 각 호의 어느 하나에 따른 수출 또는 수입의 제한이나 금지조치를 위반한 자

2. 제19조 제2항에 따른 수출허가를 받지 아니하고 전략물자를 수출한 자

3. 거짓이나 그 밖의 부정한 방법으로 제19조 제2항에 따른 수출허가를 받은 자

4. 제19조 제3항에 따른 상황허가를 받지 아니하고 상황허가 대상인 물품등을 수출한 자

5. 거짓이나 그 밖의 부정한 방법으로 제19조 제3항에 따른 상황허가를 받은 자

5의2. 제23조 제3항에 따른 경유 또는 환적 허가를 받지 아니하고 전략물자등을 경유 또는 환적한 자

5의3. 거짓이나 그 밖의 부정한 방법으로 제23조 제3항에 따른 경유 또는 환적 허가를 받은 자

6. 제24조에 따른 중개허가를 받지 아니하고 전략물자등을 중개한 자

7. 거짓이나 그 밖의 부정한 방법으로 제24조에 따른 중개허가를 받은 자

8. 삭제 〈2010. 4. 5.〉

9. 제43조를 위반하여 물품등의 수출과 수입의 가격을 조작한 자

10. 제46조 제1항에 따른 조정명령을 위반한 자

제53조의2(벌칙) 다음 각 호의 어느 하나에 해당하는 자는 5년 이하의 징역 또는 1억원 이하의 벌금에 처한다. 이 경우 징역과 벌금은 병과(倂科)할 수 있다. 〈개정 2013. 7. 30.〉

1. 제23조 제1항에 따른 이동중지명령을 위반한 자

1의2. 제33조 제4항 제1호 또는 제2호를 위반한 무역거래자 또는 물품등의 판매업자

2. 제33조 제4항 제3호를 위반하여 원산지표시대상물품에 대하여 원산지 표시를 하지 아니한 무역거래자

3. 제33조의2 제1항에 따른 시정조치 명령을 위반한 자

4. 제38조에 따른 외국산 물품등의 국산 물품등으로의 가장 금지 의무를 위반한 자

[본조신설 2010. 4. 5.]

제54조(벌칙) 다음 각 호의 어느 하나에 해당하는 자는 3년 이하의 징역 또는 3천만원 이하의 벌금에 처한다. 〈개정 2009. 4. 22., 2013. 7. 30.〉

1. 제9조 제2항을 위반하여 직무상 습득한 기업정보를 타인에게 제공 또는 누설하거나 사용 목적 외의 용도로 사용한 자

2. 제11조 제2항 또는 제5항에 따른 승인 또는 변경 승인을 받지 아니하고 수출 또는 수입 승인 대상 물품등을 수출하거나 수입한 자

3. 거짓이나 그 밖의 부정한 방법으로 제11조 제2항 또는 제5항에 따른 승인 또는 변경 승인을 받거나 그 승인 또는 변경 승인을 면제받고 물품등을 수출하거나 수입한 자

4. 제16조 제3항 본문(제17조 제3항에서 준용하는 경우를 포함한다)에 따른 수입에 대응하는 외화 획득을 하지 아니한 자

5. 제17조 제1항 본문에 따른 승인을 받지 아니하고 목적 외의 용도로 원료·기재 또는 그 원료·기재로 제조된 물품등을 사용한 자

6. 제17조 제2항에 따른 승인을 받지 아니하고 원료·기재 또는 그 원료·기재로 제조된 물품등을 양도한 자

7. 제27조에 따른 비밀 준수 의무를 위반한 자

8. 거짓이나 그 밖의 부정한 방법으로 제32조에 따른 승인 또는 변경 승인을 받은 자

9. 삭제 〈2010. 4. 5.〉

10. 삭제 〈2010. 4. 5.〉

11. 삭제 〈2010. 4. 5.〉

제55조(미수범) 제53조 제1항, 같은 조 제2항 제2호·제4호·제6호 및 제53조의2 제1호의2·제2호·제4호의 미수범은 각각 해당하는 본죄에 준하여 처벌한다. 〈개정 2008. 12. 19., 2010. 4. 5., 2013. 7. 30.〉

제56조(과실범) 중대한 과실로 제53조의2 제1호의2 또는 제2호에 해당하는 행위를 한 자는 2천만원 이하의 벌금에 처한다. 〈개정 2008. 12. 19., 2009. 4. 22., 2010. 4. 5., 2013. 7. 30.〉

제57조(양벌규정) 법인의 대표자나 법인 또는 개인의 대리인, 사용인, 그 밖의 종업원이 그 법인 또는 개인의 업무에 관하여 제53조, 제53조의2 또는 제54조부터 제56조까지의 어느 하나에 해당하는 위반 행위를 하면 그 행위자를 벌하는 외에 그 법인 또는 개인에게도 해당 조문의 벌금형을 과(科)한다. 다만, 법인 또는 개인이 그 위반 행위를 방지하기 위하여 해당 업무에 관하여 상당한 주의와 감독을 게을리하지 아니한 경우에는 그러하지 아니하다. 〈개정 2010. 4. 5.〉
[전문개정 2008. 12. 26.]

제58조(벌칙 적용 시의 공무원 의제) 제29조 제5항의 업무를 수행하는 전략물자관리원의 임직원과 산업통상자원부장관이 제52조에 따라 위탁한 사무에 종사하는 한국은행, 한국수출입은행, 외국환은행, 그 밖에 대통령령으로 정하는 법인 또는 단체의 임직원은 「형법」 제129조부터 제132조까지의 벌칙을 적용할 때에는 공무원으로 본다. 〈개정 2008. 2. 29., 2009. 4. 22., 2013. 3. 23.〉

제59조(과태료) ① 다음 각 호의 어느 하나에 해당하는 자에게는 2천만원 이하의 과태료를 부과한다.
  1. 제44조 제2항을 위반하여 관련되는 서류를 제출하지 아니한 자
  2. 제44조 제3항에 따른 사실 조사를 거부, 방해 또는 기피한 자
  3. 제48조 제1항에 따른 보고 또는 자료의 제출을 하지 아니하거나 거짓으로 보고 또는 자료를 제출한 자
  4. 제48조 제2항에 따른 검사를 거부, 방해 또는 기피한 자
② 다음 각 호의 어느 하나에 해당하는 자에게는 1천만원 이하의 과태료를 부과한다.

〈개정 2009. 4. 22., 2010. 4. 5., 2013. 7. 30.〉

  1. 제24조의2에 따른 서류 보관의무를 위반한 자

  2. 삭제 〈2013. 7. 30.〉

  3. 제33조 제5항에 따른 검사를 거부, 방해 또는 기피한 자

  4. 제49조에 따른 교육명령을 이행하지 아니한 자

③ 제20조 제3항 전단을 위반하여 교육을 이수하지 아니하고 자가판정을 한 자 또는 같은 항 후단을 위반하여 전략물자 수출입관리 정보시스템에 정보를 등록하지 아니한 자에게는 500만원 이하의 과태료를 부과한다. 〈신설 2020. 3. 18.〉

④ 제1항부터 제3항까지에 따른 과태료는 대통령령으로 정하는 바에 따라 산업통상자원부장관이나 시·도지사 또는 관계 행정기관의 장이 부과·징수한다. 〈개정 2008. 2. 29., 2009. 4. 22., 2013. 3. 23., 2013. 7. 30., 2020. 3. 18.〉

⑤ 삭제 〈2009. 4. 22.〉

⑥ 삭제 〈2009. 4. 22.〉 부칙 〈제17072호, 2020. 3. 18.〉

이 법은 공포 후 3개월이 경과한 날부터 시행한다.

참고문헌

1. 국내 문헌

강민효(2021), 『국제 마케팅』, 경진출판.

강민효(2022), 『경영학원론』, 경진출판.

강영문(2006), 「국제운송규칙의 변화와 선하증권의 면책약관에 관한 연구」, 『무역상무연구』 31, 59~78쪽.

강원진(2011), 『무역실무 문답식 해설』, 두남출판사.

구종순(2019), 『무역실무』(제8판), 박영사.

권덕영(2006), 「역사와 역사소설 그리고 사극: 장보고와 해신을 중심으로」, 『역사와 현실』 60, 한국역사연구회, 141~172쪽.

권오영(2019), 『해상 실크로드와 동아시아 고대국가』, 세창출판사.

김신(2006), 「대외진출 경로의 역사적 패턴에 관한 연구」, 『경영사연구』 42, 한국경영사학회, 75~103쪽.

김은주(2011), 「국제운송계약상 해상화물운송장과 전자선하증권의 비교연구」, 『무역상무연구』 51, 317~358쪽.

김천식(2004), 「장보고의 해상활동의 범위와 역사적 의의」, 『해운물류연구』 41,

해운물류학회, 181~198쪽.

남풍우(2020), 『무역결제론』(전정 4판), 두남출판사.

노규성(2022), 『디지털 대전환 시대의 전략경영 혁신』, 북스타.

박대위·구종순(2019), 『무역실무』(제14판), 법문사.

박석재(2007), 「제6차 개정 신용장통일규칙(UCP 600)의 주요 내용에 관한 연구」, 『무역상무연구』 33, 63~89쪽.

법무부(2008), 『자유무역협정의 법적 고찰』.

서용원·박건수·신광섭·정태수(2021), 『공급사슬관리』, 생능출판.

성윤갑(2007), 『FTA 관세특례 해설』, 한국관세무역개발원.

윌리엄 번스타인 지음, 박홍경 옮김(2008), 『무역의 세계사』, 라이팅하우스.

이대우·양의동(2014), 『신용장론』(개정 8판), 두남.

이성태외(2006), 『알기 쉬운 경제지표해설』, 한국은행.

이신규(2020), 『무역실무』(개정 3판), 두남출판사.

이영달(2019), 『FTA협정 및 법령해설』, 세인북스.

이제현(2002), 「신용장 거래의 무역사기유형분석과 예방에 관한 연구」, 『무역학회지』 27(2), 3~24쪽.

이진한(2017), 「한국 해양사의 재인식과 새로운 유형의 해양역사인물찾기」, 『해양정책연구』 1(32), 33~59쪽.

이천수(2013), 『무역실무 용어집』, 대진출판사.

이천수·강효원(2020), 『무역계약과 CISG』, 범한.

이철(2020), 『글로벌 마케팅』, 학현사.

임석민(2017), 『국제운송론』(개정 7판), 삼영사.

정재완(2015), 『관세법』, 무역경영사.

정필수(2012), 「장보고 해상무역 정신을 통해 본 한국 무역의 글로벌 전략」, 전남대학교 세계한상문화연구단 국제학술대회 자료집, 247~270쪽.

조흥국(1999), 「근대 이전 한국과 동남아시아 간 접촉에 대한 역사적 고찰」, 『국제지역연구』 1(8), 23~46쪽.

최장우·박영태(2010), 『인터넷 무역마케팅』, 두남출판사.

2. 외국 문헌

Bose, R.(2020), *Letters of Credit: Theory and Practice*, Chennai: Notion Press.

Bridge, M.(1999), *The International Sale of Goods*, Oxford: University Press.

Frankopan, Peter(2016), *The silk roads: a new history of the world*, London, England: Bloomsbury.

Grimwade, N.(1989), *International Trade: New Patterns of Trade, Production and Investment*, Routledge.

Heinz, Riehl(1998), *Managing Risk in the Foreign Exchange, Money and Derivative Markets*, New York: McGraw-Hill.

Hinkelman, Edward G.(2000), *International Payments*, San Rafael: World Trade Press.

Hyman, Benjamin G.(2018), *Essays in Public Economics and International Trade*, University of Pennsylvania. Applied Economics.

Kang, Minhyo & Stephens, R. Aaron(2022), "Supply chain resilience and operational performance amid COVID-19 supply chain interruptions: Evidence from South Korean manufacturers", *Uncertain Supply Chain Management*, Vol. 10, No. 2, pp. 383~398.

Kim, B.(2009), *Lectures on FTAs and RTAs*, 한국학술정보(주)

Kozeniauskas, Nicholas(2018), *Essays in Macroeconomics and International Trade*, New York University. Economics.

Krueger, A.(2020), *International Trade: What everyone needs to know*, Oxford University Press.

Lim, Kevin(2016), *Firm-to-Firm Relationships in International Trade*, Princeton University. Economics.

Lopatin, A.(2019), *Essays on International Trade and Finance*, Indiana University. Economics.

Moffett, M., Arthur, I., and David K.(2003), *Fundamentals of Multinational Finance*, Boston: Pearson Addison-Wesley.

Narlikar, A.(2005), *International Trade and Developing Countries: Bargaining coalitions in the GATT & WTO*, Routledge.

Navaretti, G. & Venables, A.(2020), *Multinational Firms in the World Economy*, Princeton, NJ: Princeton University Press.

Nickels, William, McHugh, J., McHugh, S.(2019), *Understanding Business*, 11th edition, McGraw Hill education.

Sampson, G.(2000), *Trade, environment, and the WTO: the post-Seattle agenda*, Washington, D.C.: Overseas Development Council; Baltimore: Distributed by the Johns Hopkins University Press.

Smith, J. C.(2002), *The Law of Contract*(4th edition), Sweet & Maxwell.

Stephens, W. David(2018), *The Future Is Smart How Your Company Can Capitalize on the Internet of Things - and Win in a Connected Economy*, Amacom books.

Tracy, Walter(2003), *Letters of Credit: A view of Type Design*, Boston; David R. Godine Publisher.

찾아보기

지은이 강민효

현재 부산외국어대학교 아시아대학(인도지역통상)에서 강의를 하고 있으며, 국립부산대학교에서 경영학석사(국제경영, 국제통상)와 국제학박사(국제통상)를 받았으며 국립부경대학교에서 경영학사를 받았다. 또한 영국 University of Westminster에서 Diploma in Business English를 받았다. 경력으로 해외마케팅 및 해외영업을 독일기업(Continental Group)과 이태리기업(USCO Group) 등에서 약 20년간 경험하였다. 현재 미래경영경제연구원에서 글로벌 경제 및 경영에 관한 연구영역을 넓히고 있다. 2022년 1월에 Best paper award(International Academy of Global Business and Trade)를 수상하였다. 주요 저서는 『스마트 국제무역실무』(2021), 『국제 마케팅』(2021), 『경영학원론』(2022), 『역사와 문화를 생생하게 보여주는 세계 문화유산』(인도편, 공저, 2022) 등이 있다.

해외 SSCI 게재 논문은 "Linking Supply Chain Disruption Orientation to Supply Chain Resilience and Market Performance with the Stimulus-Organism-Response Model"(2022), "Supply chain resilience and operational performance amid COVID-19 supply chain interruptions"(2022), "The effects of dynamism, relational capital, and ambidextrous innovation on the supply chain resilience of U.S. firms amid COVID-19"(2022), "Building Supply Chain Resilience and Market Performance through Organizational Culture: An Empirical Study Utilizing the Stimulus-Organism-Response Model"(2022) 등이다.

국내 게재 논문(KCI)은 "A Study of the Effect of Taiwanese Manufacturing Companies' Organizational Characteristics as Antecedent on Activity and Performance of Supply Chain Management"(2018), "A Study of the Effects of Relational Characteristics as an Antecedent to SCM Activity and Performance"(2017), "공급사슬관리의 목표공유와 상호이익 공유가 SCM활동과 경영성과에 미치는 영향"(2017) 등을 저술하였다.

(증보판) 스마트 국제무역실무

© 강민효, 2021

1판 1쇄 발행__2021년 06월 20일
2판 1쇄 인쇄__2022년 07월 20일
2판 1쇄 발행__2022년 07월 30일

지은이__강민효
펴낸이__양정섭

펴낸곳__경진출판
　　　등록__제2010-000004호
　　　이메일__mykyungjin@daum.net
　　　사업장주소__서울특별시 금천구 시흥대로 57길(시흥동) 영광빌딩 203호
　　　전화__070-7550-7776　팩스__02-806-7282

값 24,000원
ISBN 979-11-92542-00-3 93320